한국전쟁과 미국 외교정책

나남출판

■ 저자 및 역자 약력

윌리엄 스툭

스프링필드대학 졸업
퀸스대학 석사학위·브라운대학 박사학위 취득
현재 조지아대학 미국 외교사 교수 (2000년 8월 석좌교수로 임명됨)
풀브라이트 교환교수로 한국에 체류하기도 함
저서:《한국전쟁의 국제사》(*The Korean War: An International History*) 등.

서은경

이화여자대학 영어교육학과 졸업
연세대학 국제학대학원 국제통상학 전공
현재 외신 AFX NEWS 경제전문기자
역서:《시티즌 경제학》,《도시와 국가의 부》,
    《세계 경영자 명언집》,《와이어리스 웹》등.

나남신서 1074

한국전쟁과 미국 외교정책

2005년 1월 20일 발행
2005년 1월 20일 1쇄

저 자   윌리엄 스툭
역 자   서 은 경
발행자   趙 相 浩
편 집   장 경 환·배 종 연
디자인   이 필 숙
발행처   (주)**나남출판**
주 소   413-756
        경기도 파주시 교하읍 출판도시 518-4
전 화   (031) 955-4600 (代), FAX : (031) 955-4555
등 록   제 1-71호(79.5.12)
홈페이지   http://www.nanam.net
전자우편   post@nanam.net

ISBN 89-300-8074-X
ISBN 89-300-8001-4(세트)
• 책값은 뒷표지에 있습니다.

나남신서 · 1074

한국전쟁과 미국 외교정책

월리엄 스툭 / 서은경 역

NANAM
나남출판

RETHINKING THE KOREAN WAR

A New Diplomatic and Strategic History

by

William Stueck

역자 서문

한국전쟁이 발발한 지 54년이 지난 2004년 12월 현재, 북한의 김정일 정권은 핵무기를 앞세워 남한과 그 주변국의 안보를 위협하고 이라크 전쟁으로 재선에 성공한 미국의 부시 대통령은 북핵문제를 최우선 외교정책 중 하나로 선언했다. 그야말로 한반도는 초긴상 상태에 처해 있으며 심지어 일부에서는 제2의 한국전쟁 가능성마저 조심스럽게 제기하고 있다.

한편 한미관계는 그 어느 때보다 복잡한 양상을 띠며 대규모 반미시위가 종종 국내언론뿐 아니라 외신에 보도되고 미국은 2008년까지 만 2,500명에 달하는 주한미군을 감축한다는 계획 아래 주요 기지 이전과 재배치를 추진하고 있다.

이처럼 혼란스런 민감한 시기에 6·25 전쟁을 국제사 관점에서 총체적으로 분석한 월리엄 스툭 교수의 《한국전쟁과 미국외교정책》은 현재의 위기상황과 국제적 역학관계를 보다 깊이 이해하는 데 소중한 통찰력과 혜안을 제공할 것이다.

한반도는 어떻게 해서 분단이 되었는지, 전쟁은 어느 쪽에서 어떤 의도로 일으켰는지, 각 강대국의 이해관계가 전쟁의 발발과 전개,

휴전에 이르기까지 어떻게 작용했는지, 그리고 각국의 지도자와 국내 정치가 최종의사결정에 어떤 영향을 미쳤는지 등에 대해 스툭은 그동안 미공개되었던 사료들을 토대로 매우 흥미롭게 설명하고 있다.

이미 훌륭한 한국전쟁 관련 전문서적이 많이 나왔지만, 그 역사를 새로운 국제적 시각으로 바라본 스툭의 이 책은 학계뿐만 아니라 일반인에게도 신선한 경험이 될 것이다.

전후세대인 내가 한국전쟁이란 과거사에 관심을 갖게 된 것은 어린 시절에 전쟁의 참화를 겪어야 했던 우리 부모님 세대의 가슴 아픈 기억과 또 다른 전쟁의 위협 속에 살아가야 할지도 모르는 어린 내 딸의 미래에 대한 불안 때문이었다. 이 책이 보다 완벽한 모습으로 나올 수 있도록 도움을 주신 자유기업원과 나남출판에 감사드린다. 또 비록 번역서지만 창작에 못지않은 산고를 겪어야 했던 내게 격려를 아끼지 않고 교정까지 도와준 김수환 씨, 그리고 그동안 엄마를 일에 뺏겨 외롭고 심심했을 소영이에게 고마움과 사랑을 전하고 싶다. 마지막으로 생생한 전쟁의 경험과 더불어 내게 세상을 바라보는 시각을 키워주신 김진원 님께 이 책을 바친다.

2004년 12월
서 은 경

감사의 글

대학원에서 공부할 때 역사가는 어떤 주제를 잊기 위해 책을 쓴다는 말을 들은 적이 있다. 1995년부터 학계와 외교계에서 학자들이 자신이 출판했던 책의 주제를 벗어날 수 없도록 하는 거대한 음모가 존재한다는 가설을 믿게 되었다. 한국전쟁에 대해 논문을 써달라는 그 수많은 요청이 없었다면, 그리고 이를 수락하지 않았다면 이 책은 꿈조차 꾸지 못했을 것이다. 총 8장 중 5장이 세미나 발표자료에서 출발했다. 이 프로젝트를 끝냈다는 사실만으로도 별로 후회가 없기 때문에 음모론과 상관없이 나를 초대했던 사람들에게 감사하고 싶다. 먼저 조지타운대학의 보니 오(Bonnie Oh)와 데이비드 스타인버그(David I. Steinberg) 교수, 연세대 유영익 교수, 텍사스 Λ&M대학의 브랜즈 교수(H. W. Brands), 클레몽트 맥키나대학(Clemont McKenna College)의 이재진 교수에게 고마움을 전하고 싶다. 내 제안을 적극적으로 받아들여 주고 마지막 사력을 다해 이 책을 마칠 수 있도록 격려하고 날카로운 눈으로 초본을 꼼꼼히 읽고 책의 완성도를 높여준 프린스턴대학 출판사의 브리기타 반 레인버그(Brigitta van Reignberg) 역시 잊지 못할 은인이다. 첸 지안(Chen Jian)과 폴 피어파올리(Paul Pierpaoli)의 비평은 매우 긍정적이고 큰 도움이 되었다(특히 첸은 이 책의 제목을 지어주기도 했다). 조지아대학 역사학과의 짐 콥(Jim Cobb) 교수는 격려와 리더십을 통해 내가 20여 년 전 이 분야를 처음 접했을 때 느꼈던 목적의식과 흥분을 되살려 주었다. 수잔 엑룬드(Susan Ecklund)는 편집과 교정을 맡았다. 마지막으로 내 인생의 소중한 동반자인 팻에게 고맙다는 말을 하고 싶다. 그녀의 사랑과 헌신은 나의 성장과 행복을 영원히 지켜주는 횃불이다.

윌리엄 스툭

서 문

　정치학자인 존 뮬러(John Mueller)는 한국전쟁을 "2차 세계대전 이후 일어난 아마도 가장 중요한 사건"[1]으로 규정했다. 나는 "3차 세계대전의 대리전"[2]이라고 부른다. 발발시기와 진행과정, 결과를 모두 종합해 볼 때 한국전쟁으로 냉전이 고착되었기 때문이다. 한국전쟁은 냉전을 종식시키기는커녕 오히려 그 어느 때보다 긴장을 고조시키고 군사력을 증강시켰다. 한국인들에게 이 전쟁은 총력전(total war)이었다. 인구의 약 10%가 사망하거나 부상당하거나 실종되었다. 재산손실은 1949년 전체 국민총생산(GNP) 규모에 육박했다. 북한의 경우 8만 7천 개의 공장이 파괴되었고 남한은 그 피해가 배가 넘었다. 남북한 각각 60만 가구가 소실되었다.[3] 그러나 전투는 확전(擴戰)되지 않

---

1) John Muller, *Retreat from Doomsday: The Obsolescence of Modern War* (New York: Basic Books, 1989), 118.

2) *KW*, 3.

3) B. C. Koh, "The War's Impact on the Korean Peninsular," in *A Revolutionary War: Korea and the Transformation of the Postwar World*, ed. William J. Williams (Chicago: Imprint Publications, 1993), 246.

고 한반도 국경 안에서만 치러졌다. 미국과 소련이 각각 한국에 있는 자신의 대리정부가 한반도를 통일하지 못하도록 방해한데다가 막대한 전쟁비용부담과 위험 때문에 남북한 모두 군사적 수단으로 상대방의 영토를 점령하려는 야욕을 접어야 했다. 한국전쟁을 계기로 미국과 서유럽이 재무장하면서 열강들의 주요 접전지에서 어느 정도 군사적 힘의 균형이 상당기간 유지될 수 있었다. 미국과 소련, 그리고 그들의 우방국들이 전보다 군사력이 강화되면서 오히려 직접적 무력충돌로 치닫는 최악의 상황은 피할 수 있었다.

이 책은 한국전쟁의 주요 외교적·정치적·전략적 이슈를 다루고 있다. 1995년에 출간된 《한국전쟁의 국제사》처럼 한국전쟁의 국제적 측면을 자세히 서술하기보다 여기서는 이슈중심으로 보다 종합적 차원에서 접근하려고 한다.[4] 나의 의도는 전문가와 관심 있는 일반독자 모두를 위해 최근 공개된 방대한 양의 새로운 문헌을 개략적으로 고찰하는 데 있다.

1968년 처음 이 사건을 공부하기 시작할 당시에는 주로 이미 공개된 자료를 정리한 데이비드 리스(David Rees)의 《한국: 국지전》(*Korea: The Limited War*)[5]이 독보적 교과서였다. 그러다가 1970년대에 들어서면서 방대한 양의 정부기록과 논문들이 미국에서 발표되었다. 소련에서는 흐루시초프의 회고록이 출간되었는데 일부 학자는 이 책의 정

---

[4] 저자의 이전 저서인 *KW* 참고.

[5] David Rees, *Korea: The Limited War* (New York: St. Martin's Press, 1964). 이 책에 대한 논평은 저자의 "The Korean War as History: David Rees' *Korea: The Limited War in Retrospect*,"를 참고. http://www.nara.gov/research/coldwar/program.html.

통성과 정확성에 대해 의문을 제기하기도 했다. 6) 1980년대에 비로소
새로운 자료들이 홍수를 이루면서 많은 학술논문과 저서들이 한국전쟁
을 주제로 다루었다. 7)

한편 수정주의자들도 등장하기 시작했다. 너무나 유명한 브루스 커
밍스(Bruce Cummings)의 《한국전쟁의 기원》(Origins of the Korean
War) 1편이 출판되었다. 커밍스는 외국인으로서는 거의 최초로 한국
어 문헌과 자료를 다루었으며 한국전쟁의 기원에서 한국 내부의 요인
을 간과하고 주로 소련과 북한의 침략성에 중점을 두었던 다른 학자들
의 논문에 정면으로 도전했다. 8) 한국전쟁 당시 종군기자인 스톤(I.
F. Stone)이 쓴 《한국전쟁의 숨겨진 역사》(Hidden History of the
Korean War) 역시 수정주의 사관을 가지고 있었지만 방대한 사료와 한

---

6) Nikita Khrushchev, *Khrushchev Remembers*, Edward Crankshaw 머리말
   과 비평(Boston: Little, Brown, 1970); Khrushchev, *Khrushchev Re-
   members: The Last Testament*, Strobe Talbott 번역 및 편집(Boston:
   Little, Brown, 1974).
7) *Reluctant*; *Road*; Bruce Cumings, *Child of Conflict: The Korean-
   American Relationship, 1943~1953*(Seattle: University of Washington
   Press, 1983); Charles M. Dobbs, *The Unwanted Symbol: American
   Foreign Policy, the Cold War and Korea, 1945~1950*(Kent, Ohio: Kent
   State University Press, 1981); Burton I. Kaufman, *The Korean War:
   Challenges in Crisis, Credibility and Command*(New York: Knopf,
   1986); Clay Blair, *The Forgotton War: America in Korea, 1950~
   1953*(New York: Times Books, 1987); Max Hastings, *The Korean
   War*(New York: Simon and Schuster, 1987); Joseph Goulden, *Korea:
   The Untold Story of the War*(New York: Times Books, 1982).
8) *Origins*, Vol. 1.

국어 자료를 토대로 한 《한국전쟁의 기원》은 이 장르에 새로운 정통성
을 부여했다. 9) 커밍스가 1988년 일반대중을 대상으로 쓴 비교적 간결
한 공저와 2년 후 발표한 《한국전쟁의 기원》 2편을 계기로 한국전쟁
은 근본적으로 '내전'이었다는 수정주의자의 주장은 보편화되었다. 10)

그럼에도 불구하고 커밍스의 2편이 나올 무렵 수정주의는 새로운 도
전에 직면했다. 1989년 네덜란드 학자인 에릭 반 리(Erik van Ree)는
1945년부터 1947년까지 북한에서 소련의 역할에 대한 커밍스의 해석
에 이의를 제기했다. 그동안 공개되지 않았던 38선 이북에 주둔했던
소련정부 관계자들의 회고록을 본 후 반 리는 소련이 커밍스가 묘사한
것보다 38선 이북에서 훨씬 중요한 점령군 역할을 했다고 주장했다. 11)
그는 1950년 6월 25일 북한이 남한을 침공하기 전까지의 기간을 자세
히 설명했다. 그러나 반 리의 논문은 미국에서 별 관심을 끌지 못했다.
1993년이 되어서야 전쟁발발 전과 전후상황이 본격적으로 다뤄지기 시
작했고 구소련과 중국에서 새로운 문헌과 회고록이 공개되었다. 러시
아, 미국, 중국의 학자들이 공저한 《불확실한 파트너: 스탈린과 마오

---

9) I. F. Stone, *The Hidden History of the Korean War*(New York:
   Monthly Review Books, 1952). 1970년대 수정주의 주요 저서로는 Joyce
   Kolko and Gabriel Kolko, *The Limits of Power: The World and United
   States Foreign Policy, 1945~1954*(New York: Harper and Row, 1972),
   10장, 21~22; Robert R. Simmons, *The Strained Alliance: Peking,
   P'yongyang, Moscow, and the Politics of the Korean Civil War*(New
   York: Free Press, 1975) 등이 있다.

10) Bruce Cumings and Jon Halliday, *Korea: The Unknown War*(London:
    Viking, 1988); *Origins*, Vol. 2.

11) *Socialism.*

쩌둥, 한국전쟁》(*Uncertain Partners: Stanlin, Mao, and Korean War*)은 기존의 수정주의 시각을 뒤엎고 북한의 남침결정과 강행에 소련과 중국이 깊이 관여했다고 주장했다.12) 이 책을 선두로 공산진영에서 나온 새로운 문헌들을 근거로 한국전쟁의 기원에 대한 수정주의자들의 시각을 반박하는 논문과 저서들이 줄지어 발표되었다.13)

그럼에도 불구하고 아직까지도 전쟁의 원인을 내전에서 찾고 있는 학자가 많다.14) 이제 우리는 내부적 요인과 외부적 요인을 동시에 고려해야 하는 과제를 안고 있다. 이것이 바로 이 책 1장의 주제이다.

왜 한국은 1945년 미국과 소련 점령지로 분할되었는가? 왜 두 강대국은 통일에 합의하지 못하고 대신 1948년 각각 자신들의 점령지에 독

---

12) *Uncertain.*

13) *CRKW*; *MMR*; "Korean"; Alexander Y. Mansourov, "Communist War Coalition Formation and the Origins of the Korean War"(박사학위논문, Columbia University, 1997); Kathryn Weathersby, "Soviet Aims in Korea and the Origins of the Korean War, 1945~1950: New Evidence from Russian Archives," Working Paper No. 8, Cold War International History Project, Woodrow Wilson International Center for Scholars, 1993; Weathersby, "Korea, 1949~50: To Attack, or Not to Attack? Stalin, Kim Il Sung, and the Prelude to War," *CWIHP* 5(spring 1995), 1~4; Shen Zhihua, "Sino-Soviet Relations and the Origins of the Korean War: Stalin's Strategic Goals in the Far East," *Journal of Cold War Studies* 2(spring 2000), 44~68; Richard C. Thornton, *Odd Man Out: Truman, Stalin, Mao, and the Origins of the Korean War*(Washington, D. C.: Brassey's, 2000).

14) 한국전쟁의 원인을 국제적 관점을 고려하지 않고 순전히 국내적 시각으로만 분석한 초기저서로 John Merrill, *Korea: The Peninsular Origins of the War*(Newark: University of Delaware Press, 1989)가 있다.

립정부를 수립하기로 했는가? 고집불통인 이승만과 트루먼 독트린은 미국의 대한(對韓)정책에 어떤 영향을 미쳤는가? 왜 미국은 1948년 마지막 남은 전투병력을 철수함으로써 자기가 세운 대한민국을 외부의 침략으로부터 지키지 못했는가? 왜 미국은 1950년 6월 북한이 침공하자 부리나케 한반도에 군대를 재파병했는가? 왜 북한은 침략을 강행했는가? 그 과정에서 소련과 중국은 어떤 역할을 했으며, 왜 그런 역할을 선택했는가?

이 책의 주제는 한국전쟁의 발발원인을 국내와 국외에서 일어난 여러 사건들을 배경으로 이해해야 한다는 것이다. 1950년 6월 이후 한국전쟁은 국제전 양상을 나타냈다. 이미 1945년 일본이 패망하면서 한반도는 열강들의 격전장이 되었다. 동북아의 역학구조가 바뀌었고 소련과 미국이 상충적 이데올로기로 대립하면서 냉전은 시작되었다. 두 강대국은 한국인들의 여론은 무시한 채 38선을 중심으로 한반도를 분할해 각각 점령했다. 당시 한반도의 상황에 대한 워싱턴 정계의 인식은 이 결정에 매우 중대한 영향을 미쳤다. 약 20년간 일본의 식민지배를 받던 한국은 자생적 정치조직이 없었으며 국민들은 자치를 경험해 보지 못했다. 게다가 망명중인 독립운동가들은 심각한 분열상태에 놓여 있었다. 워싱턴의 정책결정자들은 한국이 자주독립국가의 지위를 되찾기 전에 일정기간 신탁통치가 필요하다고 판단했다. 한반도가 분할된 것은 미·소 강대국 모두 더욱 중요한 다른 정치, 외교적 쟁점들을 고려할 때 상대방이 도착하기 전에 누구도 한반도 전체를 점령할 수 있는 능력이 없다고 믿었기 때문이었다.

점령군의 목적은 우선 일본군을 무장해제시키는 것이었으며 가능한 한 상대방의 세력확대를 막는 것이었다. 첫 번째 목적은 양국 모두 상대적으로 쉽게 달성했다. 그러나 시간이 지나면서 미국은 소련에 비해 봉쇄정책을 시행하는 데 더 큰 어려움을 겪었다. 한반도에 접경한 소련은 수천 마일 떨어진 미국과 달리 한반도에 직접적 안보이해가 걸려 있었다. 반면 미국은 아시아 대륙 본토에 직접적으로 군사개입을 해 본적이 없었다. 2차 세계대전이 종결된 후 전략적으로 더욱 중요한 다른 지역에 계속 개입하던 워싱턴은 한반도에서 물러날 기회를 엿보고 있었다. 이러한 전략적 사고를 배경으로 남한정부 수립은 가속화되었으며 이는 바로 미군철수로 이어졌다. 당시 중국 본토에서는 공산군이 내전에서 승리를 거두었다. 이 모든 상황을 고려할 때 38선 이북에서 소련이 세운 인민공화국이 남한을 침략할 가능성은 매우 높았다.

한국인들이 자신의 조국이 냉전의 첫 번째 주요 격전지가 되는 데 전혀 책임이 없는 것은 아니었다. 1945년 미국과 소련이 한반도 분할을 결정하기 훨씬 이전부터 망명가들과 국내에 남아 있던 사람들을 축으로 한국여론은 극도로 분열되어 있었다. 이 분열은 이후 벌어진 일련의 사건에 상당한 영향을 미쳤다. 6 · 25 전쟁이 발발하기도 전에 이미 수만 명의 사상자가 발생했다. 게다가 어느 한국인도 분단이 장기화될 거라고 생각하지 않았기 때문에 1948년에 수립된 양국 정부의 지도자들은 조기통일을 강대국 우방보다 훨씬 적극적으로 추구했다. 내부적 분열과 통일에 대한 강렬한 열망은 1945~1950년 동안의 사건에 중요한 역할을 했다. 이러한 내부요인과 외부요인이 상호작용하는 가운데서 한국전쟁이 발발한 것이다.

2부에서는 1950년 6월 25일 전쟁발발부터 1953년 7월 27일 휴전협정에 이르는 기간 동안 주요국의 전략과 외교정책을 다루고 있다. 비록 내전의 성격이 짙고 한국인들이 다른 누구보다 훨씬 많은 피해를 입었으며, 남북한 정부가 자신의 입장을 끈질기게 로비해 어느 정도 효과를 보았지만, 결국 한국전쟁의 주요 변수는 강대국들이었다. 예를 들어 미국은 처음에 자국의 참전목적을 북한이 침공하기 이전의 상태로 되돌리는 것이라고 선언했다. 이러한 결정은 남한정부와 상의 없이 독자적으로 이루어진 것으로 남한 지도자들의 희망과는 거리가 멀었다. 1950년 9월 전세가 역전되자 미국은 목표를 바꿔 한반도 통일을 외치며 군사작전을 펼쳤다. 그러나 남한의 압력이 주요 원인은 아니었다. 왜 미국은 이 길을 택했을까? 38선에서 다국적군이 유엔의 기치 아래 싸우고 있는데 왜 중국은 참전을 결정했을까? 중국의 참전에 북한이 적극적이고 영향력 있는 역할을 했지만 최종결정은 중국과 소련 지도자들이 열띤 논의를 벌인 끝에 이루어졌다. 마지막으로 중국이 개입했을 때 왜 미국은 공격중지를 명령하지 않았는가? 이 결정은 남한의 희망과 합치했지만 미국의 정책계산에서 남한의 입장은 부차적 요소였다. 제4장에선 이러한 문제를 다루고 있다.

1950년 11월 말 중국은 한국전쟁에 본격적으로 개입해 유엔군과 전투를 벌였다. 한때 중국은 유엔군을 한반도에서 거의 몰아내 북한의 적화통일 기도를 거의 성공시킬 뻔했다. 왜 미국은 중국의 공격에 당면해서도 전쟁을 한반도 이외의 지역으로 확대함을 거부했을까? 왜 베이징은 완전한 승리가 아닌 상태에서 전쟁을 종식시키기 위해 휴전협상 테이블에 앉았을까? 이러한 질문이 제5장의 핵심주제이다.

1951년 7월 미·소 양 진영의 지도자들이 한국의 군사·정치적 교착상태를 받아들이기로 결정했음에도 불구하고 전쟁은 2년이나 더 이어졌다. 그렇게 휴전협정 체결이 오래 걸린 이유는 무엇일까? 이 문제는 제6장에서 다루고 있다.

2부에서는 한국전의 중요하지만 부차적 특징인 미·소의 대결구도를 살펴보았다. 동맹국들의 상호작용이 양국에 미친 영향과 당시 상황, 문화, 이데올로기적 분열의 정도를 고찰했다. 한국이 미국과 중국의 전쟁터가 된 이유는 미국에겐 상징적 가치가 있었고 새로 들어선 중국 인민공화국 정부에겐 상징적·전략적 가치가 있었기 때문이다. 결국 한국은 장기간 치열하게 파괴적 전쟁을 벌일 만큼은 중요했지만 또 한 번의 세계대전이라는 끔찍한 비극을 초래할 정도로 중요한 곳은 아니었다.

비록 수정주의는 전쟁의 기원만큼 그 과정을 잘 설명하지 못했지만 미소동맹 블록간의 분열을 강조하며 지나치게 호전적이고 이데올로기가 경직되어 있던 미국과 유연하고 수세적인 소련과 중국을 대비시켰고 또 정치지도자들의 적극적 역할을 강조했다.[15) 1부에서처럼 나의 분석은 일부 수정주의자들의 통찰력을 포함하고 있다. 그러나 소련과 중국에서 공개된 새로운 문건을 연구하면서 나는 수정주의보다는 전통주의적 시각을 채택했다. 비록 당시 미국과 소련이 대치하고 있었지만 주요 이슈에서 근본적으로 비슷한 관점을 가졌다는 사실은 적어도 단기적 사건을 설명하는 데 매우 중요하다. 미국은 이데올로기를 중시하며 종종 외부자극에 민감하게 반응했지만 동시에 어렵고 복잡한 상황에 유연함을 보이며 신중하게 대처하곤 했다. 한편 공산국가들 역시 이데올로기에 사로잡혀 종종 상대방의 기본적 국익을 위협하고 심지어 자신에게 불리한 결과를 초래하는 행동을 취하곤 했다. 남북한 모두 자신이 속한 동맹체제의 정책방향 설정에 적극적 역할을 했지만 결국

15) 수정주의자의 주장은 *Origins*, 2: 625~756; Simmons, *Strained Alliance*, 137~270; Cumings and Halliday, *Korea*, 95~219에 자세히 설명되어 있다.

한국전쟁의 밑그림을 그린 것은 그들의 후원자인 강대국이었다.

3부는 한국전쟁의 기원 및 과정과 연관은 있지만 주제나 시대 면에서 이를 초월한 이슈를 다루고 있다. 제7장에서는 한국전쟁이 한미관계에 미친 영향을 조명했다. 역사학자들은, 심지어 한미관계를 전공한 사람 조차 이 문제를 체계적으로 다루는 데 실패했다. 나의 목적은 그 갭을 채우는 데 있다. 한미관계를 군사, 정치, 경제 분야로 나누어 분석해 본 결과 한국전쟁 이후 미국은 보호자 역할을 자처하며 주한미군을 증강했으나 오히려 한반도에서 미국의 영향력은 감소한 것으로 나타났다. 시간이 흐르면서 한국전쟁은 상반된 유산을 남겼다. 물질적·감정적 연대는 강해졌지만 다른 한편으로 조급함과 불만이 쌓여갔다. 특히 지난 30년 동안 한반도에서 힘의 균형이 남한에 유리한 쪽으로 기울면서 부정적인 면이 더욱 강해졌다.

미군이 계속 한국에 주둔해야 하는지 그 필요에 대해 의문이 제기되고 있지만 한국의 지정학적 위치에 변화가 없다는 사실은 한국이 갖고 있는 취약성과 동북아 지역 안정에서 차지하는 중요한 위치를 동시에 부각시킨다. 이러한 현실은 수십 년간 긴밀한 접촉의 결과로 형성된 연대감과 합쳐져 적절한 조정을 통해 양국관계가 긍정적으로 유지될 거라는 희망을 심어 준다.

미국의 민주주의 수호와 남한에서의 민주주의적 통치제도의 발전은 양국관계에 영향을 미쳤다. 제8장은 한국전쟁을 미국식 민주주의와 미국이 국제무대에서 전체주의 국가들과 경쟁하고 또 그러한 대치상황 속에서 국내 민주주의를 지탱할 수 있는 능력에 대한 시험대라는 차원에서 조명하고 있다. 그때나 한참 시간이 흐른 뒤에도 많은 서방세계의 전문가들은 미국의 정치제도가 해외에서 절대로 무너지지 않을 것

같은 공산주의의 도전에 장기적으로 맞설 수 있을 거라고 생각하지 않
았다. 데이비드 리스(David Rees)는 전통적 시각으로 한국전쟁을 설
명하면서 미국이 서방의 "동맹을 지키고 공산주의 침공을 막아내고"
북대서양조약기구를 강화하는 등 2차 세계대전 이후 가장 위대한 정치
적 승리를 거두었지만 동시에 "한국을 통일하고 중국에 결정적 패배를
안겨 줄" 좋은 기회를 놓쳤다고 평가했다. 당시 서방의 군사적·산업
적 경쟁력은 상대적으로 공산진영을 훨씬 앞섰는데도 불구하고 말이
다. 그는 또 역사가 과연 트루먼의 확전반대 결정이 옳았다고 판단할
지 의심스럽다며 사회주의적 독재체제와 자본주의적 민주체제 간의 대
결이 어떤 결말로 끝날지 여전히 불확실하다고 했다.16) 그러한 불확
실성이 걷힌 지금 우리는 이제 트루먼의 결정이 현명했다고 어느 정도
확신을 갖고 말할 수 있다. 미국의 민주제도가 한국전쟁 전후를 막론
하고 해외에서의 국가이익이나 국내에서의 이상과 관련해 항상 유리한
결과를 가져온 것은 아니었지만 대체적으로 볼 때 미국식 민주주의는
소련이나 중국의 정치제도보다 성공적이었다. 냉전시대 미국정치문제
에 대한 새로운 연구가 발표되고 또 미국이 국내외적으로 새로운 복잡
한 도전에 직면한 가운데 이제 한국전쟁 당시 민주주의의 성과에 대해
본격적으로 새로운 분석을 할 시기가 무르익었다.17)

────────────────────

16) Rees, *Korea*, 446~448.
17) John Lewis Gaddis, *We Now Know: Rethingking Cold War History*
   (New York: Oxford University Press, 1997); Aaron L. Friedberg, *In
   the Shadow of the Garrison State: American's Anti-Statism and Its Cold
   War Strategy*(Princeton, N. J.: Princeton University Press, 2000);
   Hogan, *A Cross of Iron: Harry S. Truman and the Origins of the
   National Security State*(New York: Cambridge University Press,

한국전쟁은 매우 다면적이고 복잡한 사건으로 이를 완전히 이해하는 것은 아무리 부지런한 역사학자라 하더라도 그의 지적 능력을 넘어서는 일이다. 따라서 나는 여기서 주요 전투를 다루거나 1946~1953년까지 이어진 한반도 내전을 상세히 다루지 않았다. 후자의 경우 특히 1950년 6월 이전의 상황에 대한 개괄적 설명은 포함시켰지만 나의 초점은 한국에 가장 이해관계가 깊은 3대 열강, 즉 미국, 소련, 중국이 사로잡혀 있던 보다 광범위한 전략적·외교적·정치적 이슈에 맞춰져 있다. 또 한국의 정치지도자들이 강대국인 동맹국들에게 어떤 영향을 미쳤는지도 이 책의 관심사이다. 만약 한국전쟁에 대해 더 연구되어야 할 부분이 많고, 이 책에서 생략된 부분이 많이 있다 하더라도, 나의 희망은 종합을 시도한 이 부족한 연구가 많은 주요 이슈에 관한 집중적 논의를 통해 한국전쟁과 같이 진정으로 중요한 사건의 이해와 토론을 제고시키는 것이다.

1998); Whitfield, *The Culture of the Cold War* (Baltimore: Johns Hopkins University Press, 1996).

나남신서 · 1074

한국전쟁과 미국 외교정책

차 례

· 역자 서문 / 5

· 감사의 글 / 7

· 서 문 / 9

제 1 부 전쟁의 기원

제 1 장 한반도에 찾아든 냉전 ··· 25

제 2 장 이승만과 트루먼 독트린, 미국의 대한정책 (1947∼1948년) ··········· 61

제 3 장 한국전쟁은 왜 내전이 아닌가 ······································· 89

제 2 부 전쟁의 전개과정

제 4 장 중국의 개입 (1950년 7~11월) ·· 119
제 5 장 왜 확전이 되지 않았나 (1950년 11월~1951년 7월) ·················· 157
제 6 장 휴전협상의 장기화 (1951년 7월~1953년 7월) ························· 187

제 3 부 광범위한 이슈

제 7 장 한국전쟁과 한미관계 ··· 239
제 8 장 한국전쟁 : 미국외교에 대한 도전 ····························· 275

· 주석에 나오는 약어 ·· 311
· 찾아보기 ··· 315

제 1 부
전쟁의 기원

제 1 장

한반도에 찾아든 냉전

1945년 8월 10일, 조지 링컨(George Lincoln) 미 육군준장은 워싱턴의 육군작전본부에 있는 자신의 사무실에서 밤을 새웠다. 지난주 미국은 일본 히로시마와 나가사키에 원자폭탄을 투하했다. 그 사이 소련은 일본에 선전포고를 하고 동북아시아 대륙에 있는 일본군을 공격하기 시작했다. 그날 미국은 일본으로부터 천황의 자리를 보장해 준다면 항복할 의사가 있다는 통보를 받았다. 일본의 뜻하지 않은 항복은 당시 태평양에서 미군의 전후 질서를 고민하고 있던 정책결정자에게 일대 혼란을 일으켰다. 삼상조정위원회(State-War-Navy Coordinating Committee)의 육군고문이었던 링컨 준장은 그날 밤 다른 11명의 군·정부 고위관료들과 함께 정책을 수립하느라 정신이 없었다.[1]

새벽 2시경 사무실 전화가 울렸다. 삼상위원회 위원장인 국무성의 제임스 던(James Dunn)이었다. 그는 20세기 초 이래 일본제국의 일부였던 조선으로 군대를 이동시켜야 할 것 같다고 말했다. 소련군이

---

[1] 이 문단과 다음 두 문단은 *America's*, 226~228과 1972년 7월 24일 아테네에서 딘 러스크와 가진 인터뷰를 기초로 했다.

이미 한반도 동북쪽 국경지대에 들어왔다는 보도가 있었다. 던 위원장은 소련군과 미군을 갈라놓을 경계선이 필요했다. 수화기를 들고 있던 링컨 준장은 벽에 걸린 지도를 보았다. 한반도 한가운데를 관통하는 38도선이 눈에 들어왔다.

확신이 필요했던 링컨 준장은 찰스 본스틸(Charles Bonesteel) 대령과 딘 러스크(Dean Rusk) 대령을 불러 더 나은 방안을 생각해 보라며 30분의 여유를 주었다. 그들은 "아시아와 주변 지역"이라는 제목이 붙은 《내셔널 지오그래픽》지에 나온 작은 지도를 잠시 본 뒤 그 자리에서 링컨의 제안에 동의했다. 링컨은 곧바로 합참전쟁계획위원회(Joint War Plans Committee) 회의실로 갔다. 그의 손에는 누가 일본군에게 항복을 받아낼지를 구체적으로 명시한 일반명령 제1호(General Order Number One) 초안이 들려 있었다. 여기에는 한국에 대한 정책제안도 담겨 있었다.

38선은 단지 지도상의 선에 지나지 않았다. 정치적 경계나 지리적 특징과는 아무런 관계가 없었다. 나중에 어떤 미 육군 역사학자가 지적했듯이 38선은 "75개의 하천과 12개의 강을 거치고 많은 산맥을 지나고 181개의 마찻길과 104개의 시골길, 15개의 지방도로와 8개의 양호한 신작로, 6개의 남북철로를 가로질렀다".[2]

일반명령 제1호는 그 후 4일간 수많은 보완과 수정을 거쳤다. 한국의 경우 서쪽으로 압록강까지 이어져 만주와 경계를 이루는 북위 40도까지도 논의되었다. 그러나 결국 원래의 초안이 채택되어 8월 15일 아침 백악관에 제출되었다. 일본이 항복하기 겨우 몇 시간 전이었다. 트루먼 대통령은 망설이지 않고 바로 승인했으며 이 제안은 모스크바의 스탈린에게 전달되었다. 스탈린은 바로 대답을 보냈다. 일본 북부까지도 점령지로 인정해 달라는 요청은 거절당했지만 스탈린은 어쨌든

2) *USAKW*, 3: 11.

한국을 38선으로 양분하자는 미국의 안에 동의했다. 3)

이렇게 해서 38선은 소련과 미국의 점령지를 나누는 경계선이 되었다. 점령군은 각자 맡은 지역에서 일본군을 무장해제시켜 본국으로 돌려보내기로 했다. 소련군은 신속하게 38선 이북을 점령했다. 반면 미군은 9월 8일이 되어서야 한국에 상륙했다. 4) 미·소 점령군은 각자의 지역에서 군사정부를 수립했다.

그 해 12월, 분단을 해소하기 위한 노력이 시작되었다. 당시 모스크바에서 열린 외상회의에서 미국은 점령군 사령관의 감독하에 통일정부를 즉각 수립하자고 제안했다. 그런 다음 미국과 소련, 중국, 영국이 공동 신탁통치를 실시해 집행위원회(*Executive Council*)를 설치하고 감독관(*Commissioner*)을 임명하자고 했다. 이 위원회의 주도하에 '국민투표로 선출된 국회'를 구성하고 5~10년 후에 한국을 독립시킨다는 계획이었다. 5)

소련은 다른 제안을 내놓았다. 먼저 미·소 양국의 대표들이 회담을 열어 "남북한 모두에게 영향을 미치는 중대한 사안"에 대해 논의하고 '행정-경제 문제'를 조정하자고 제의했다. 그런 다음 점령군의 대표로 구성된 공동위원회를 설립해 "한국 임시정부의 수립을 위한 토대를 마련"하고 임시정부가 설립된 후엔 "최장 5년간 4개국 신탁통치"를 하자고 제안했다. 공동위원회의 모든 결정은 모스크바와 워싱턴의 사전 승인을 받도록 했다. 6) 이 계획안은 양국 점령군 사령관 협상에 토대를 제공했다. 미 대표단은 빨리 일을 마무리짓고 미소관계 악화를 걱정하

---

3) *FRUS*, *1945*, 6: 657~660, 1039.

4) *America's*, 9장.

5) *FRUS*, 1945, 2: 643.

6) U. S. Department of State, *The Record on Korean Unification*, *1943~1960: Narrative Summary with Principal Documents*(Washington, D. C.: Government Printing Office, 1960), 47~48.

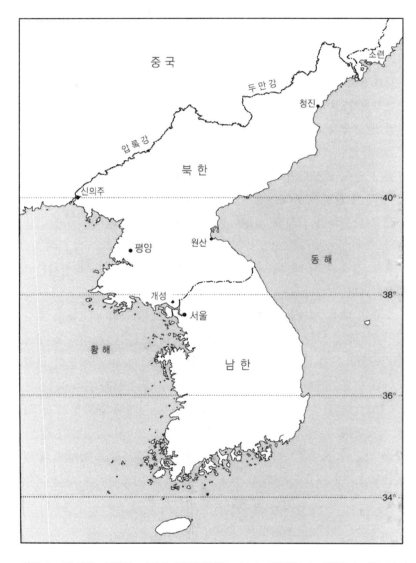

지도 1. 38선은 소련과 미국의 점령지역을 가르는 경계였다. 1953년 7월 27일 휴전협정에 따라 결정된 최종휴전선은 서해안 지역은 38선 이남으로 치우쳐 있었으나 나머지 지역은 38선 이북으로 올라갔다.

는 국내 여론을 진정시키고 싶은 마음에 소련의 제안을 거의 모두 수
용했다.

1차 미소공동위원회 임시회담이 1946년 1월 16일 서울에서 열렸다.
미국은 남북한의 조기 행정통합을 원했으나 소련은 경제교류와 운송문
제로 논의대상을 한정하고 싶어했다. 소련의 주요 관심사는 남한으로
부터 쌀을 공급받는 데 있었다. 남한 역시 쌀이 부족했기 때문에 미국
은 이에 동의할 수 없었다. 3주간이나 협상을 벌였지만 매우 사소한
사항에만 의견접근을 이루었을 뿐이었다. 그나마 협의된 사항 중 일부
는 아예 실행에 옮겨지지도 않았다. 고작해야 정기적으로 의견을 교환
하고 군사연락관간에 회의를 가진 게 전부였다.[7]

미소공동위원회는 3월 중순이 되어서야 재개되었다. 그러나 임시정
부 수립을 위해 어떤 한국단체와 상의해야 할지에 대한 의견차이로 회
담은 교착상태에 빠지고 말았다. 미국은 광범위한 단체와 상의하고 싶
어했으나 소련은 즉각적 독립을 요구하며 신탁통치안을 반대하는 단체
를 제외시키자고 했다. 5월 8일, 수주간이나 신경전을 벌였으나 미소
공동위원회는 향후 회담계획도 정하지 못한 채 미국의 요청으로 무기
한 휴회되었다.[8]

1년 후 회담이 재개되었지만 1차 회담에서 제기된 문제는 도저히 해
결될 수 없는 상태였다. 남북한 정치의 양극화가 심화되고 미소관계가
더욱 얼어붙은 상황에서 이는 너무나 당연한 결과였다. 사실 미소공동
위원회가 휴회되었을 때 한반도의 분단은 이미 정해진 길이었다. 어쩌
면 훨씬 이전에 결정되었는지도 모른다. 6·25 전쟁을 향한 첫발은 내
딛어졌으며 냉전은 이미 한반도에 찾아왔다.

왜 그랬을까? 왜 미·소는 1945년 8월 한국을 38선으로 나누었을

---

7) *HUSAFIK*, 92~136.
8) *Ibid.*, 136~221; *Socialism*, 14장.

까? 왜 바로 몇 달 후 그 분할선을 없애지 못했을까? 왜 한국인들은 이 같은 결과를 방지하기 위해 단결하는 데 실패했는가? 한국전쟁 기원에 대한 이해는 이러한 의문들로부터 출발한다.

I

1945년 8월, 38선 분할결정 자체는 한국의 분단 장기화 쪽으로 추를 옮겨 놓았다. 일본의 패망 후 미국이 한국에서 영향력을 갖기 원했던 이유는 물론 소련을 봉쇄하기 위해서였다. 소련의 경우 한반도에 대한 이해관계는 러시아로 거슬러 올라간다. 19세기 말 러시아는 국경을 서태평양 연안까지 확대했고 20세기 초 조선과 만주에서 영향력을 확보하기 위해 일본과 전쟁을 벌였다. 그러나 러일전쟁은 일본의 승리로 끝났고 그 후 60년간 일본은 동북아를 지배했다. 당연히 소련은 자신에게 유리한 쪽으로 상황을 이끌고 싶어했고 한반도에서 우위를 점하는 게 그 목적을 이루는 데 중요한 수단이었다. 한반도를 절반씩 차지한 후 전제적 사회주의 국가인 소련과 자유민주주의 국가인 미국은 통일된 토착정부를 수립하는 데 있어 합의점을 찾는 게 거의 불가능했다.

일본의 완전한 패망으로 한국은 국제사회에 다시 등장할 수 있게 되었다. 일본은 1890년대부터 구축해 온 모든 해외식민지를 빼앗겼고 승전국에게 점령되어 당분간 독립국가의 지위를 거부당했다. 한반도는 일본으로부터 해방되었지만 한국의 국권회복은 너무나 험난했다.

이러한 상황은 동북아 지역에 힘의 공백이 생길 거라는 우려를 낳았다. 소련은 그 공백이 적대적 세력에 의해 채워지는 것을 막아야 했다. 이를 위한 최선의 방법은 바로 자신이 가능한 한 많이 공백을 채우는 것이었다. 한편 일본의 패배에 결정적 역할을 했던 미국은 아시아 대륙에 별로 관심이 없었다. 대신 일단 중국이 만주와 남부 해안지대에서 일본을 몰아낸 후 강대국으로 부상해 동북아에서 새로운 힘의 균형을 이루기를 희망했다. 그러나 2차 세계대전이 전개되면서 남부의 국민당과 북부의 공산당으로 중국이 분열되는 바람에 대일(對日) 전쟁에 별로 기여하지 못했다. 중국은 전후(戰後) 힘이 약한 분단국이 될 가능성이 높아 보였다. 그로 인해 소련이 동북아의 절대 패권국이 될지도 모른다는 우려가 워싱턴 정계에 확산되기 시작했다. 1943년 가을, 미 국무부 보고서는 다음과 같이 결론내렸다.

   한반도는 스탈린에게 소련 극동지역의 경제자원을 상당히 보강하고 부동항을 확보하고 중국과 일본을 상대로 지배적인 전략적 위치를

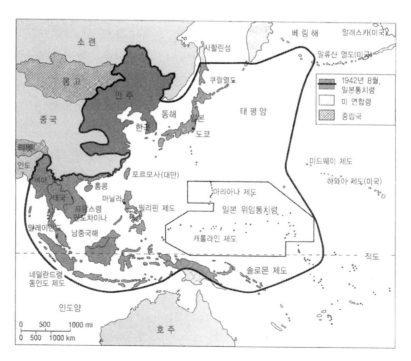

지도 2. 1942년 8월 당시 서태평양과 동아시아 지역의 일본 식민지.

차지할 수 있는 매력적 기회로 보였을 것이다. … 소련이 한국을 점령
할 경우 극동지역에 전혀 새로운 전략적 상황이 형성되고 중국과 일
본에 상당한 영향을 미치게 될 것이다. 9)

　사실 러시아의 팽창에 대한 우려는 새삼스러운 일이 아니었다. 20
세기 초 러시아는 이미 과거 60년 동안에 걸쳐 극동지역에 거대한 영
토를 확보했고 시베리아 횡단철도가 완성단계에 있었다. 이런 상황에
서 알프레드 타이어 마한(Alfred Thayer Mahan)과 시어도어 루스벨트
(Theodore Roosevelt)와 같은 미국 전략가들은 유라시아 대륙에서 러
시아의 팽창을 경계해야 한다고 주장했다. 그러나 소련은 다른 강대국
과 비교해 산업이 훨씬 뒤쳐져 있었다. 소련의 무능한 전제주의적 정
권이 미국을 곧 따라잡을 확률은 매우 낮아 보였다. 루스벨트는 "확실
히 미래는 소련의 것이다. 자신이 이를 망치지 않는 한 말이다. 그러
나 지금은 미래가 아니다"라고 비웃었다. 당분간은 일본의 제국주의
가 '러시아를 견제'할 거라고 그는 생각했다. 일본의 조선점령은 이 목
표를 더 강화시켜 줄 거라고 믿었다. 10) 일본이 조선을 점령한 후 만주
까지 확장하자 이 지역에서 러시아의 세력확장에 대한 우려는 거의 사
라졌다.

---

9) "Possible Soviet Attitudes toward Far Eastern Questions," 1943년 10월
　2일, Box 119, Records of Harley A. Notter, 1939~1945, RG59, NAⅡ.
10) 러시아의 팽창에 대한 일반적 우려는 Akira Iriye, *Pacific Estrangement*:
　Japanese and American Expansion, 1897~1911(Cambridge, Mass:
　Harvard University Press, 1972), 70~73 참조. 루스벨트의 사고방식에
　대해서는 *The Letters of Theodore Roosevelt*에 있는 루스벨트가 1900년 8월
　28일에 Herman Speck von Sternberg에게 보낸 편지, ed. Elting
　Morison, Vol. 2(Cambridge, Mass: Harvard University Press, 1951),
　1394; 1901년 7월 8일 G. F. Becker에게 보낸 편지, Howard K.
　Berale, *Theodore Roosevelt and America's Rise to World Power*(Balti-
　more: Johns Hopkins University Press, 1956), 263에 인용.

그러나 1943년엔 상황이 달랐다. 일본이 아시아 대륙에서 패권국의 지위를 잃고 있었고 이미 강력해진 소련이 아무런 견제 없이 그 자리를 대신할 가능성이 높았다. 독일이 패배한 후 일본과의 전쟁에서 소련의 도움을 받고 싶어했던 미국 지도자들의 바람은 그 가능성을 보다 현실적으로 만들어 주었다. 전시의 필요가 전후의 목적을 양보하도록 위협했다.

앞에서 인용한 미 국방부 보고서를 작성한 저자들에게 소련의 동북아 지배가능성은 특히 높아 보였다. 극동지방에 거주하는 약 3만 5천 명의 조선인들 때문이었다. 그들은 "소련의 이데올로기와 통치방식에 철저히 세뇌당한" 상태였다. 많은 망명가들이 중국과 미국으로도 몰려갔고 이 중 상당수가 반공산주의자들이었다. 그러나 워낙 힘이 없고 분열이 심해 대일전쟁에 참전할 정도로 군대를 동원하지 못했다. 또 고국 동포들로부터도 지지를 받지 못했다. 이러한 국제적·한국 내부적 상황을 고려해 볼 때 소련은 확실히 한반도에서 우위를 구축할 수 있었다. 미국이 직접적으로 개입하지 않는다면 말이다. 자원이 풍부하고 상당히 공업화된 만주지역 역시 마찬가지 상황이었다.

미국 지도자들은 당시 한반도와 관련해 소련에 대해 경쟁적 태도를 취하지 않았다. 프랭클린 루스벨트 대통령은 오히려 2차 세계대전 후 한반도에서 대결을 피하고자 했다. 그는 미국, 소련, 중국을 포함한 다수 강대국의 신탁통치를 제안했다. 한반도에 이해관계를 가진 열강들이 한국인들이 스스로 통치할 수 있도록 준비하고 신탁통치 국가들이 이견을 기분 좋게 해결할 수 있는 그런 시스템을 공유하자는 게 그의 복안이었다. 11)

11) 보다 자세한 분석을 위해서는 William George Morris, "The Korean Trusteeship, 1941~1947: The United States, Russia and the Cold War"(박사학위논문, University of Texas at Austin, 1975), 13~38 참조. 루스벨트의 견해에 대한 구체적 사료는 FRUS, 1943, 3: 37과 백악관

　　1943년 봄 전후 질서를 고민하던 미 국무부 전략가들은 신탁통치안
의 합리적 근거를 설명하는 일련의 보고서를 작성했다.[12] 이들의 분
석은 조선시대와 구한 말 역사에 대한 연구를 토대로 했다. 조선은 수
세기 동안 상대적으로 안정적인 정치를 했으나 1800년대 말에 정치지
도자들의 부패와 무능력, '강인성' 부족 때문에 '내부적으로 취약'해져
심각한 '내부적 불안'이 초래되었다. 조선은 "빠르게 발전하는 아시아
본토로 가는 중요한 출입문"이 되었기 때문에 중국, 일본, 러시아의
치열한 격전장이 되었고 결국 일본의 식민지로 전락하고 말았다.

　　1940년대까지 조선인들은 30년 이상 "자치능력이 거의 없는 식민지
민족"으로 살아왔다. 1939년 당시 공무원 중 절반 이상이 조선인이었지
만 이들은 항상 엄격한 일본의 감시를 받았으며 '정책결정의 기회'가 전
혀 없었다. 게다가 '모든 교육제도'의 목표는 "조선인을 충성스런 일본
의 신하로 만들고 모든 반대와 문화유산을 말살"시키는 것이었다. 망명
가들은 독립을 서두르기 위해 다양한 단체를 조직했다. 대한민국 임시
정부(Korean Provisional Government ― 이후 임시정부)도 그 중 하나로
당시 중국 국민당의 전시수도였던 충칭[重慶]에 기반을 두고 있었다.
그러나 어느 누구도 '한국 내 통치권'을 가지지 못했다. 임시정부는 충
칭에서조차 모든 망명단체를 통일하는 데 실패했다. 특히 젊고 보다 진
보적인 망명가들로 구성된 조선민족혁명당이 임시정부의 권한에 도전

　　태평양전쟁위원회 30주년 기념 Wilson Brown 장군의 비망록, 1943년 3월
　　31일, Box 168, Map File, Franklin D. Roosevelt Papers, Roosevelt
　　Library, Hyde Park, N.Y.을 참조.

12) "Korea: International Political Structure," 1943년 4월; "Korea:
　　Economic Developments and Prospects," 1943년 5월 25일; "Korea:
　　Territorial and Frontier Problems," 1943년 5월 25일; "Korea: Internal
　　Political Structure," 1943년 5월 26일(모두 Box 63, Notter File, RG59,
　　NAⅡ) 등이 있다. 달리 언급하지 않으면 이 문단과 다음 세 문단의 모든
　　인용문은 이 문헌에서 발췌했다.

했다. 미국에서는 오랫동안 대한민국 임시정부와의 불편한 관계에도
불구하고 자신이 임시정부의 대변인이라고 나선 이승만이 조선민족혁
명당의 대표를 맡은 한길수와의 협력을 거부했다. 13) 임시정부의 부정
적 이미지는 김구 주석이 "중국정부로부터 한 달간 보조금을 받는 대가
로 한국의 공산혁명운동을 규제하겠다는 거래"를 수용했다는 보도로 더
욱 추락했다. 14) 한길수는 자신이 일본에 대항하는 스파이라고 주장하
며 소련 연해주지역, 만주, 한국, 일본, 하와이 등에 거주하는 한국인
들의 상황에 대해 여러 미국 정부기관에 수많은 보고서를 제출했다. 그
러나 미국정보기관은 그가 권력과 돈에만 관심이 있다고 생각했다. 15)
한길수를 비롯해 일본의 패망 후 한국에 돌아가 튼튼한 토착정부를 수
립할 수 있는 능력을 가진 한국인이 과연 있을지 불확실했다. 16)

　당시 한국은 경제적으로 즉각적 독립을 할 준비가 되어 있지 않았
다. 일본이 대부분의 기업을 직접 운영했기 때문에 한국은 이를 인수
할 '훈련받은 유능한 인재'가 충분하지 않았다. 독립정부가 세워질 경
우 곧바로 일본인의 재산을 몰수하고 일본인을 한국에서 몰아낼 것이
분명했다. 그러면 관련된 사업은 제대로 관리되지 못하고 일본은 더
이상 한국상품을 사주지 않을 것이다. 이러한 상황에서 "경제불안이
새 정부의 존립 자체를 위협할 정도로 심각"해질 수도 있었다. 내부의
취약성이 외세의 침입을 불러오고 전쟁과 식민지화로 이어지는 역사가

13) 중국과 미국에 망명한 한국인들의 분열에 대한 문헌은 Rolls 1~3, SDR을
　　참조.
14) Clarence Gauss(미 중국대사)가 Cordell Hull 국무장관에게 보낸 편지,
　　1943년 1월 15일, Roll 2, SDR.
15) Wayne Patterson, *The Ilse*: *First-Generation Korean Immigration in
　　Hawai'i* 1903~1973(Honolulu: University of Hawai'i Press, 2000), 186~
　　189, 204.
16) Haan, 미 국무부/백악관 보고서는 Rolls 1~2, SDR; Official File 1143,
　　Roosevelt Papers, Roosevelt Library 참조.

다시 재현될지도 몰랐다.

한국인과 세계 모두에게 최선의 길은 "일정기간 국제적 신탁통치 아래 자치를 연습한 후 한국인의 자주권과 독립을 인정"하는 것이었다. 이해관계가 깊은 강대국들이 한국의 독립을 향한 노력을 감시한다면 정치적으로나 경제적으로 질서정연하게 발전하고 동시에 주요 열강들의 국익도 보호할 수 있을 거라고 미국은 믿었다.

이러한 사고방식을 토대로 미국은 임시정부를 인정해 주자는 중국 국민당 정부의 제안을 거부했다. 그런다고 해서 일본과의 전쟁에 아무런 도움이 되지 않는다고 판단했고 또 오히려 한국에 대한 미국의 전후 의도에 대해 모스크바로부터 의심을 살 수 있었기 때문이다. 1943년 말 카이로회담에서 루스벨트는 한국에 "일정기간 후에 자주권과 독립"을 인정해 주자고 영국과 중국 국민당 정부를 설득했다. 하지만 신탁통치에 대해서는 아무런 약속을 받지 못했다. 얼마 후 테헤란회담에서 루스벨트는 같은 주제로 스탈린과 마주 앉았다. 스탈린이 한국을 일정기간 감독하자는 제안에 동의해 줄 거라고 그는 기대했다. 1945년 2월 얄타회담에서 루스벨트는 미국, 소련, 중국, 그리고 가능하다면 영국을 포함한 신탁통치안을 제안했다. 스탈린은 이의를 제기하진 않았다. 그러나 신탁통치 기간을 가능한 한 단축시키자고 말했다. 그는 루스벨트가 미군이 한반도에 주둔하지 않을 거라고 말하자 기뻐하는 모습이었다.[17]

루스벨트는 이 문제를 끄집어낼 수밖에 없는 처지였다. 소련은 아직 일본에 선전포고를 하지 않았고 심지어 중립을 지키겠다는 협정까지 체결한 상태였다. 게다가 스탈린은 중국 국민당이 나서기 전에 먼저 만주에서 유리한 입지를 차지하기 위해 루스벨트를 압박하는 데 더 관심이 있었다. 아마도 스탈린은 한국에 대해 보다 깊게 논의하고 구체

---

17) FRUS, *The Conferences at Malta and Yalta, 1945*, 770; *Socialism*, 39.

적으로 약속하기를 원치 않았을 것이다. 왜냐하면 독일이 패배한 후 동북아 지역에 소련군을 증강했기 때문에 그 지역에서 직접적 영향력이 커질 수밖에 없었다. 몇 달 후 소련은 4강 신탁통치에 참여하는 것보다 더 많은 것을 얻을 수 있는 강력한 위치를 확보할지도 몰랐다. 18)

5월 말 해리 홉킨스(Harry Hopkins)가 모스크바를 방문했을 때 스탈린은 한국의 4강 신탁통치에 대해 대체적 지지를 표명했다. 홉킨스는 4월 12일 루스벨트의 서거로 그의 뒤를 이어 대통령이 된 해리 트루먼(Harry S. Truman)의 수석보좌관으로 스탈린을 만나 미·소 양국간의 최근 현안을 논의하고 7월에 정상회담을 준비하라는 명령을 받았다. 루스벨트의 측근으로 소련과의 우호적 관계유지를 공개적으로 지지했던 홉킨스는 양국간 관계가 전후 여러 이슈로 악화될 조짐이 보이기 시작했을 때 스탈린을 다룰 수 있는 이상적 인물로 여겨졌다.

무엇보다 미 국무부는 홉킨스가 한국의 신탁통치안에 대해 구체적 협정을 이끌어 내길 기대했다. 한 역사학자에 따르면 이 신탁통치안은 '민간정부에 평등한 대표권'을 주고 '한국민들에게 자치를 연습'시키는 게 목적이었다. 19) 두 번째 목적 뒤에는 스탈린이 전시중 소련에 머물렀던 한국 망명가들을 선호할지도 모른다는 우려가 깔려 있었다. 또 한반도에서 자생적 정치제도를 발전시키는 데 있어 미국과 중국 남부에 있는 한국 망명가들을 피하고 싶은 생각도 반영되었다. 그러나 홉킨스는 건강상태가 좋지 않았고 스탈린은 한국에 대해 별로 길게 얘기하고 싶어하지 않았다. 당시 폴란드와 유엔과 관련된 이슈가 훨씬 급박해 보였다. 20)

---

18) *Socialism*, 34~44.

19) *America's*, 172.

20) 홉킨스-스탈린 회담에 대해서는 Robert E. Sherwood, *Roosevelt and Hopkins*, rev. ed.(New York: Grosset and Dunlap, 1950), 887~912; *FRUS, 1945, Conference of Berlin*, 1: 24~59.

7월 포츠담에서 열린 정상회담에서 미국이나 소련 대표 모두 한국 문제에 대해 특별히 관심을 보이지 않았다. 소련의 몰로토프 외상(V. M. Molotov)은 단 한 번 한국에 대해 언급했는데 이는 이탈리아의 아프리카 식민지 국가들을 위한 신탁통치안을 논의하던중 소련이 이권을 차지하기 위해 발언하는중에 잠깐 흘러나왔을 뿐이었다. 이는 아마도 한반도에 대한 구체적 협정을 체결하려는 의도라기보다는 단지 협상전략이었던 것 같다. 21) 소련과 지역작전(*theater operations*)에 대해 논의하던 미국의 군사전략가들은 오직 한국과 그 주변지역에 공군과 해군만 투입하겠다고 말했다. 이는 일본의 최남단에 있는 규슈에 대한 침공의 일환이었다. 침공은 10월 말까지 개시되지 않았다. 22) 그러나 미국의 고위층은 뉴멕시코 사막에서 원자폭탄 실험이 성공했다는 보고를 받고서 사적으로는 소련이 참전하기 전에 일본을 항복시킬 수 있을지도 모른다고 생각했다. 그렇게 되면 한반도 전체를 미국이 점령할 수 있었다. 23)

홉킨스의 노력에도 불구하고 미소관계는 여름 내내 살얼음판을 걸었다. 아시아에서 가장 민감한 이슈는 중국이었다. 소련은 얄타회담에서 미국과 대영제국이 허용했던 것보다 훨씬 많은 만주 땅을 달라고 중국 국민당 정부를 압박했다. 24) 양국은 그 어느 때보다 우위를 점하려고 애쓰고 있었다. 소련의 대일전쟁 참전준비가 막바지에 이르고 미국이 한국 처리방안을 마련하지 못한 것처럼 보이자 스탈린은 아마도 한반도에 대한 협정체결을 계속 지연시키는 게 자신에게 이로울 거라고 생각했던 것 같다. 25) 한편 미국은 원자폭탄이 곧 상황을 자국에게

21) *FRUS*, *The Conference of Berlin*, *1945*, 2: 252~253; *Socialism*, 46~47.

22) *FRUS*, *The Conference of Berlin*, *1945*, 2: 351, 415.

23) *Reluctant*, 39~46.

24) Michael Schaller, *The U. S. Crusade in China*, *1938~1945* (New York: Columbia University Press, 1979), 252~253, 258~260.

유리한 쪽으로 반전시켜 줄 거라고 기대했다.

결국 시간은 어느 누구에게도 한반도에서 결정적 우위를 허락하지 않았다. 소련은 8월 9일 시작한 대일전쟁에서 주로 만주에 집중했다. 그러나 8월 10일 소련 제25부대 사령관에게 새로운 명령이 하달되었다. 여기에는 조기에 한국의 청진항과 원산항을 확보하라는 지시가 포함되어 있었다. 26) 5일 후 일본이 항복했을 때 소련군은 이미 청진시로부터 약 50마일 거리의 동해상에 도착해 있었다.

그렇다면 왜 미군이 한국으로부터 수백 마일 떨어진 일본 오키나와에 주둔해 있는 상황에서 스탈린은 트루먼이 제안한 38선 분할안을 받아들였을까? 두 가지 요인을 생각해 볼 수 있다. 먼저 주요 원인은 당시 동북아시아, 특히 한국의 상황이 스탈린에게 그다지 유리하지 않았다는 것이다. 미국은 이미 일본침공을 위해 이 지역에 막강한 군사력을 대기시켜 놓은 상태였다. 게다가 원자폭탄으로 일본의 두 도시를 초토화시켰다. 소련 역시 주력부대를 한국에 보냈지만 공군, 지상군, 해군 모두 군사력에서 미국과는 상대가 되지 않았다. 특히 미국의 병력보충능력은 훨씬 뛰어났다. 게다가 스탈린은 ― 만약 첩보를 통해 제대로 알지 못했다면 ― 트루먼이 한국과 만주에 조기상륙을 고려하

---

25) 스탈린은 미국과 일찍 갈라서는 것을 피하는 게 도움이 된다고 느꼈지만 미국과의 동맹은 단기적 협력 이상으로 생각하지 않았다. 얄타회담이 시작되었을 때 그는 이 연합이 끝을 맺게 될 시기가 왔다고 판단했다. 1945년 1월 중순에 불가리아 공산당 주석인 게오르기 드미트로프에게 "자본주의는 파시즘과 민주주의라는 두 진영으로 분열되는 위기를 맞았다. … 우리는 오늘날 서로 당파가 갈려 있지만 미래에 언젠가는 자본주의 진영과 맞서게 될 것이다"라고 말했다. Eduard Mark, "Popular Democracy in Romania: An Instance of Stalin's Plan for Postwar Europe"에서 발췌(1999년 9월 냉전의 국제역사에 관한 예일대 학회에서 발표된 논문). 이 논문 사본을 내게 보내 준 마크 박사에게 감사한다.

26) *Socialism*, 60~61.

40

고 있을지도 모른다고 생각했다.[27] 그는 또 일본이 미국에게 항복한
후 미국이 비밀리에 일본과 협정을 체결해 만주와 한국에서 소련의 진
격을 막으려 할 수도 있다고 우려했다.[28] 한반도에 9개 사단병력을
보유한 일본은 겨우 2개 사단뿐인 소련을 방해할 충분한 능력이 있었
다. 게다가 소련군은 낯선 산악지형에서 전투를 벌이고 있었다. 그러
는 동안 미군은 한반도의 남부로 진격한 후 만주의 요동반도까지 치고
올라올 수도 있었다.[29] 38선 분할안을 받아들이기 바로 이틀 전 스탈
린이 중국 국민당 정부와 얄타협약을 준수하자는 내용의 협정을 체결
한 것은 결코 우연이 아니었다.[30]

군사적 상황과 미국의 의도에 대한 두려움만으로 스탈린이 트루먼
의 제안에 동의했다면 아마도 미국이 소련에게 일본을 일부 나눠줄지
도 모른다는 희망도 그 뒤에 숨어 있었을 것이다. 실제로 8월 16일 미
국의 한반도 분할점령안을 수용하면서 스탈린은 홋카이도 북부에서 일
본이 소련군에 항복하도록 명령해 줄 것을 요청했다.[31]

왜 트루먼은 한반도 전체 — 혹은 더 넓은 영토 — 를 차지하고 만주
까지 확보할 수 있는 기회에서 뒤로 물러났을까? 여기서도 두 가지 대
답이 가능하다. 먼저 워싱턴과 전선에 있던 미국 정책결정자들은 한국

27) *FRUS*, *1945*, 6: 657~660; *America's*, 8장.
28) *FRUS*, *1945*, 6: 665~666. 유럽에서 미국과 독일의 담합에 대한 스탈린
의 초기 의심에 대해서는 Vojtech Mastny, *Russia's Road to the Cold
War: Diplomacy, Warfare, and the Politics of Communism, 1941~1945*
(New York: Columbia University Press, 1979), 258~259.
29) 소련의 대일전쟁에 대한 자세한 내용은 *Socialism*, 3장을 참조. 미국이 한
국에 군대를 신속하게 파병할 능력이 있다는 반 리(Van Ree)가 공감하는
주장에 대해서는 *America's*, 252 참조.
30) 미국이 소련에게 국민당 정부에게 한 요구를 철회하도록 압력을 넣고 만주
에서의 소련의 입장, 스탈린의 양보 등에 대한 서한은 *FRUS*, *1945*, 7:
957~973.
31) *Ibid.*, 6: 667~668.

과 만주에서 소련의 조기진격을 과소평가했다. 링컨, 본스틸, 러스크가 38선을 선택했던 이유는 수도인 서울이 그 이남에 위치해 미국의 점령지에 둘 수 있었기 때문이다. 그들은 스탈린이 그 제안을 수용하자 깜짝 놀랐다. 둘째, 미국 서태평양 사령관인 맥아더 장군은 점령지인 일본으로부터 군대를 다른 곳으로 분산시키지 않기로 결심했다. 일본 정부의 항복에도 불구하고 저항의 가능성을 우려했기 때문이다. 32)

38선에 대한 합의가 이루어질 무렵 한반도에서 미소관계는 경쟁적 관계로 남아 있었다. 워싱턴은 한반도 전체나 혹은 대부분을 점령하는 계획을 검토했지만 결국 38선 분할을 제안한 것은 한반도에서 소련의 영향력을 봉쇄하려는 목적이 가장 컸다. 소련의 의중에 대해서는 이미 상황적 증거를 앞에서 다루었지만 소련 외무부의 극동아지역 담당부서에서 근무하는 두 명의 직원이 6월 말 작성한 보고서에 잘 나타나 있다. 이 보고서는 한국의 상황을 북동아시아에서 일어날 전쟁의 핵심으로 규정하고서는 "일본을 영원히 한국으로부터 축출해야 한다"고 강조했다. 또 독립한 한국과 "우호적이며 긴밀한 관계"를 맺어야 하며 미국과 중국은 한국에서 일본의 경제적 지위를 보호하려고 시도함으로써 위협요소가 될 수 있다고 지적했다. 만약 한반도에서 신탁통치가 이뤄질 경우 "소련은 적극적으로 참여해야 한다"고 주장했다. 33) 점령 당시 한국의 미래에 대한 애매한 내용의 협정은 미래의 교착상태를 이미 예고하고 있었다.

1945년 8월 이전에 다른 대안이 가능했을지 생각해 보는 것은 무리가 있다. 한국의 독립에 대한 중립적 입장에 구체적으로 합의했다면 그것은 관련된 3개국 열강들의 요구와 한국인들의 열망을 가장 잘 조화시킨 최선의 해결책이었을 것이다. 그러나 한국은 소련이나 미국에

---

32) *America's*, 8장.

33) Weathersby, "Soviet Aims in Korea," 6~7. 질문은 러시아어로 된 이 문헌을 Weathersby가 번역한 것임.

42

게 최우선순위가 아니었다. 또 양 강대국은 비핵심적 이슈에 대해 자신의 입장을 포기하면서까지 합의할 정도로 서로를 신뢰하지도 않았다. 동유럽이나 중부유럽처럼 전략적으로 더욱 중요한 지역에서조차 구체적 의견일치는 지상군의 군사력이 균형을 이루기 전까지 나오지 않았으며, 그리고 때로는 균형을 이룬 후에도 실패한 적이 많았다. 중립이 인정된 오스트리아의 경우 1945년 10월 중순이 되어서야 수개월 동안 군대를 주둔시켰던 모든 점령국가들이 임시정부의 수립을 승인했다.[34] 중립국 인정은 10년 후에나 이루어졌다. 일본인이 남아 한국이 독립할 때까지 과도정부(過渡政府)를 관리해 주거나, 아니면 유능한 지도자도 없고 최근 분열양상이 심해진 한국을 그냥 방치하지 않는 한 한반도는 대일전쟁이 끝난 후 외부세력이 점령해야만 했다.

미국은 한국의 독립을 약속하면서 동시에 소련의 국익에 보다 가까운 계획을 수립했다. 그러나 이 같은 태도는 공상적 자비심만큼이나 우유부단함과 관심부족의 결과였다. 미국은 한때 보다 공격적인 정책을 검토했지만 스탈린이 전쟁종결 이전에 신탁통치안에 대해 구체적 협정을 협상할 것 같지는 않았다.

한국인들이 보여준 행동은 최후의 승리자가 한반도를 잠시 동안이라도 점령해야 하며 이들에게 즉각적 독립을 인정해 줄 의무는 없다는 인식을 강화시켰다. 미국과 중국에 망명온 한국인들과 접촉한 미국인들은 그들의 심각한 파벌주의에 질겁했고 또 일본과 맞서 싸울 군대를 동원하지 못하는 무능함에 매우 실망했다.[35] 미국은 또 일본이 조선을 총동원해 자신의 편을 들도록 했다는 사실도 잘 알고 있었다. 소련은 만주에 있는 기지에서 일본군에 저항해 온 수천 명의 한국인들과

---

34) Willaim Stueck, "The United States, The Soviet Union, and the Division of Korea: A Comparative Approach," *Journal of American-East Asian Relations* 4(spring 1995): 9~15.

35) 관련서한에 대해서는 Roll 1, SDR.

접촉했지만 이들 독립투사들이 일부 조선인이 포함된 반게릴라군으로
부터 항상 저지당했다는 사실도 알고 있었다. 36) 게다가 1945년 봄 소
련군이 재빨리 진격해 임시정부 수립에 영향력을 행사할 수 있었던 오
스트리아와는 달리 한국의 공산당원들은 뿔뿔이 흩어져 있었고 코민테
른이나 소련 공산당과 파벌이 다른 독립적 노선을 추구해 왔다. 37) 확
실히 모스크바는 적어도 한반도의 일부만이라도 일정기간 점령하는 것
이 자신의 목적달성에 필수적이라고 판단했다.

II

소련군이 한국에 진주했을 당시 소련은 한반도 전체에 비우호적 정
부수립을 허용할 생각이 전혀 없었다. 38) 중국에 있는 대한민국 임시
정부와 미국에 체류하던 우익독립단체 지도자인 이승만을 비난하기도
했다. 소련 점령군은 곧 북한에서 한국인들이 세운 '인민위원회'와 협
력할 의사를 밝혔지만 미군이 도착하기 전날 서울에 세워진 좌파적 성
향의 조선인민공화국(Korean People's Republic)의 승인은 거부했다.
만약 소련이 오스트리아의 경우처럼 서울을 점령했더라면 조선인민공
화국과 손을 잡았을지도 모른다. 그러나 수도 서울이 미군의 통제하에
있는 상황에서 소련은 아마도 조선인민공화국의 수립에 공산주의자들

---

36) *Origins*, 1: 34~38.
37) 미국 공산주의자들에 대해서는 Radomir V. Luza, *The Resistance in Aus-
   tria, 1938~1945*(Minneapolis: Univ. of Minnesota Press, 1984), 101.
   한국 공산주의자들에 대해서는 Robert Scalapino and Chong-sik Lee,
   Communism in Korea(Los Angeles: Univ. of California Press, 1972),
   Vol. 1, 2장; *Socialism*, 1장.
38) 최고의 분석은 *Socialism*, 85~186.

이 참여하는 것이 독립에 바람직하지 못한 행동이라고 여겼는지도 모른다. 특히 조선인민공화국이 당시 미국에 있던 이승만을 최고지도자 자리인 주석으로 추대하기로 한 결정이 못마땅했을 것이다.

소련은 한반도 전체의 국가적 통합을 위한 분위기 형성보다는 북한에서의 지배력 강화에 관심이 더 많았다. 39) 소련은 남북한 간 경제교류를 엄격히 규제했다. 1945년 10월에는 그동안 한반도에서 독립투쟁을 했던 공산주의자들의 반대를 무시하고 조선공산당 북조선분국의 설립을 후원했다. 2개월 후 이는 북조선공산당으로 명칭이 바뀌었다. 이 통치기구의 설립을 초창기부터 주창했던 김일성이 위원장에 임명되었다. 40)

그러나 소련이 통일을 완전히 배제한 것은 아니었다. 스탈린의 견해는 불확실했지만 1945년 9월부터 12월까지의 기간 동안 소련 외무부에서 작성한 여러 문서가 이를 뒷받침해 준다. 9월에 작성된 세 건의 문서를 보면 소련은 한국문제 해결에 대해 구체적 대책을 세우지 않았지만 미국의 신탁통치 제안이 동북아시아에서 소련의 지위를 강화시켜 줄 수 있을 것으로 기대했음을 알 수 있다. 특히 38선 이남의 세 개 항구, 즉 서해안의 인천항, 남해안의 부산항, 그리고 가장 남서쪽에 있는 제주도에 관심이 많았다. 2년 정도 한반도를 공동점령한 후 4강 신탁통치를 위한 협상에서 블라디보스토크와 뤼순〔旅順: 중국 요동반도의 항구도시 — 역주〕의 해군기지들 사이에 위치한 이들 전략적 요충지를 얻을 수 있을지도 모른다고 보았다. 미국이 이를 수용할 경우 모스

---

39) Stueck, "The United States, the Soviet Union, and the Division of Korea," 6~7.

40) 북에 별도의 정부조직을 세우자는 김일성의 초기주장에 대해서는 그의 1945년 10월 10일 report를 참조. Kim Il-sung, *Works* (Pyongyang, Foreign Language Publishing House, 1981). 1: 272~292. 소련의 대북 정책에 대해서는 *Socialism*, 5장.

크바는 서태평양 제도, 보닌 제도(Bonins), 볼카노(Volkano), 마리아나 제도(Marianas), 캐롤라인 제도(Carolines), 마샬 제도(Marshalls) 등지의 신탁통치를 원하는 워싱턴의 계획을 지원하려고 했다. 41) 1945년 12월 모스크바 외상회담이 열리기까지 소련은 한반도 전체를 통치하는 임시정부 수립안을 검토했다. 그러나 남한에서의 미국 점령정책을 고려할 때 전국적 단일정부가 수립되어 소련의 주요 국익을 보호해 줄 수 있을지 확실치 않았다.

소련과 마찬가지로 미 점령군 사령관이었던 존 하지(John R. Hodge) 장군 역시 조선인민공화국 내에서 중도좌파였던 여운형의 연합전선구축 노력을 전혀 지원하지 않았다. 매우 고집이 세고 국제감각이 둔한데다가 한국에 대한 지식이 거의 없었던 하지 장군은 한국에 있던 일본관료들과 워싱턴의 미 전쟁성으로부터 보고를 받았다. 소련군이 38선까지 진격할 경우 남쪽으로 계속해서 밀고 내려올지도 모른다는 경고가 주 내용이었다. 일본관료들은 또 소련군이 항복한 일본군인과 관료, 민간인을 무자비하게 다루고 일부 한국인들에게 행정요직을 주려 한다고 비난했다. 42) 하지 장군은 서울에 도착한 후 남한에서 거의 소련군대를 보지 못했다. 서쪽 끝에 있는 고립된 옹진반도에 일부 남아 있던 소련군마저 곧 퇴각했다. 그러나 일본관료들의 얘기를 듣고 온 하지 장군은 한국인들의 일부 좌익활동을 의심스런 눈으로 보게 되었다. 또 좌익세력이 서울에 있는 소련영사관과 결탁하고 있다고 믿었다. 소련은 8월 8일이 되어서야 대일 선전포고를 했기 때문에 그때까지 내내 영사관을 서울에 두고 있었다. 미군정은 한국을 통치하는 데 인력이 부족했지만 하지 장군은 인민위원회를 인정하지 않았다. 대신 일본인과 보수파들과 손을 잡기로 결정했다. 보수파는 대개 지주와 사업가 등 기득권

---

41) Weathersby, "Soviet Aims," 9.

42) *Origins*, 1: 122~129; *America's*, 24~25, 265~71.

층으로 식민지 시절 일본에 협력했으며 조선인민공화국에 대항하기 위해 한국민주당을 결성했다. 43)

일본 식민관료를 최고행정직에 당분간 잔류시키기로 한 하지 장군의 결정은 남한에서 대규모 반대시위를 불러일으켰고 결국 워싱턴의 지시로 곧 철회되었다. 그러나 하지 장군은 계속해서 일본인들과 상의했다. 또 많은 친일파들이 가담하고 일반국민들이 그토록 싫어했던 일본 경찰조직을 비롯, 기본적 행정조직은 그대로 남겨 두었다. 그는 한국이 당분간 스스로 통치할 능력이 없다고 보았던 전시의 워싱턴 견해를 따라 점진적 방식을 채택했다. 새로운 제도가 마련되고 한국인들이 일본 식민통치를 대체할 수 있을 정도로 충분히 교육받을 때까지 기존의 정부조직은 거의 고치지 않고, 일부 일본관료들에게 행정을 맡기기

그림 1. 인천에 상륙한 미군을 환영하는 문구, 1945년 9월.

---

43) 이 이야기는 너무나 유명하다. *Origins*, Vol. 1, 3장, 5~6.

로 했다. 또 이승만과 임시정부 임원 등 명망 높은 망명가들을 고국으로 불러들여 이적행위라는 오명을 회피하면서 보수주의적 리더십을 구축하고자 했다. 이승만은 10월 중순에 귀국했으며 한 달 후 임시정부 관료들이 돌아왔다.

이승만은 곧 뛰어난 정치수완을 보였다. 그는 독립촉성중앙협의회를 설립해 좌익과 우익의 화합을 도모하려는 제스처를 보였다. 하지만 동시에 소련과 소련의 북한정책을 공격하고 나섰다. 남한 공산당 지도자였던 여운형과 박헌영은 중앙협의회 1차 모임에 참석했으나 이승만이 조선인민공화국과 손잡기를 거부하고 한국민주당을 옹호하자 곧 탈퇴했다. 비록 친일파 중심의 한국민주당 가입요청을 거절하긴 했지만 이승만이 철저한 반공주의자란 사실은 너무나 잘 알려져 있었다. 임시정부 주석 김구의 귀국으로 남한에서 반공 분위기는 더욱 고조되었다. 44)

그림 2. 서울에서 일장기를 내리는 모습, 1945년 9월.

---

44) *HUSAFIK*, Vol. 2, 1장, 56~57.

48

그림 3. 모스크바 협상에 참가한 주요 외교관들의 모습, 1945년 12월. 왼쪽부터
　　　　영국 외무장관 어니스트 베빈, 소련 외상 몰로토프, 미 국무장관 제임스
　　　　번즈.

그림 4. 서울에서 열린 미·소 점령군 사령관의 회담 개회식, 1946년 1월. 테이블
　　　　맨 왼쪽에 앉은 사람이 남한 미군정 사령관을 맡은 하지 준장이다. 그의
　　　　왼편에 앉은 사람은 북한 소련점령군 사령관인 테렌티 슈티코프 중장이다.

하지 장군이 비록 남한에서 상당한 좌익활동을 허용했지만 모스크바는 안심할 수 없었다. 모스크바 외상회담이 열리기 전날 한 소련관료는 다음과 같이 적었다.

> 수많은 정당과 정치단체의 난립, 그들간의 내부분열과 미국의 교사(巧詐) 등으로 (단일정부수립) 문제는 너무나 복잡하다 … 미래 정부의 성격은 한국이 앞으로 우리에게 새로운 골칫덩이가 될지 아니면 극동에서 우리의 주요 안전지대가 될지를 결정하는 데 중대한 영향을 미칠 것이다. 45)

미국의 입장에 대한 소련의 걱정에도 불구하고 한 분석가는 "단일한국정부의 탄생을 반대하는 것이 소련에겐 정치적으로 불편할 것"이라고 주장했다. 46)

스탈린은 한국의 통일을 서둘러야 할 필요를 전혀 느끼지 못했다. 남한을 점령한 미국의 입장을 차치하고라도 비록 소련이 철저히 통제하고 있지만 당시 북한은 마음 놓을 수 있는 상황이 아니었다. 소련군이 수천 명의 한국여자들을 강간했고 약탈을 일삼자 많은 한국인들이 소련에 등을 돌렸다. 대부분의 동유럽과 중유럽 국가에서처럼 소련은 통일전선 정책을 추구했다. 그 정책에 따라 한국 공산주의자들, 특히 소련에서 망명생활을 했던 사람들이 정부의 요직에 임명되었다. 동시에 비공산주의 단체와도 협력을 도모했다. 소련은 심지어 보수파로 기독교계 지도자였던 조만식과도 좋은 관계를 유지하며 점령군이 주최하거나 승인한 공식행사에 귀빈으로 초대하기도 했다. 조만식은 종종 소련의 곡물수집 정책에 항의했다. 그는 당시 한국인들 사이에 상당한 인기가 있었다. 1945년 11월 신의주에서 대규모 시위와 폭동이 일어

---

45) Weathersby, "Soviet Aims in Koera," 13.
46) *Ibid.*, 13~14.

나 소련군과 경찰이 진압에 나섰다. 47) 하지의 정책 역시 남한에서 상당한 반대에 직면했다. 그는 일본관료와 경찰에 통치를 의존했고 그가 제시한 보수적 토지개혁과 노동정책은 일제 식민지 시대의 사회적·경제적 불공평 요소를 대부분 고치지 않은 상태였다. 그러나 스탈린은 임시정부를 추진하기 전에 먼저 북한에서 할 일이 남아 있다고 믿었다. 다행히 워싱턴은 미국의 제안에 반대해 소련이 내놓은 안을 두말없이 수용했다. 소련에게 미국의 제안은 38선 이북지역의 경제에 침투하기 위한 정치적 음모로 비쳤다. 48)

최근 소련의 저명한 두 학자가 밝혔듯이 북한에 대한 스탈린의 목적은 점령지 독일에서와 유사했다.

> 그는 소련이 점령한 지역에서 패권을 구축하고 싶어했다. 그러다가 서독에서 영국의 영향력을 무너뜨리고 싶다는 욕심이 들었다. 미군이 유럽에서 철수했기 때문에 이는 그다지 어려워 보이지 않았다. 마지막으로 소련에 '우호적'인 통일독일을 꿈꾸게 되었다. 49)

또 다른 소련 전문가에 따르면 "겉보기에 유약하고 우유부단해 보이는 민주주의와 대결한" 많은 독재자처럼 스탈린 역시 미국은 '의지'가 부족해 시간이 지나면 해외에 주둔한 대규모의 병력을 철수시킬 거라고 생각했다. 50) 1945년 11월 중순에 이미 미국은 병력을 전시수준 대

---

47) *Socialism*, 114~118.

48) *Ibid*., 137.

49) Vladislav Zubok and Constantine Pleshakov, *Inside the Kremlin's Cold War: From Stalin to Khrushchev* (Cambridge, Mass.: Harvard University Press, 1996), 48.

50) Jonathan Haslam, "Russian Archival Revelations and Our Understanding of the Cold War," *Diplomatic History* 21 (spring 1997): 224; Vladislav Zubok, "Stalin's Plans and Russian Archives," *Diplomatic*

비 거의 1/3을 감축했으나 신속한 동원해제를 외치는 미 의회와 여론의 시끄러운 요구는 잦아들 기세가 보이지 않았다. 51)

미소공동위원회를 주축으로 한국문제를 협상하자는 모스크바 삼상회의 협정은 소련의 이해에 부합했다. 소련은 통일된 임시정부와 신탁통치를 동시에 추구할 수 있는 가능성이 높다고 추측했다. 그래서 미국과의 즉각적 충돌은 피하면서 아무것도 양보하지 않았다. 이미 남한의 많은 우익 지도자들이 신탁통치안에 대해 반대성명을 발표한 상태였기 때문에 미국은 우방을 무시하고 소련과 합의를 할 수 없었으며, 소련은 이를 빌미로 한국의 우익 지도자들을 임시정부 설립과정에서 제외시키려고 노력할 구실을 찾을 수 있었다. 52)

III

모스크바 협정에 대한 한국의 반응은 결국 소련과 미국, 한국 정치단체들을 분열시키는 결과를 가져왔다. 12월 말 모스크바 협정내용이 한국에 알려지자 우익과 좌익을 막론하고 많은 남한의 정치단체들이 분노를 참지 못하고 곧바로 항의했다. 그러나 1946년 1월 7일 갑자기 상황이 바뀌었다. 공산당을 비롯해 좌익단체들은 한국민주당과 온건우익파인 한국국민당과 더불어 신탁통치를 찬성했다. 그러나 전국적 통합의 기회를 놓치고 말았다. 한국민주당이 입장을 바꿔 이승만과 김구 쪽으로 돌아서서 반탁을 지지하는 바람에 우익-좌익 연대가 무산되었다. 53) 남한 내 반탁운동이 격화되자 하지 장군이 본국에 신탁통치

History 21(spring 1997) : 301.

51) 군대해산 과정에 대한 우려는 *NYT*, November 14, 17, 21, 28, 1945.
52) *Socialism*, 139~140.
53) Scalapino and Lee, *Communism in Korea*, 1: 280.

안을 재고해 달라고 요청했고 이에 분열은 가속화되었다. 54)

틀림없이 남한의 공산당이 찬탁으로 입장을 선회하도록 압력을 넣었을 소련은 반탁운동을 기회로 삼아 우익에 대한 대공세를 개시했다. 소련의 유력 정부기관지인 《이즈베스티야》지는 1월 12일자 기사에서 한국인들이 "민주적 국가를 세우는 과정에서 정치적·경제적 어려움을 해결할 수 있는 경험이 부족"하다고 주장했다. 55) 곧 스탈린은 모스크바 협정에 대한 미군 점령지에서의 시끄러운 반대를 비난했다. 56) 하지만 이미 그 전에 분열은 북한에서 시작되었다. 비공산주의자인 조만식이 완강히 신탁을 반대했던 것이다. 소련점령 군정은 바로 조만식을 체포했다. 이렇게 해서 결국 38선 이북에서의 연합전선 전략은 막을 내리게 되었다. 2월에 소련은 북한에서 사실상 임시정부인 중앙인민위원회의 설립을 허가했다. 33세의 김일성이 위원장이 되었고 공산주의자들이 정국을 완전히 장악했다. 김일성은 1930년대에 만주에서 게릴라 독립투사로 명성을 얻었으며 2차 세계대전 기간중에는 거의 소련에서 활동했다. 57) 그는 남한에 지지기반이 전혀 없었으며 그의 정통성은 주로 소련 점령당국의 지원에서 나왔다. 김일성이 그처럼 젊은 나이에 북한의 최고지도자로 부상할 수 있었던 것은 소련이 한반도 통일보다 북한에서의 영향력을 유지하는 데 중점을 두기로 결심했기 때문이다. 토지재분배를 포함해 정치적·경제적 정책의 급진적 변화는 국내 공산주의자들에 대한 숙청과 더불어 소련의 불안을 잘 설명해 준다. 일제 식민지 시대에 조선에 남았던 공산주의자들 대부분은 소련의 정책노선을 항상 무조건 따르는 데 익숙하지 않았다. 58)

---

54) *FRUS*, *1945*, 6: 1130~1133, 1146; *Origins*, 1: 219~221.
55) *Socialism*, 145.
56) *FRUS*, *1946*, 8: 622.
57) 김일성의 배경에 대한 다양한 논의에 대해서는 *Socialism*, 24~32.
58) *Ibid*., 149~152.

거의 동시에 미국의 남한점령지에서 남조선대한민국대표민주의원
(Representative Democratic Council)이 설립되었다. 이 자문기구는 반
탁을 주장하는 우익이 장악하고 있었기 때문에 좌익인사들은 임명받은
자리를 거부했다. 59) 소련과 달리 미국은 아직까지 남한에서 반대파들
을 상당히 관대하게 다루고 있었다. 그러나 신탁을 반대함에도 불구하
고 우익세력을 계속 옹호했다는 사실은 미국 역시 한반도 통일을 최우
선과제로 여기지 않았음을 말해 준다.

신탁통치에 대한 찬반으로 사회가 극도로 분열된데다가 해외에서
일련의 사건들이 터지면서 미소공동위원회 회담의 성공여부가 불투명
해졌다. 우익진영은 이를 기회로 민족주의자의 정통성을 이은 좌익에
맞서고 지금까지 경제적 이권과 일부 인사들의 과거 친일행적 때문에
제약을 받았던 입지를 넓힐 수 있게 되었다. 한편 소련은 남한 정치단
체에게 모스크바 협정을 따르도록 압력을 가하지 못한 미군정의 무능
함을 정당한 이유로 비난할 수 있었다. 소련은 미국에 대한 의심을 버
리지 못했다. 그러나 모스크바가 갑자기 신탁통치를 옹호하고 나선 것
도 수상쩍었다. 신탁통치는 한반도에 중국 국민당과 영국까지 끌어들
이는 결과를 의미했기 때문이다. 신탁으로 인해 불거진 논란은 아마도
당분간은 한반도의 분단이 통일보다 소련에게 더 이익이라는 스탈린의
생각에 확신을 주었을 것이다. 또 한국의 우익진영을 향해 포문을 열
수 있는 좋은 기회이기도 했다. 60)

한편 하지 장군은 매우 힘든 1월을 보내야 했다. 소련은 신탁통치계
획안이 소련의 생각이 아니라 미국의 것이라고 한국 국민들에게 공개
했다. 그러나 우익의 반대가 워낙 심한데다가 좌익이 소련을 따라 찬
탁으로 돌아서고, 또 미소관계가 국제적으로 급속히 냉각되면서 하지

---

59) *Origins*, 1: 231~237.
60) *Socialism*, 146~147.

장군은 임시적으로나마 한국의 보수파를 지지하는 데 있어 워싱턴으로부터 그 어느 때보다 강력한 지지를 받았다. 61)

모스크바 삼상회의에서 합의한 미소공동위원회는 1946년 3월 20일이 되어서야 서울에서 회담을 가졌다. 이미 동유럽, 터키, 이란, 만주 등지에서 소련이 취한 행동은 서방세계 지도자들의 비난을 샀고 강경한 외교적 조치가 뒤따랐다. 그러나 스탈린과 소련언론은 맹렬한 기세로 응수했다. 미소공동위원회 개회사에서 소련 측 수석대표로 나온 슈티코프는 "소련은 한국이 진정으로 민주적이고 독립적인 국가로 탄생해 소련과 우호적 관계를 정립함으로써 앞으로 한국이 소련의 공략을 위한 기지가 되지 않기를 바란다"고 말했다. 62) 이는 3월 14일자 소련의 유력일간지인 《프라우다》에 실린 스탈린의 발표문과 내용이 똑같다. 스탈린은 모든 소연방 주변지역에서 국방을 더욱 광범위하게 강화하겠다고 선언했다. 63)

미소공동위원회 회담은 교착상태에 빠졌다. 남북한 분단은 빠르게 고착되었다. 5월 8일 슈티코프는 하지에게 소련대표단과 함께 서울을 떠나겠다고 통보했다. 그는 '충성스러운' 한국정부를 원한다고 다시 한 번 강조하고, 신탁을 반대한 우익진영이 "소련을 비방하고 우리 얼굴에 먹칠을 했다"고 주장했다. 또한 만약 우익이 정부를 세운다면 "소련을 상대로 적대적 행동"을 취할 거라고 우려했다. 64) 하지는 소련에게 북한의 수도인 평양에 미국영사관을 허가해 달라고 요구했다. 소련은 일제 식민지 시대 동안에도 내내 서울에 영사관을 두고 있었다. 최근 미국은 소련영사관이 38선 이남지역의 좌익활동을 주도하고 있다는 주장에 일리가 있다고 생각하기 시작했다. 소련도 북한에 미국영사관

61) *Origins*, 1: 225~230.
62) *FRUS, 1946*, 8: 653.
63) *Socialism*, 198~200.
64) *HUSAFIK*, Vol. 2, 4장, 212~213.

을 승인하거나 아니면 서울에 있는 자국의 영사관을 철수해야 공평하
다고 미국은 주장했다. 소련은 후자를 선택하고 미소공동위원회의 재
개를 다음 봄까지 미루었다. 65)

한반도가 분단되고 냉전의 격전장이 된 이유는 무엇보다 미국과 소
련이 자국의 국익을 보호해 줄 통일안을 마련하지 못했기 때문이다.
처음부터 두 강대국은 한국 내 정치구도가 너무나 불안하다고 보았다.
그래서 남북한 점령지를 모두 포괄하는 토착정부의 수립을 지지하지
않았다. 단일정부의 실현가능성이 가장 높았던 시기는 1945년 9월 건
국준비위원회 조직을 중심으로 구성된 최초의 정부인 조선인민공화국
이 출범했을 때였다. 미국이 조선인민공화국을 지원해 한국민주당으
로 하여금 계급투쟁보다는 연대를 구축하도록 했더라면 한국은 아마
양 강대국에 위협이 되지 않는 통일된 독립국가의 비전을 실현하는 데
주도권을 가졌을지도 모른다. 그러나 이 경우 최고의 기회가 현실적으
로 시행하기 좋은 기회는 아니었다. 통일정부라는 목표에 도달하기까
지 모든 관련자가 당시 상황에선 기대할 수 없었던 상당한 인내심과
신뢰를 가졌어야만 했기 때문이다.

특히 하지 장군은 인내나 신뢰와는 거리가 멀었다. 따라서 평화와
화합이라는 상상의 시나리오가 실현가능하려면 미 점령군 사령관으로
조셉 스틸웰(Joseph Stilwell)이 대신 왔어야 했다. 사실 중국 전쟁터
에서 싸웠던 스틸웰은 원래 8월 한국을 점령하기로 되어 있던 미 10군
의 사령관이었기 때문에 이 시나리오는 아주 불가능한 것은 아니었다.
그러나 안타깝게도 스틸웰의 숙적인 중국 국민당 지도자 장제스〔蔣介
石〕가 그를 반대했다. 66) 스틸웰은 수년간 동아시아에 머물렀기 때문
에 사회불안의 원인이 된 경제상황에 대해 하지보다 훨씬 잘 알고 있

---

65) *FRUS, 1946*, 8: 677, 682~683.
66) *America's*, 359~365.

56

었으며 또 공산주의자를 다루는 데에도 유연했다. 67) 한편 스틸웰도
세련된 사람은 아니었다. 언론은 그가 짜증을 잘 낸다 하여 '찡그린
조'(Vinegar Joe)라고 불렀다. 스틸웰이나 혹은 다른 미국인이 한국과
점령통치라는 폭풍 속을 잘 헤쳐 나와 한반도의 장기분단을 막을 수
있었을지는 알 수 없는 일이다. 단지 추측하건대 스틸웰은 하지처럼
조선인민공화국을 배척하고 한국민주당을 선호하지는 않았을 것이다.

또 하지처럼 이승만과 임시정부 지도자들의 귀국을 지원해 달라고
워싱턴에 요청하지도 않았을 것이다. 이승만의 존재는 특히 통일의 가
능성에 찬물을 끼얹었다. 그는 공산주의자나 소련과 그 어떤 타협도 할
의사가 전혀 없었다. 남한의 정치상황을 교묘히 이용해 발언기회를 거
의 독점하다시피 했다. 대한민국 임시정부 지도자 중 어느 누구도 이승
만과 결탁하지 않았다. 그는 보수적인 김구 주석보다 온건한 김규식과
힘의 균형을 이루었다. 이승만이나 임시정부 사람들을 대한 적이 있는
미 국무부 관료들은 그들이 고국으로 되돌아가는 것을 그다지 바라지
않았다. 68) 만약 스틸웰도 같은 생각이었다면 이승만과 한국민주당을
주축으로 한 강력한 보수주의 진영은 생겨나지 않았을 것이다.

소련이 보다 온건한 남한에 어떻게 대응했을지도 궁금하다. 소련은
동유럽, 중부유럽과 마찬가지로 북한에서도 처음엔 비공산주의자들의
정치활동을 규제하지 않았다. 게다가 1945년 전에는 국내에 있던 조
선공산당과 사이가 별로 좋지 않았다. 미국이 서울을 장악하고 인구의
약 2/3가 남한에 거주하는 상황에서 소련이 자신의 안전지대를 위험에
빠뜨리면서까지 조선인민공화국이 북한까지 들어오도록 허용했을지는
의심스럽다. 어쨌든 적어도 스틸웰이 있었다면 1945년 말과 1946년

---

67) Stilwell에 대한 긍정적 평가는 Barbara Tuchman, *Stilwell and the American Experience in China, 1911~1945*(New York: Macmillan, 1970).

68) *Origins*, 1: 188~193.

초 미·소 점령군 사이의 협상분위기는 실제보다 훨씬 부드러웠을 거라는 추측이 가능하다.

그러나 이 시나리오는 1945년 가을부터 급속도로 악화된 미소 간 긴장이 한국에서의 타협을 해칠 정도로 심각하지 않았을 거라는 전제조건을 가정하고 있다. 또 한국인들은 점령군의 상반된 이데올로기를 이용해 사적 이익을 꾀하지 않고 대신 공동의 목적을 위해 서로 지속적으로 협력했어야 했다. 그러나 이승만과 임시정부를 제외하고서라도 이미 기존에 존재했던 한국사회와 정치단체의 분열을 고려할 때 국가적 화합은 망상에 불과했다. 그리고 미소 간 관계가 악화되었을 때 양국 모두 한반도에서 차지한 지위를 포기할 의사가 있어야 했다.

'만약에'라는 가정을 상상해 본 이유는 점령군이 한반도를 차지한 후 형성된 통일을 방해하는 대결구도를 강조하기 위해서다. 유쾌한 사실은 아니지만 어쨌든 분단은 2차 세계대전 후 일본으로부터 혼자 힘으로 해방되지 못한 한국인이 치러야 했던 대가였다. 고래싸움에 끼어 등이 터져 버린 새우처럼 한국은 자신의 미래를 결정할 수 있는 입장이 아니었다.

이 고통스런 진실을 자세히 설명하는 이유는 1950~1953년 한반도를 휩쓸고 간 전쟁이 1945년 8월 이후, 또는 1946년 5월에 이미 불가피했다는 것을 인정하기 위해서가 아니다. 전쟁의 씨앗이 이미 뿌리깊이 박혀 있었다 하더라도 이를 싹트게 한 구조적 요소는 아직 형성되지 않은 상태였다. 무엇보다 비록 교착상태였지만 소련이나 미국 모두 한반도로 인한 직접적 군사충돌을 원하지 않았다. 따라서 양국 군대가 주둔해 있어도 전면전의 가능성은 낮았다.

개인적으로 이미 미국 측에선 한국에서 철수하길 원하는 사람들이 있었다. 벌써 1945년 10월에 미 전쟁성은 군대해산 계획의 일환으로 한반도 철수에 관심을 보였다.[69] 12월에 좌절감을 느낀 하지는 워싱턴에 "자정(自淨)을 위한 불가피한 내부적 격변"을 겪더라도 "한국인이 직

58

접 통치할 수 있도록 양국 군대가 동시에 철수"할 것을 소련에 제안할
것을 "심각히 검토"해 달라고 요청했다. 70) 5개월 후 미소공동위원회가
재개되었을 때 미군정의 국무부 자문인 윌리엄 랭던(William Langdon)
은 고국의 상관에게 1947년 초까지 양국 군대를 철수하자는 소련의 제
안을 전달했다. 이는 미 국방성으로부터 상당한 지지를 받았다. 71)

그러나 트루먼 대통령과 대부분의 미 국무부 관료들은 한국을 포기
할 의사가 없었다. 1920~1930년대 미국이 국제사회에 대한 책임을 회
피한 결과 2차 세계대전이 초래되었다고 믿었던 이들은 이제 세계무대
에서 정치적·경제적 안정을 도모할 리더의 역할을 충실히 하기로 결
심했다. 1946년 6월 초 작성된 미 국무부의 한 보고서는 이 개념을 한
국에도 적용했다. 한반도를 소련이 지배할 경우 "만주에 대한 중국의
장악력이 위험에 빠지게 되고 따라서 동북아의 영원한 안정에 필요한
강력하고 안정된 중국을 기대하기 어려워질 것"이라고 이 보고서는 주
장했다. 72) 2주 후 미 전쟁배상협상대표인 에드윈 폴리(Edwin Pauley)
는 만주와 한국을 방문한 후 트루먼에게 한반도가 '이데올로기의 전쟁
터'가 되었다고 보고했다. 세계에서 유일하게 오직 미·소의 점령군이
직접 서로 얼굴을 맞대고 있었던 한반도는 민주적 경쟁체제가 패배한
봉건주의의 도전에 맞설 수 있을지, 혹은 다른 체제, 즉 공산주의가
더욱 강해질지를 판가름하는 중요한 시험무대를 제공하고 있다고 주장
했다. 73) 트루먼은 이에 동의했다. 74)

69) *Reluctant*, 59.
70) Harry S. Truman, *Memoirs*, Vol. 2(Garden City, N. Y. : Doubleday, 1955), 318.
71) *FRUS, 1946*, 8: 667~674; *Reluctant*, 88~90.
72) *FRUS, 1946*, 8: 697.
73) *Ibid.*, 706.
74) *Ibid.*, 713.

　미소공동위원회가 휴회된 지 몇 주 후 미국은 소련과의 협정을 기대하며 대(對) 한반도전략을 구상했다. 미군정은 민간정부의 수립과 임시 국회 설립을 통해 점차적으로 정부기능을 한국인에게 넘겨줄 예정이었다. 동시에 중도우익인 김규식과 중도좌익인 여운형을 중심으로 중도 연대를 구축하기로 했다. 미군정은 지난해 가을 소작료를 인하했으나 토지 재분배는 연기했다. 여론조사 결과 대부분의 한국인들은 먼저 임시정부가 들어선 후 그와 같은 개혁을 직접 추진하길 원했기 때문이다.[75] 임시국회가 가동되면 농촌의 점증하는 불만을 잠재울 개혁을 단행할 거라고 미국은 기대했다. 이러한 조치들을 통해 남한사회가 안정을 되찾고 극단적 반소세력인 이승만의 입지가 약해져 결국 미소공동위원회 회담이 재개되어 통일을 논할 수 있을 거라고 미국은 생각했다.[76]

　하지만 지루한 교착상태가 계속되었다. 양국 점령군이 서로 타협을 거부하며 자신의 점령지에서 입지를 강화하는 데만 급급했기 때문이다. 미국의 인내심이 부족했다는 증거는 있지만 결국 소련에게 양보할 것인지, 그렇다면 얼마나 버틸 것인지의 문제만 남아 있었다. 이 질문에 대답하면서 우리는 긴장 속의 평화와 국제전이 종이 한 장을 사이에 두고 있음을 알게 될 것이다.

---

75) George M. McCune, *Korea Today* (Cambridge, Mass: Harvard University Press, 1950), 129~130.

76) *Reluctant*, 85~89.

제 2 장

이승만과 트루먼 독트린, 미국의 대한정책
(1947~1948년)

이승만은 실의에 빠져 있었다. 1946년 12월 당시 그는 벌써 일흔한 살이었다. 그는 조선왕조 시대가 막을 내리기 직전에 개혁파인 독립협회에서 활동했으며 고종의 명으로 미국에 파견되어 미국정부에 탐욕스러운 일본으로부터 조선을 지켜 달라는 요청을 하기도 했다.[1] 그러나 그의 특명은 실패하고 말았다. 이승만은 이 쓰라린 경험을 통해 한국이 주권을 지키거나 강화하기 위해서는 어느 다른 국가에도 의존할 수 없다는 교훈을 뼈저리게 배웠다. 그는 그 후 40년 동안 이와 비슷한 경험을 수없이 겪었다. 일본으로부터 해방된 그의 조국은 이제 미국과 소련 점령군에 의해 분단되었으며 독립은 여전히 요원했다.

긍정적 사실은 미소공동위원회가 여전히 휴회상태라 당장 미국이 그가 증오하는 소련과 손잡을 가능성은 희박했다. 또 미군정 사령관 하지 장군은 그가 관할하던 모든 부서를 우파관료들에게 넘겨주었다.

---

1) John Edward Wiltz, "Did the United States Betray Korean in 1905?", *Pacific Historical Review* 44(August 1985) : 251.

남한의 제헌국회 선거에서 우익은 압도적 승리를 거두었다.

그러나 미국은 계속해서 미소공동위원회의 재개가능성에 미련을 갖고 있었다. 또 제헌국회선거는 농민과 노동자들의 계속되는 폭동과 파업으로 온 나라가 혼돈에 빠진 상태에서 실시되었다. 미국은 토지와 쌀 분배와 같은 분야에서 개혁적 정책이 필요하며 한국인 스스로가 그러한 개혁을 추진해야 한다고 생각했다. 12월 말에 열린 새 국회에서 공정한 공청회를 열기 위해 하지 장군은 의석의 2/3를 온건파와 좌익에게 나눠주기로 했다.2) 이 조치는 지난 해 여름에 정한, 여운형과 김규식이 이끄는 온건정치세력의 연합을 추진하기로 한 정책의 일환이었다. 이승만의 생각에 미국의 이러한 정책방향은 자신의 영향력을 무너뜨리고 동시에 공산당의 세력을 키워줄 뿐이었다. 이승만은 자신을 따르지 않는 모든 사람을 공산당으로 간주했다.

미국의 외교정책이 자신의 목적과 상치하고 또 남한 전체의 국가적 이해관계와도 대립한다고 믿은 이승만은 1946년 12월 초 심란한 마음으로 워싱턴으로 향했다. 신탁통치를 막고 미군정이 9월에 수립한 민간 행정부를 토대로 한 남한의 독립정부를 유엔과 미국에게 즉시 승인해 달라고 요청하기 위해서였다. 남한에서 계속 혼란상태를 유지함으로써 자신이 목표한 방향으로 미국을 유도하기 위해 이승만은 워싱턴으로 떠나면서 자신의 지지자들에게 파업과 폭력시위 등을 선동하라고 지시했다.3)

재미교포로 워싱턴 한국위원회 신임회장이 된 벤 림(Ben C. Limb)과 유엔한국임시위원단(UN for the South Korean Democratic Representative Council)의 옵서버였던 루이스 임(Louise Yim)은 이미 한국문제를 유엔총회에 상정하기 위한 절차를 밟고 있었다. 일본이 한국을

---

2) *Reluctant*, 84~96. 1945~1946년 동안 이승만과 미국의 관계악화에 대해선 *Rhee*, 16~45.
3) *FRUS, 1946*, 8: 774~782.

통치하던 시기에도 이 두 사람은 미국에서 한국의 독립을 위해 이승만
과 함께 일했다. 이제 이들은 새로운, 보다 희망적인 상황에서 이승만
을 대표해 로비활동을 벌였다. 4)

이승만은 1947년 4월까지 워싱턴에 머물렀다. 미국 체류기간 동안
칼튼 호텔에 방을 얻어 시라큐스 대학의 로버트 올리버(Robert T.
Oliver) 교수를 로비스트로 고용하고 언론계와 행정부, 사법부의 다양
한 사람들과 친분을 쌓았다. 1월 말쯤 그는 미 국무성에 '한국문제의
해결책'이라는 제목의 정책제안서를 제출했다. 이 제안서에서 그는 여
섯 가지 조치가 즉각적으로 취해져야 한다고 주장했다. 한반도가 통일
되기 전까지 남한에 임시정부가 들어서서 통치하고 이 정부에게 "한국
점령과 다른 주요 사안에 대해 러시아와 미국과 직접 협상할 수 있는"
권한을 주어야 한다는 게 주요 골자였다. 또 남북한 양측의 점령군이
'동시에' 철수하기 전까지는 미군이 한국에 주둔할 것을 요구했다. 5)

이승만의 방미기간 동안 미국 외교정책에 획기적 사건이 발생했다.
1947년 3월 12일 트루먼은 상하원 합동회의에서 기념비적 연설을 했
다. 그는 세계가 심각한 상황에 처해 있으며 미국의 '국가안보'도 이와
관련되어 있다고 선언했다. 가장 직접적인 위험은 그리스였다. 공산
화된 유고슬라비아와 불가리아, 알바니아의 지원을 받아 북부 국경지
대를 따라 포진한 공산당원들이 이끄는 폭도들이 그리스 정부를 위협
하고 있었다. 이웃한 터키 역시 고전하고 있었다. 그리스처럼 내전에
시달리진 않았지만 "국가를 유지하는 데 필요한 근대화를 달성"해야
하는 절박한 상황이었다. 그동안 대영제국이 이 두 국가에 재정지원을
했으나 최근 국가경제가 심각한 불황에 빠져 더 이상의 원조가 어려워
졌다. 미국이 개입하지 않으면 '전체주의적 정권'이 그리스와 터키를

---

4) *Ibid*.

5) *FRUS*, *1947*, 6: 64~65.

장악하게 될지도 모르는 일이었다. 그렇게 될 경우 "중동 전체에 혼란과 무질서가 초래되고 … 또 전쟁의 피해를 복구하면서 자유와 독립을 유지하기 위해 큰 어려움을 무릅쓰고 고군분투하는 유럽의 여러 국가에게 심각한 영향을 미칠" 우려가 있었다. 트루먼에게 올바른 방향은 분명했다. "미국은 무장한 소수민족이나 외부압력에 의해 국가를 전복시키려는 시도에 저항하는 자유국민들을 지지하는 정책을 취해야 한다"고 그는 역설했다. 6)

트루먼은 구체적으로 소련을 지적하진 않았지만 공산권의 대부인 소련이 그의 주요 목표임은 자명한 사실이었다. "트루먼이 공산권으로부터 우방을 지키기 위해 나서다" 라는 제목으로 《뉴욕타임스》지는 다음 날 1면에 그의 연설을 보도했다. 《워싱턴포스트》지의 펠릭스 빌레어 2세(Felix Belair Jr.) 특파원은 관련기사에서 "대통령이 공산국가(소련)를 세계 전체를 압박하는 많은 불안의 원인으로 규정한 것은 잘한 일"이라고 논평했다. 7)

세계주의자(*globalist*)로서의 견해를 제시한 트루먼의 연설은 그리스와 터키 이외의 국가에 대한 미국의 정책에 대해서도 근본적 질문을 제기했다. 한국도 이 중 하나였다. 트루먼이 의회연설을 한 지 1주일 후 《뉴욕타임스》지 사설은 "워싱턴, 아테네, 이스탄불에서 멀리 떨어진 지구 반대편에 있는 한 작은 국가의 미래가 그리스나 터키, 남동부 유럽과 마찬가지로 미국과 세계평화에 중요하다. 바로 한국이다" 라고 지적했다. 미소 간의 의견불일치로 한국은 '비참한 상태'에 있으며 소련이 분단의 지속에 책임이 있었지만 미국이 '혼란과 지연, 무관심'의 과정을 통해 상황을 더욱 악화시켰다고 비난했다. 그 땅은 "민주주의의 잊혀진 전선"으로 이제 워싱턴이 더 관심을 기울여야 할 때라고 주

---

6) *PPRUS, Harry S. Truman, 1947*, 176~180.
7) *NYT*, 1947년 3월 13일자.

장했다. 8)   다음 날 하원 외교위원회 소속 국회의원들은 딘 애치슨 국
무장관 대행에게 한국에 대해 질의했다. 애치슨은 행정부가 4~5억 달
러 규모의 한반도 원조계획을 고려하고 있다고 대답했다. 9)

　6개월 후 미국은 한국문제를 유엔총회에 상정해 유엔의 감시하에
선거를 실시해 한국을 독립시키자고 제안했다. 소련의 반대에도 불구
하고 이 제안은 11월 압도적 찬성을 얻어 총회를 통과했다. 소련은 북
한에서의 선거를 거부했고 결국 미국은 남한에서만 선거를 실시하도
록 1948년 초 유엔의 승인을 얻었다. 5월 유엔의 감시하에 선거가 실
시되었다. 당시 이승만과 한국민주당, 소수의 우익단체를 제외하고
거의 모든 남한의 지도자들이 분단을 고착화시키는 일이라며 이에 항
의하며 기권했다. 그 결과 우익진영이 승리를 거두었고 이승만을 대
한민국의 초대 대통령으로 추대했다. 1948년 8월 15일 대한민국 정부
가 출범했다. 10)

　이승만이 유엔결의를 통해 남한에서 독립정부를 수립하자고 주장하
며 이를 추진하기 위해 미국을 방문하고 트루먼 독트린이 발표되고 언
론과 미 의회가 이 원칙을 한국에 적용하고 결국 미국이 남한에서 단
독정부를 수립하기 위한 첫 단계로 유엔에 한국문제를 상정하는 등 그
일련의 과정에서 우리는 중요한 질문을 던지게 된다. 먼저 트루먼 독
트린이 대한정책에 어떤 영향을 미쳤는가? 이승만이 이 정책에 영향을
주었는가? 그렇다면 얼마나 영향을 주었으며 어떤 수단을 사용했을까?
이러한 사건들이 한국전쟁의 발발에 어떤 역할을 했는가? 이제 이 질
문에 대답해 보기로 하자.

---

8) *NYT*, 1947년 3월 19일자.
9) *NYT*, 1947년 3월 21일자.
10) 이들 사건에 대해서는 *Road*, 84~105에서 자세히 다루고 있다.

그림 5. 유엔 한국임시위원회의 방한을 환영하는 문구의 남대문에 걸린 현수막, 1948년 초. UN/DPI 사진.

그림 6. 유엔 감시하에 열린 선거에서 투표를 위해 줄을 선 한국인들, 1948년 5월 10일.

그림 7. 독립과 대한민국 정부출범을 환호하는 남한 국민들, 1948년 8월 15일.

그림 8. 1948년 9월 12일 초대 주한미대사인 존 무치오가 대한민국 정부에 정권
을 이양한다는 내용의 문서에 서명하는 장면. 무치오의 오른쪽엔 장택상
외무장관이, 왼쪽엔 이범석 총리가 앉아 있다.

I

위싱턴 행정부는 트루먼의 의회연설이 있기 한 달 전부터 한국에 대한 주요 정책을 연구하고 있었다. 1947년 2월 초 트루먼 행정부는 국무성, 전쟁성, 예산국 등 여러 부서의 전문가들로 구성된 위원회를 설치해 대한(對韓)정책을 마련하도록 했다. 하지 장군마저도 이를 위해 본국으로 호출되었다. 11)

이 프로세스는 미군의 점령지인 남한의 상황이 악화되는 데 따른 조치였다. 먼저 미군정은 지난 가을 노동자와 농민의 폭동을 강압적으로 진압했지만 소요의 원인은 미해결 상태였다. 12월에 남한 임시국회가 소집되었지만 이승만과 김구 등 우익진영의 강경파가 좌익과의 협력을 거부하고 온건파인 김규식과 여운형이 우익을 이길 만한 세력을 규합하는 데 실패함으로써 연합정책은 전혀 진전이 없었다. 마음이 약하고 학자 같았던 김규식은 영향력 있는 청년단체를 조직하지도 못하고 경찰로부터 지지도 얻지 못했다. 이 두 가지 능력은 특히 한국처럼 폭력으로 얼룩진 정치세계에서의 리더에게 반드시 필요한 자질이었다. 비록 미군정은 한국인에게 더욱 많은 행정권한을 이양했지만 최고민간행정관으로 기껏해야 안재홍 정도의 인물밖에 없었다. 안재홍은 소심한 사람으로 정부를 이끌 수 있는 리더십이 부족했다. 이런 상황에서 소련은 미소공동위원회 재개에 전혀 조급함을 보이지 않았다.

1947년 1월 위싱턴에 들어온 한국에 대한 보고는 그 어느 때보다 심각했다. 좌익데모가 어느 정도 진정되었지만 우익의 불만은 눈덩이처럼 불어났다. 1월 중순경 미군정은 대규모 폭력시위를 막았지만 하지 사령관은 이승만과 김구가 곧 더 많은 분규를 일으킬 거라고 생각했

---

11) *FRUS*, *1947*, 6: 605~606.

다.[12] 남한 임시국회는 전혀 도움이 되지 않았다. 토지개혁법안 처리를 차일피일 미루면서 20일엔 하지의 정책과 신탁통치안을 비난하는 성명을 냈다. 게다가 당시 경제상황은 급속히 악화되었다. 무엇보다 북한에 전량 의존했던 전력과 비료의 공급이 원활하게 이루어지지 않았다. 이러한 경제문제는 한반도가 계속 분단되어 있었기 때문에 발생했다. 게다가 1945년 8월 이후 만주와 북한, 일본으로부터 약 200만 명의 인구가 남한으로 유입되었다. 또 미군정의 운영자금 부족으로 철로의 보수나 쌀 배급 등에 차질이 생겼다.[13] 한 가지 분명한 사실은 미국으로부터 중대한 정책적 지원 없이는 상황이 나아질 기미가 없었다는 것이다.

한편 미국에서의 새로운 정치상황은 미국의 최고 정책결정자들로 하여금 한반도에 새로운 관심을 가지게 했다. 2월 초 이승만은 벌써 두 달째 워싱턴에서 로비를 벌이고 있었다. 1945년 10월 이전까지 그는 30년 넘게 미국에 체류하며 주로 수도인 워싱턴과 하와이에 머물렀다. 그의 영어는 유창했으며 프린스턴 대학에서 박사학위까지 받았다. 2차 세계대전 당시 그는 중국 충칭에 있는 대한민국 임시정부를 인정해 달라고 미 행정부와 입법부에 지속적으로 요청했었다.[14] 1946년 말 미국을 다시 방문했을 때 그는 이미 미 국무성, 의회, 언론과 상당한 친분관계를 맺고 있었다. 그의 옹호자인 프레스톤 굿펠로(Preston Goodfellow) 역시 이미 영향력 있는 로비스트였다. 퇴역 육군장군으로 2차 세계대전 당시 전략국(Office of Strategic Services)의 부국장을 지

---

12) Hodge가 M. Preston Goodfellow에게 1947년 1월 28일 보낸 서한. Preston Goodfellow Papers, Hoover Institution Library, Stanford, Calif.

13) XXIV Corps, G-2, Historical Section, "G-2 Summary, Period January 19 to 26, 1947," RG332, NAⅡ.

14) SDR을 주로 참고했다.

냈으며 1946년 당시에는 워싱턴의 한 금융회사에서 근무하고 있었다. 유명한 변호사인 존 스태거스(John S. Staggers)와 앞에서 언급했던 벤 림 역시 워싱턴에서 이승만을 위해 정계에 로비를 벌였다. 루이스 임은 뉴욕과 유엔에서, 또 엘리노어 루스벨트나 맥코믹, 허스트의 언론인 등 영향력 있는 인사와 만나 이승만의 뜻을 전했다. 15)

한국이라는 멀리 떨어진 작은 나라에 대해 관심을 촉발시키는 것은 결코 쉬운 일이 아니었다. 그러나 1월 말 이승만은 《뉴욕타임스》지에 두 번이나 인용되었다. 한 기사에서 그는 하지 장군이 "한국 공산당의 창당을 부추기려 한다"며 비난했고, 다른 기사에서는 한국의 독립정부 수립을 위해 미소 간의 회담재개를 요구했다. 16) 2월 초 미 의회가 전쟁성에 보내는 한국의 상황에 대해 묻는 질의서가 갑자기 늘어났다. 마샬 국무장관과 로버트 패터슨 전쟁성 장관은 남한 미군정 사령관의 교체를 고민하기 시작했다. 17)

그러나 미 국무부 관료들은 이승만을 그다지 좋아하지 않았다. 1945년 5월 보고서에서 이승만이 "아마도 한국에서 가장 잘 알려진 인물"이라는 데 동의했다. 그러나 이승만은 "국제회의에서 한국대표들을 배제시킨 데 대해 미국을 책망하는" 것 같다며 그가 "단합된 행동과 민주적 형태의 대의주의를 위한 한국의 모든 시도를" 무시한다고 비난했

---

15) Headquarters, United States Armed Forces in Korea, Office of the Assistant Chief of Staff, G-2, "Dr. Rhee's Lobby in America and Its Recent Activities," Box 7129, RG59, NAⅡ; John Carter Vincent (director of the Office of Far Eastern Affairs) to Secretary of State George Marshall, January 31, 1947, Box 3825; John Z. Williams, Memorandum of Conversation, January 20, 1947, RG59, NAⅡ.

16) *NYT*, 1947년 1월 24일자와 29일자.

17) General Dwight D. Eisenhower(Army Chief of Staff) to General Douglas MacArthur(Commander, U. S. Forces, Far East), February 9, 1947, 091 Korea(TS), RG319, NAⅡ; *FRUS, 1947*, 6: 605~606.

다.[18] 이승만이 한국으로 귀국한 지 2년 후 미국을 방문하고 다시 고국으로 돌아갔을 때 당시 국무부 점령지 담당차관이었던 존 힐드링(John H. Hilldring) 장군은 하지 사령관에게 1947년 초 워싱턴에서 이승만을 처음 만나기 전에 그에 대한 인상을 적어 보냈다. "미 국무성 정치꾼들은 그를 흉악범으로 묘사하며 그를 만날 때는 두 손을 주머니에 넣고 총을 테이블 위에 올려두라고 경고했다." 군인출신으로 이제 막 외교직에 부임한 힐드링은 개방적인 사람이었다. 사실 국무부에서 그는 고위관료들 가운데 이승만의 제안에 가장 호의적이었다.[19] 하지만 힐드링은 "나이 들고 눈물이 가득한" 이승만과의 만남 이후 뒤로 한 발 물러섰다. 후에 그는 이승만이 "한 명의 사람이라기보다는 상징"에 가까웠다며 한반도에 대한 그의 주장은 "개인적 견해라기보다 오랫동안 일본의 식민통치를 반대한 그의 과거에서" 출발한 것 같다고 회상했다.[20]

수석 로비스트였던 올리버는 매우 왕성하게 활동했으며 힐드링과도 좋은 관계를 이어나갔다.[21] 지나칠 정도로 에너지가 넘쳤던 올리버는 쉬지 않고 미 국무부 관료들에게 탄원서를 보내고 언론사에게 보도자료를 배포했다.[22] 그러나 올리버는 여전히 힐드링만큼이나 한국정책에 영향력을 행사했던 국무성 극동아시아 부서에서 가장 인기가 없었다. 그가 1월 국회의원들과 직접 접촉해 "한국에서의 미군정을 계속

---

18) E. S. Larsen, "Korea: Potential Leadership of Koreans Outside Korea," May 28, 1945, Box 12, Records of the Office of Assistant Secretary and Under Secretary of State Dean Acheson, 1941~1948, RG59, NAⅡ.
19) *Rhee*, 95~98.
20) Hilldring to Hodge, Box 3, Records of the Office of the Assistance Secretary of State for Occupied Areas, 1946~1949, RG59, NAⅡ.
21) 올리버와 힐드링의 관계에 대해서는 *Rhee*, 95~98.
22) *Rhee*, 95~98.

유지하기 위해 예산을 더 투입한다면 이는 납세자의 돈을 부당하게 낭비하는 일"이며 이승만의 요구를 들어주지 않는다면 "미군정에 대한 대대적 폭동이 일어날지도 모른다"는 위협으로 설득을 시도하자 국무부는 아예 등을 돌리고 말았다. 23)

이승만과 워싱턴에 있던 그의 동료들은 미국이 더 이상 작년처럼 그저 수수방관할 수 없을 정도로 한국문제에 대해 관심을 촉발하는 데 성공했다. 한편 트루먼 행정부는 나름대로 새로운 전략을 펼쳐야 할 이유가 있었다. 또 당분간 남한의 독립정부를 추진해야 할 인센티브도 별로 없었다.

II

미 국무성, 전쟁성, 예산국으로 구성된 한국위원회는 설립된 지 채 3주도 안 되어 1947년 2월 25일 권고안을 제출했다. 트루먼 행정부가 그리스와 터키에 대한 영국의 지원이 두 달 안에 종료될 거라는 사실을 안 지 며칠 후였다. 이 위원회는 1945년 12월의 모스크바 협정 실행을 협상하기 위해 앞으로 예정되어 있던 모스크바 외상회의가 끝나기 전에 미국이 소련에 접근할 것을 제안했다. 한편 "한국에 경제회생, 교육과 정부제도의 개선, 정치적 발전을 위한 건설적 프로그램"을 재정적으로 지원하는 내용의 법안을 미 의회에 제출하도록 했다. 6억 달러 규모의 이 3개년 프로그램은 첫 해에 2억 5천만 달러를 지출하도록 되어 있었다. 이는 1948년 미 전쟁성이 한국에 쓸 비용으로 책정한 1억 1,300만 달러를 훨씬 상회하는 액수였다. 24)

---

23) Vincent to Marshall, January 31, 1947, Box 3825, RG59, NAⅡ; Memorandum of Conversation between John Z. Williams and Robert T. Oliver, January 20, 1947, *ibid*.

이 제안은 한국이 미국의 국익에 중요한 존재가 아니라며 미군의 조기철수를 원했던 패터슨 장관과 한국에서 미국의 이해관계가 중대하므로 한국을 보호하기 위해 상당한 노력이 필요하다고 주장한 국무성 극동부서장 존 카터 빈센트(John Carter Vincent)가 타협한 결과였다. 이 위원회는 미 의회 내의 협력적 행동을 주문했으며 소련에 대해 미국이 약하게 보이면 안 된다는 점을 강조했다. "이승만 일파에 의해 주로 조장된" 남한의 독립정부를 향한 압력을 인정했지만, 한국의 독립은 아직 시기상조라고 보았다. 왜냐하면 한반도의 분단은 "굶주림과 경제적 혼란"을 초래하고 "강대국이 해방된 국가의 국민을 어떻게 다루는지 전 세계 약소국과 식민지 사람들이 관심을 갖고 지켜보는 가운데 이들에 대한 우리의 약속을 무참히 저버리는" 행동으로 비춰질 거라고 생각했기 때문이다. 25)

이 보고서가 제출된 바로 다음 날 그리스와 터키의 상황이 급박해졌다. 트루먼은 양국에 막대한 규모의 지원을 승인했다. 그리고 2월 27일 의회지도자들과 백악관에서 회동을 가졌다. 민주당원인 트루먼 대통령은 정부예산에 민감한 공화당이 장악한 국회를 상대해야 했다. 상원외교위원회장인 아서 반덴버그(Arthur Vandenberg)는 그리스와 터키의 지원에 대해 조건부로 승인하고 대부분의 국회의원들이 자신을 따를 거라고 믿었지만 트루먼과 그의 보좌관들은 이 법안의 통과에 안심할 수 없었다. 26) 그런 상황에서 한국에 대한 추가적 지원은 더욱 설득시키기 어려웠다.

군부의 최고리더들이 한국지원안을 지지하고 나섰지만 패터슨은 한국이 과연 그만한 가치가 있을지에 대해 계속 회의적이었다. 그의 수석보좌관이었던 하워드 피터슨(Howard C. Peterson)은 "미국이 중국

---

24) *FRUS, 1947*, 6: 609. 1948년 회계연도는 1947년 7월 1일부터 시작.

25) *Ibid.*, 908~918.

26) Dean Acheson's account in *Present*, 217~219.

에서 철수한데다가 한국국민이 정치적으로 미성숙하고 경제상황이 어렵기 때문에" 미국이 떠날 경우 결국 소련의 한반도 지배는 불가피하다고 주장했다. 결국 한반도 철수는 필연적이므로 이왕이면 빨리 발을 빼는 게 "체면을 크게 잃지 않을 것"이라고 그는 말했다. 만약 소련이 공동철수를 제안한다면 — 그럴 가능성이 높지만 — 미국은 "근본적으로 취약한 입장에 미련을 가져서는 안 된다"고 조언했다. 27) 만약 미소 공동철수가 이승만이 주장한 '해결책'의 마지막 제안과 일치한다 하더라도 소련의 한국지배라는 예상할 수 있는 결과는 이승만이 원했던 게 아니었다.

패터슨 장관은 공개적으로 한국지원 계획을 반대하진 않았다. 대신 한국의 통치권한을 군정에서 국무성으로 이양시키고 점진적으로 미군을 한반도에서 철수시키자며 미 행정부 안에서 타협을 도모했다. 4월 초 미 국무성은 정치고문을 임명해 한국문제에 대해 소련과 협상하고 민간행정부를 맡기도록 하자는 데 동의했다. 또 남한에서 국내문제에 권한을 행사하는 토착 임시정부의 수립을 서두르자고 했다. 만약 통일에 대한 소련과의 협상이 제대로 진행되지 않을 경우 미국은 이 문제를 유엔에 상정하거나 38선 이남에서 독립정부를 수립하자고 했다. 그런 다음 3년 이내에 미군을 한반도에서 철수시키자고 했다. 28)

---

27) Petersen to Patterson, March 1, 1947, 092, RG319, NAⅡ.

28) Summary of Conclusions of Staff Meeting in the State Department, April 8, 1947, Edwin M. Martin to Wood, March 31, 1947, Box C-213, RG59, NAⅡ; Vincent to Acheson, April 8, 1947, Vincent to Hilldring, March 27, 1947, Hilldring to Vincent, March 25, 1947, Box 3827, *ibid.*

Ⅲ

이러한 합의가 이루어지자 만약 그것이 미국이 소련의 지배로부터 한국을 구하기로 결심한 것이라면 새로운 한국원조 계획의 조기실행은 더욱 중요하게 되었다. 그러나 봄이 지나면서 다른 곳에서 더 중요한 사안들이 등장했고 의회는 행정부에게 한국원조 관련 의안제출을 연기해 달라고 부탁했다. 7월 초 국무성은 이듬해까지 심지어 지원규모를 축소하더라도 국회통과를 아예 기대할 수 없게 되었다.

행정부가 한국원조 법안이 국회에서 통과되도록 상당한 노력을 기울인 후에야 일시적 양보가 가능해졌다. 트루먼 대통령이 의회에 그리스, 터키 원조안을 상정하기 이틀 전에 힐드링 차관은 디트로이트 연설에서 남한에서 미국의 지위를 강화시켜야 하는 필요성을 역설했다. [29] 3일 후 모스크바에 가 있는 마샬 장관을 대신해 한국원조안의 국회통과를 책임진 애치슨은 이례적으로 상원외교위원회 비공개회의의 증언대에 서서 새로운 원조후보국으로 한국을 언급했다. [30]

애치슨은 언론으로부터 상당한 지원을 받았다. 1주일 후 《뉴욕타임스》지는 사설에서 한국원조의 필요성을 강조했다. [31] 며칠 후 《뉴욕타임스》지는 1면에 "러시아의 방해로 통일을 못하는 한국의 미래를 도와야 한다"는 제목의 기사를 실었다. 이어서 애치슨의 상원위원회 증언은 "이 이슈의 중요성을 크게 부각시켰다"고 보도했다. [32] 또 4월 6일

---

29) *DSB* 16(March 23, 1947) : 544~547.

30) U. S. Congress, Senate, Committee on Foreign Relations, *Legislative Origins of the Truman Doctrine*, *Hearings before the Committee on Foreign Relations in Executive Session on S. 938*(80th Cong., 1st sess., 1973), 21~22.

31) *NYT*, 1947년 3월 19일자.

자 일요일판 '위크 인 리뷰' 섹션에 "한국"이라고 적힌 땅 위에 곰 밑에 깔려 "도와 달라!"고 외치는 한 아시아 남자를 그린 《로체스터 타임스 유니온》지에 발표되었던 만화를 다시 실었다. 만화 밑엔 "다음에!"라는 문구가 적혀 있었다. 《뉴욕타임스》뿐만이 아니었다. 3월 말부터 4월 초까지 수많은 신문과 라디오 논평가들이 추가적 한국지원을 지지했다. 이러한 여론이 형성되는 가운데 모스크바에 간 마샬은 소련에게 10개월 이상 휴회상태였던 미소공동위원회를 재개하자고 제안했다.[33] 애치슨은 미국 내 언론의 상당한 도움을 받아 소련에게 한국에 대한 회담재개 제안과 원조 프로그램을 연계하자는 통합부처위원회의 제안을 완성시키고 있었다.

그러나 4월 말에서 5월 사이에 미 국회에서 외국원조가 밑 빠진 독에 물 붓기나 마찬가지라는 두려움이 고개를 들면서 이 전략은 시들해졌다. 영향력 있는 민주당의 해리 버드(Harry F. Byrd) 상원의원은 많은 사람들을 대표해 "새로운 외국원조의 부담"이 "이미 중과세에 시달리는 납세자에게 더 많은 세금"을 요구하고 심지어 공산주의에 대항하는 가장 강력한 무기인 미국경제의 기반마저 흔들지 모른다고 경고했다.[34] 이러한 걱정은 5월 8일 애치슨의 미시시피주 클리블랜드 연설 후 더욱 확산되었다. 그는 유럽과 아시아의 자유국가들을 위한 전후 복구사업에 막대한 규모의 추가자금이 곧 필요하게 될 거라고 시사했다.[35] 5월 말 그리스-터키 원조안은 양원의 승인을 받는 데 성공했

---

32) *NYT*, 1947년 3월 25일자.

33) 한국원조를 찬성하는 언론보도에 대해서는 "Daily Summary of Opinion Development," March 26, April 3, April 10, 1947, Box 3, Records of the Office of Public Opinion Studies, Department of State, RG59, NA Ⅱ. 모스크바에서 마샬의 제안에 대해서는 U. S. Department of State, *Korea's Independence*(Washington, D. C. : Government Printing Office, 1947), 35~37.

34) *Congressional Record* 93(April 16 and 25, 1947) : 3482, 3774.

지만 전체예산안이 통과될지는 아직 불투명했다. 1948년 회계연도 전
체예산은 물론이고 민간원조를 위한 전쟁성의 예산안조차 대폭 삭감될
위기에 처했다. 국무성이 한국을 위한 추가원조를 요청할 수 있는 적
절한 때가 아니었다.

　그러나 외교관들은 쉽게 포기하지 않았다. 7월까지 내내 한국원조
안의 국회 통과방안을 모색했지만 마땅한 길이 보이지 않았다. 36) 7월
7일 워싱턴을 방문중이던 남한 미군정장관 아서 러치(Arthur Lerch) 소
장은 하지 장군에게 "의회에서 국무성을 상대로 매우 명백한 혁명이
일어나고 있다"고 보고했다. 국회의원들은 해외원조에 대한 행정부의
요청이 '엉성하게 처리되었다'고 느꼈다. 충분한 토론을 거치지 않고
급조된 해외원조안은 '미봉책'에 불과하고 요청한 지원액은 지나치게
많다고 생각했다. 국회는 심지어 그리스지원 예산안조차 거부하려고
했다. 마샬은 6월 초 언론에 대대적으로 보도되었던 하버드대에서 행
한 연설에서 유럽의 전후복구에 막대한 규모의 원조가 필요할 거라고
전망했다. 그러나 이제 입장을 바꿔 "세계 전체의 요구를 검토하고 이
를 하나의 큰 그림으로 그리고 만약 지금 매우 가능성이 높아 보이지
만 이번 가을에 임시국회가 열린다면 그 전체 계획을 보여주겠다"고
했다. 37) 그 당시 한국에 대한 미국의 관심을 보여주기 위해 애치슨이
할 수 있는 일이라곤 막 중국특사로 임명되어 미국의 대중국정책을 맡
게 된 앨버트 웨데마이어(Albert Wedemeyer) 중장의 해외순방 일정에

---

35) *Present*, 227~230.

36) General Arthur Lerch to Hodge, June 27 and July 18, 1947, Box 67, RG338, NAⅡ; Acheson to Marshall, June 27, 1947, 740. 00119 (Control Korea), RG59, NAⅡ; Hilldring to E. A. Jamison, July 30, 1947, Box 3, Records of the Office of the Assistant Secretary of State for Occupied Areas, RG59, NAⅡ.

37) Lerch to Hodge, July 7, 1947, Box 67, RG338, NAⅡ. Marshall의 하버드대 연설에 대해서는 *Present*, 232~234.

78

한반도를 포함시키는 것뿐이었다. 38)

IV

미국의 남한지원을 둘러싼 상황은 나아지기는커녕 오히려 악화되었
다. 그 해 여름 미 의회는 1948년 행정부가 제시한 구제기금에서
4,500만 달러를 삭감했으며 7만 명이 넘는 장교와 군대에서 일하는 민
간인을 감축했다. 39) 인원감축은 한국을 명시하진 않았지만 해외점령
지 성격상 전투병에 비해 장교와 민간인의 비율이 높았기 때문에 그
충격은 상당했다.

이러한 삭감결정에 직면한 미군은 독일, 오스트리아, 일본, 한국
등 점령국과 관련해 어려운 선택을 해야만 했다. 늘 그랬듯이 한국은
'전선의 맨 뒤에' 위치했다. 현재 이 나라들 중에서 '가장 중요하지 않
은 나라'로 취급되고 있었다. 그 해 초 아이젠하워 육군참모총장은 "한
반도 철수로 치르게 될 비용은 주한미군에 현재 책정된 예산이나, 고
려중인 예산을 훨씬 넘을 것"이라고 말했다. 40) 그러나 그는 9월 미국
이 한반도에 대해 "전략적 이해가 거의 없다"는 합참의장의 판단에 동
의했다. 만약 소련이 38선 이남까지 장악한다면 그들은 "중국 동쪽,
만주, 황해, 동해, 주변 도서 등에서 미국의 통신과 작전을 방해할 수
있는" 능력을 갖추게 될 것이다. 그러나 미국은 소련의 그러한 위협을

---

38) 저자의 *Wedemeyer Mission: American Politics and Foreign Policy during
the Cold War*(Athens: University of Georgia Press, 1984), 1장.

39) Edward A. Kolodjiez, The Uncommon Defense and Congress, 1945~
1963(Colombus: Ohio State University Press, 1966), 60~65.

40) 국무장관, 전쟁장관, 해군장관 회담의사록, 1947년 1월 29일, 338 SAN-
ACC, RG319, NAⅡ.

"대규모 지상작전보다 훨씬 실현가능하고 비용이 적게 드는 공군작전"
으로 무력화시킬 수 있다고 믿었다. 41)

사실 국방성 장교들은 한국이 상당히 중요하며 남한을 포기할 경우
일본과 중국에 물리적·심리적으로 심각한 결과를 초래할 거라고 믿었
다. 42) 그러나 이들은 미군정에 대한 이승만, 미 의회, 언론의 공세에
지쳐 있었다. 게다가 주한미군과 고국에 있는 그들의 가족들은 한반도
의 원시적 상태를 불평하며 군대가 적절한 생활수준을 제공하지 못한
다고 비난했다. 43) 한국에 이해관계가 깊은 강력한 이해집단이 없었던
군부는 이제 '빠져 나올' 궁리만 했다.

미국의 체면에 금이 갈까 봐 전전긍긍하던 국무성은 구조작전(sal-
vaging operation)을 계획했다. 1947년 5월 미소공동위원회 회담이 재
개되었지만 통일절차에 대해 소련과 교착상태가 해결되지 않고 계속
이어지자 9월 미 국무성 관료들은 한국문제를 유엔총회에 상정하기로
결심했다. 소련은 비록 공산주의자들이 승리할 가능성이 상당히 높았
음에도 불구하고 유엔 감시하의 선거를 통해 독립된 단일국가를 수립
하자는 미국의 계획에 반대할 것이 분명했다. 44) 소련이 반대할 경우
미국은 유엔에 압력을 가해 선거를 실시하고 남한에서만이라도 독립정
부의 수립을 강행하기로 했다. 미군이 철수하고 미국의 경제원조가 불
확실한 상황에서 새로운 정권의 전망은 좋지 않았지만 적어도 그 과정

---

41) *FRUS, 1947,* 6: 817~818.
42) Major General Lauris Norstad to Patterson, January 4, 1947, Major
General S. J. Chamberlin to Norstad, February 11, 1947, 091 Korea
(TS), RG319, NAⅡ.
43) 한국에 주둔한 미국인들의 불평에 대해서는 Box 67, RG338, NAⅡ 참조.
1973년 10월 21일 저자와의 인터뷰에서 1947년 당시 워싱턴 육군보급장교
였던 William O. Reeder 장군은 주한미군의 불평이 철수의 모멘텀을 제공
했다고 말했다.
44) *Road,* 87.

에서 고집불통의 철저한 반공주의자인 이승만을 어느 정도 누그러뜨릴 수 있을 거라고 기대했다. 이승만은 모든 면에서 — 좋든 싫든지 간에 — 남한에서 가장 수완이 뛰어난 정치지도자였다. 45)

이미 지적했듯이 1년도 채 안 되어 이 국무성 계획은 실행에 옮겨졌고 이승만의 리더십 아래 대한민국 정부가 수립되었다. 약 2달 전 미 의회는 1억 5천만 달러의 한국경제원조 법안을 통과시켰다. 1947년 2월 부서간 한국위원회가 처음에 제안했던 것보다 1년이나 더 늦고 1억 달러나 줄었지만 그래도 1948년 회계연도에 책정된 단순구제기금보다 3천만 달러나 많았다. 46) 육군은 한반도에 주둔한 미군의 철수를 계속 주장했지만 — 1948년 말에 8천여 명이 남아 있었다 — 미 국무성은 미국이 남한을 지켜야 하며 이대로 쉽게 물러설 수 없다고 맞섰다.

남한의 정국은 여전히 불안정했다. 농촌지역의 소요를 막기 위해 미군정은 1948년 3월 마침내 일본인 소유의 토지를 소작농에게 재배분하는 개혁을 실시했다. 그러나 전체 농촌인구의 1/4 정도만 수혜대상

---

45) 이승만의 정치지도자로서의 강점에 대해 미국점령지 정치고문인 Joseph E. Jacob은 1948년 2월 9일 마샬에게 다음과 같이 보고서를 제출했다. "이승만은 혼란스럽고 리더십이 부재한 사회에서 눈에 띄는 지도자이다. 분명히 이기적이고 현명하지 못하며 못된 리더이긴 하지만 대중을 사로잡고 교활하며 긍정적이고 다른 사람이 두려워하는 성격을 가졌다. 그의 대중지지도는 인간에 대한 사랑이나 존경과는 전혀 관계가 없다. 이는 이승만이 남한에 존재하는 모든 현재와 미래의 정치적 권력의 중심에 서 있으며 제도권의 이해와 기존질서를 보호해 줄 거라는 믿음 때문이다. 또 그는 자신의 모든 운명을 여기에 걸었다. 미국이 그를 다루는 태도나 또 종종 일어난 사건들을 보면 이 점을 의심하게 되지만 남한에서 모든 중요하고 역사적인 사건의 중심에 서 있었던 그는 이러한 믿음을 다시 확신시켜 준다." Box 7125, RG59, NAⅡ.

46) U. S. Congress, House, Committee on Foreign Affairs, *Korean Aid, Hearings on S. 938*, 81st Cong., 1st sess., June 8~23, 1948, 37, 57, 105.

에 해당되었다. 47) 4월 제주도에서 대규모 폭동이 일어났다. 육지에서
파견한 경찰, 보안대원, 우익 청년단체의 무자비한 진압에도 불구하
고 폭동은 가을까지 이어졌다. 10월 중순 2천 명의 보안대원들이 항구
도시인 여수에서 제주로 출발하기 직전에 반란을 일으켰다. 반란은 근
처의 철로 교차지점인 순천까지 급속히 확산되었다. 11월 초 남한에서
세 번째로 큰 도시인 대구에서도 반란이 일어났다. 이승만은 곧 국토
의 1/4에 해당하는 지역에 계엄령을 선포했다. 그러나 진압이 제대로
이루어지지 않아 많은 폭도들이 산악지대로 숨어들어 이미 그곳에서
활동하던 게릴라 집단과 합류했다. 48)

소련의 행동은 미국에게 상황을 더욱 복잡하게 만들었다. 1948년 9
월, 대한민국 정부가 수립된 지 한 달이 채 안 되어 소련은 북쪽에 조
선민주주의인민공화국을 세웠다. 김일성이 수장이 된 이 정권 역시 남
한정부처럼 한반도 전체에 대해 통치권을 주장했다. 그러나 남한정부
와는 달리 정권을 확실히 장악했으며 38선 이남지역에서 간첩활동을
통해 남한정부의 전복을 과감히 도모했다. 49) 한편 모스크바는 북한의
군사력에 충분히 자신이 있었기 때문에 그 해 말 북한에 남아 있던 소
련군을 모두 철수시키고 미국에게 미군을 철수하라고 압박했다. 50) 중
국 공산당이 만주에서 국민당을 대파하고 남쪽지방에서도 전세가 공산
당에게 유리하게 돌아가면서 내부적으로 불안정했던 남한의 미래는 더
욱 어두워졌다.

나는 이제 이승만과 트루먼 독트린이 미국의 한반도 정책에 미친 영
향과 또 일련의 사건들이 한국전쟁 발발에 미친 영향이라는 근본적 문

---

47) McCune, *Korea Today*, 131~133.
48) Merrill, *Korea*, 3~4장.
49) *Ibid.*, 90~92.
50) 소련의 철수결정에 대해서는 Mansourov, "Communist War Coalition Formation," 84~97.

제로 되돌아가고자 한다. 1947년 초 이승만이 워싱턴을 방문하고 미 행정부가 독트린을 마련하는 가운데, 대한정책의 재평가 과정이 시작되었다. 국무성뿐만 아니라 군대 최고사령관들조차 한국에서 미국의 지위를 보호하려면 추가재원이 필요하다는 데 동의했다. 국무성은 그리스와 터키 원조법안이 통과된 후 의회에 추가지원을 요청할 계획이었다. 이승만과 그의 미국친구들은 이 과정에 별로 영향을 미치지 못했다. 그해 봄 미국은 모스크바와 접촉해 미소공동위원회 회담의 재개를 추진했다. 이는 이승만의 바람과 정반대 되는 것으로 이승만의 영향력이 얼마나 미미했는지를 분명히 보여준다.

1947년 초여름, 행정부가 유럽 전후 복구사업을 위해 막대한 규모의 지원을 요청하려고 하자 미 의회는 해외지출에 대해 우려를 표명하기 시작했고 그 결과 한국원조 법안의 승인은 더 이상 기대하기 어려워졌다. 여기에 통일한국에 대해 소련과 대치상태가 계속되고 미 의회가 군대예산을 삭감하고 남한에서 독립을 요구하는 목소리가 그 어느 때보다 높아지면서 미국은 결국 9월 유엔에 공을 넘기기로 했다.

여기서 이승만의 영향에 다시 초점을 맞출 필요가 있다. 힐드링이 후에 올리버에게 보낸 편지에서 적었듯이 미국이 유엔에 한국문제를 상정하자 곧 "모든 것이 급속하게 제자리를 찾아갔다". 51) 즉, 미국은 신탁통치안과 더불어 소련과 협력하려는 노력을 포기하고 1년도 채 안 되어 남한 단독정부 수립을 허용하는 쪽으로 방향을 바꾸었다. 이승만은 자신의 목적을 이룬 셈이다.

그러나 이 결과는 "이승만과 올리버, 벤 림이 인내심을 갖고 지속적으로 노력한 결과"라고 힐드링은 평가했다. 이들은 "한국을 정직하게 다루는 것이, 러시아를 불쾌하게 만들까봐 두려워 신탁통치라는 실수를 고집하는 것보다 훨씬 중요하다는 관점을 미 정부관료와 기자를 상

---

51) *Rhee*, 98.

대로 한 명씩 설득해 나갔다". 52) 미국에서 올리버나 벤 림의 활동이
이 결과에 영향을 미쳤다고 판단할 근거는 별로 없다. 국방성이 한반
도 철수 이외에 다른 문제는 거들떠보지도 않을 때 국무성 관료들은
유엔에 의존해 남한 독립정부를 허용한다는 정책으로 급선회하는 데
주요 역할을 담당했다. 그러나 이러한 대안을 찾기 위해 올리버나 벤
림의 노력은 필요하지 않았다.

언론 역시 이 과정에서 별로 중요한 역할을 하지 못했다. 1947년 한
국은 주요 언론매체에서 지속적으로 관심을 가질 만큼 미국인들에게
중요하지 않았다. 초봄에 한국원조에 대한 보도가 집중적으로 다루어
졌으나 곧 한반도는 시야에서 사라졌다. 53) 아무리 올리버가 글을 많
이 써 댔어도 정책에 영향을 미칠 정도로 미국인들이나 관료들의 마음
에 파고들지 못했다.

그러나 이승만은 자신의 존재를 알리는 데 성공했다. 미국에서가 아
니라 한국에서 그가 한 행동 때문이었다. 3월 말 이승만은 미 국무성
의 저지로 미군 비행기로 귀국하려던 계획을 포기해야만 할 정도로 워
싱턴에서 푸대접을 받았다. 결국 노스웨스트 항공편으로 도쿄로 날아
가 일본 미 점령군 사령관인 맥아더 원수를 만난 후 바로 중국으로 건
너가 장제스를 만났다. 그의 귀국은 미소공동위원회 재개를 추진하던
하지 장군에 의해 더욱 지연되었다. 54)

이승만이 워싱턴을 떠나기 전 애치슨 국무장관대행은 그에 대해 매
우 신랄한 비판을 가했다. 1945년 미군정 지도자들은 이승만에게 그

---

52) *Ibid.*
53) 한국은 3월 12일~4월 10일 사이에 국무부의 "Daily Summary of Opinion
   Development"에 4개의 기사가 실렸다. 7월과 8월에는 아예 한 건의 기사
   도 없었다. Box 3 in the Records of the Office of Public Opinion
   Studies, Department of State, RG59, NAⅡ.
54) *Rhee*, 61~62.

84

를 중심으로 남한을 통합할 수 있는 모든 기회를 주었으나 "그는 보수
적 은행가, 지주, 상인계층을 옹호하고 모스크바 협정을 반대하고 자
신의 반대편에 선 사람과 절대로 타협하지 않으며 오직 사사로운 이권
때문에 한국독립을 외치는 수많은 한국인과 미국인을 가까이 둠으로써
한국정치계의 많은 중도파들을 소외시키고 극우파임을 자처했다"고 애
치슨은 비난했다. 그럼에도 불구하고 "그가 한국에서 상당한 감정적
인기를 얻었음"을 시인했다. 55) 1947년 봄에서 여름까지 이승만의 "상
당한 감정적 인기"는 남한에서 지속되었고 또 이를 반탁운동에 이용하
는 데 성공함으로써 미국정책의 변화에 일조했다.

하지 장군이 이승만의 귀국을 우려한 데는 그만한 이유가 있었다. 5
월 미소공동위원회가 재개될 무렵 미 국무성의 한국정치고문인 윌리엄
랭든은 본국에 "이승만과 김구를 따르는 군중이 반탁데모를 하려는데
미군정의 진압으로 겨우 막았다"고 보고했다. 동시에 이승만과 그의
동료들이 "모든 우익단체와 우익세력을 규합해 반탁운동을 주도하고
있다"고 보고했다. 이들은 "모스크바 협정 실행을 적극 막는 반대"운동
을 선동하거나 조장하는 단체를 정부구성에서 제외시키자는 "미소공동
위원회의 새로운 규정에 의거, 협상에서 자동으로 제외될지도 모른다"
고 랭든은 걱정했다.

랭든에 따르면 이승만은 일단 미국이 미소공동위원회를 통해 "공산
주의 정권이 아니더라도 극좌성향의 임시정부"를 수립하거나 아예 미
소공동위원회를 포기해야 하는 선택에 직면할 경우 후자를 선택할 거
라고 판단했다. 그러면 남한에서만이라도 단독으로 우익정권을 수립
하기 쉬워질 것으로 기대했다. 56)

이승만의 반탁운동을 부추긴 것은 하지 장군이 미국정책을 따르지

---

55) Acheson to U. S. Embassy in China, March 28, 1947, Box 3829,
　　RG59, NAⅡ.
56) *FRUS, 1947*, 6: 645.

않고 있다는 인식이었다. 게다가 이승만은 워싱턴에 있을 때 힐드링으
로부터 미국이 남한에서의 즉각적인 단독정부 수립에 대한 그의 계획
을 선호한다는 확언을 받았다고 했다. 57) 이러한 주장은 사실과 달랐
으나 어쨌든 남한에서 널리 알려졌으며 8월 중순까지 미 국무성은 오
히려 이승만에게 관심이 더 집중될까봐 두려워 이를 직접 부인하지 않
았다. 58)

그동안 미군정에 의해 사실상 가택연금 상태였던 이승만은 결국 반
탁데모를 주동하는 데 성공했다. 민간인 정부가 들어서고 경찰권도 대
부분 친일파였던 한국인의 손에 넘어간 상황에서 이승만의 우익 민족
주의는 거의 모든 공무원들이 환영했다. 이들은 만약 소련과 미국이
공동위원회에서 합의에 이를 경우 일자리를 잃을까봐 두려워했다. 이
승만은 또 매우 잘 조직된 민족주의 청년단체와 보수적 한국민주당의
지지를 얻었다. 59) 이러한 지지세력을 기반으로 이승만은 미국이 공개
적 반탁운동을 짓밟지 못하도록 막았다. 미소공동위원회는 교착상태
를 벗어날 수 없었다. 소련은 계속해서 모스크바 협정을 반대하는 주
요 우익단체를 협상대상에서 제외시키자고 요구했다. 60)

7월 초 워싱턴이 진상파악을 위해 위드마이어(Wedemeyer) 장군을
한국에 보내겠다고 발표하자 이승만의 하지 장군에 대한 반대운동은
힘을 얻었다. 위드마이어가 "제일 친한 친구 중 한 명"이라며 이승만은
그의 방한으로 하지가 본국의 희망대로 따르지 않고 있다는 자신의 주
장이 진실임이 밝혀질 거라는 말을 퍼뜨렸다. 61) 그러나 곧 미 국무성

---

57) *Ibid.* , 647~648; *Rhee*, 64~65.

58) Lerch to Hodge, July 15, 1947, Box 67, RG338, NAⅡ.

59) Joungwon Alexander Kim, *Divided Korea: The Politics of Development,*
1945~1972(Cambridge, Mass. : Harvard University Press, 1975), 76~78.

60) 미소공동위원회 회담을 가장 자세하게 설명한 것은 *Socialism*, 7~8장.

61) XXⅣ Corps, G-2, "Periodic Reports," July 17 and August 1, 1947,

86

이 8월 중순에 하지는 미국의 정책을 성실히 수행하고 있다고 말하는 바람에 체면을 잃고 말았다. 얼마 후 한국을 방문한 위드마이어는 이승만을 특별대우하지 않았다.[62] 그러나 이미 6월에 여운형의 암살결과 중도연합에 대한 마지막 실낱 같은 기대마저 사라지고 말았다.[63]

그렇지 않은 경우도 있었지만 이승만은 힘을 가진 상당히 강고(強固)한 지도자였다. 한국인들에게 그는 워싱턴 정계와 친분이 있는 것처럼 보였으며 국가 이해관계가 상충할 때면 미 점령군에게 서슴지 않고 반발하는 용기가 돋보였다. 9월 초 미소공동위원회는 어떤 합의도 도출하지 못했고 새로운 경제원조는 전혀 가망이 없어 보였고 38선 이남에서 미국의 위치는 그 어느 때보다 불안했다.[64] 미국이 미소공동위원회에서 한반도 전체에 단일 좌익정부 수립을 꿈꾸며 우익진영을 포기하자는 소련의 요구를 거부할 거라는 이승만의 추측은 옳았다.

그럼에도 불구하고 이승만이 미국정책에 미친 영향은 미미했다. 소련 측의 대표적 애널리스트는 모스크바가 "서울에 좌익정부가 들어서지 않는 한 북한을 희생할 생각이 전혀 없었다"고 주장했다.[65] 만약 그렇다면 우익의 반탁운동을 변명으로 이용하지 않았다 하더라도 소련은 미소공동위원회를 어쨌든 교착상태에 빠뜨릴 방법을 찾았을 것이다.[66] 이런 맥락에서 신탁은 미소 간 관계악화의 원인이라기보다는 기회라고 볼 수 있다. 이승만의 활동은 부수적 영향에 불과했다. 이승

Box 18, RG332, NA II.

62) *Ibid.*, August 19, 1947, "G-2 Summary," August 31~September 7, 1947, Box 10, RG332, NA II.

63) Kim, *Divided Korea*, 78.

64) 1947년 9월 남한의 상황에 대해서는 *Road*, 87~91참조.

65) *Socialism*, 264.

66) 하나의 임시정부가 두 지역을 대표하는 문제가 이슈가 되었을 것이다. 미국은 그전에 인구비례대표제를 주장했다. 남한이 북한보다 유권자 수가 1/3 이상 많았다. 반면 소련은 남북 1 : 1 대표제를 주장했다.

만과 그의 동맹세력이 미국을 지지하고 남한정치를 안정화시키기 위해 노력했다면 미국의 정책은 아마도 그렇게 많이 늦지는 않았겠지만 어쨌든 실제보다 천천히 변화했을 것이다. 미국이 점령한 남한의 경제상황이 날로 악화되고 미 국방성과 미 의회에서 한국에 대한 관심이 점점 약해지는 가운데 38선 이남에서만이라도 독립국가를 수립하고 미군을 철수시킨다는 방향으로 정책이 선회한 것은 단지 몇 달간의 시간차가 있었다 하더라도 불가피한 결정이었다.

사실 이 과정에서 이승만의 가장 큰 기여는 미소관계의 교착상태를 유발하거나 미국을 설득해 남한의 독립정부를 세운 것이 아니라 38선 이남지역에서 정치를 양극화시킴으로써 중도연합의 탄생을 아예 차단한 것이었다. 1948년 마침내 세워진 남한의 독립정부는 소수의 극우파가 정권을 장악했다. 미국이 원했던 광범위한 지지기반을 토대로 한 정부형태와는 거리가 멀었다.

이러한 분석은 트루먼 독트린이 그 화려한 수사어구에도 불구하고 결국 미국이 세계질서의 새로운 책임을 떠맡고 유지하는 과정의 연장선상에 불과했다는 기본적 진실을 강조한다. 또 1950년 6월 25일 이전에 한반도가 미국의 정책 우선순위에서 매우 낮은 위치에 있었음을 시사한다. [67] 한반도에서의 요구가 남동유럽 및 서부유럽과 거의 동시에 갑자기 불거지지 않았다면 한반도는 워싱턴의 주요 관심지역으로 부상해 1945년 남한을 점령하기로 한 결정에서 시작된 대한(對韓) 약속은 성실하게 지켜졌을지도 모른다. 전략적으로 더욱 중요한 유럽의

---

67) 존 루이스 개디스(John Lewis Gaddis)는 "Korea in American Politics, Strategy, and Diplomacy, 1945~1950," in *The Origins of the Cold War in Asia*, ed. Yonosuke Nagai and Akira Iriye(New York: Columbia University Press, 1977), 280~283에서 이 점을 강조했다. 그러나 그는 미국의 국내 정치상황은 거의 고려하지 않았다. 1947년 여름 남한원조 계획이 무산되고 국방예산이 삭감되었다.

상황이 급속도로 악화되고 평화시 막대한 규모의 해외진출을 반대했던 미 국회의원들의 보수적 태도 때문에 한반도 정책은 조변석개(朝變夕改)였다. 이 같은 상대적 무관심으로 미국은 이승만이 주도하는 남한 정부의 독립을 쉽게 인정해 주었지만 동시에 이 신생국가는 매우 불안정한 상태가 계속되었다. 이 결과는 주로 외부적 요인들, 즉 소련과 미국의 정책결정에서 초래되었다.

그러나 이 두 강대국 모두 통일을 향한 한민족의 열망을 잠재우지 못했다. 남한과 북한 모두 무력통일을 추구했으며 이들의 후원자인 미국과 소련은 각기 자신의 점령지에 군대를 주둔시켰다. 상당기간 상대방을 제압할 수 있는 군사적 우위를 어느 측도 보유하지 못했다. 시간이 지나면서 이 균형점의 붕괴 여부는 남한이 내부분열을 억제하고 완화시킬 수 있는 능력, 또 중국의 상황 — 수만 명의 조선인들이 공산당을 도와 중국 내전에 참전했다 —, 그리고 워싱턴과 모스크바의 상황 전개에 달려 있었다. 한반도 점령기간이 끝날 무렵 군사력이 강화되었지만 남북한 모두 경제·군사·정치적으로 외부지원에 의존적이었다. 이런 상황에서 이승만이 1945년 이후 남한의 정치를 조작해 미국으로 하여금 독립과 분단의 정책을 승인하도록 하고 남한의 사회적·경제적 개혁은 등한시하자 남한과 미국 간의 관계는 소원해졌다. 여기에 미국의 정치적·관료주의적 상황이 더해지면서 북한의 도발을 억제하는 것이 더욱 힘들어졌다. 따라서 1948년 말 한반도에서 전면전은 1945년 이후 그 어느 때보다 현실 가능해 보였다.

제 3 장

한국전쟁은 왜 내전이 아닌가

　한국전쟁은 1950년 6월 25일 비가 내리던 일요일 새벽, 200마일에 이르는 남북한 국경선 전역에서 발발했다. 새벽 4시경 38선 북쪽 옹진반도에 주둔하던 북한부대는 남한군을 향해 포사격을 개시했다. 곧 지상군의 공격이 이어졌다. 동쪽에선 새벽 5시경 북한 포병부대가 38선 바로 남쪽으로 2마일 떨어진 고도 개성에 포격을 시작했다. 30분 뒤 서울과 연결된 주요 수송로인 의정부로 향하는 두 개의 대로를 따라 본격적 남침이 시작되었다. 북한의 공격은 한반도 한가운데 춘천과 동해안에서도 동시에 개시되었다.[1)]

　전술적으로 완벽한 기습이었다. 많은 한국장교들과 500명의 미 군사고문단 중 대부분이 주말휴가를 떠난 상태였다. 38선 근처에 있던 4개

---

1) 북한의 공격과 초기전투에 대해서는 *USAKW*, Vol. 1, 3장 참조. 남한이 옹진반도에서 먼저 도발했다는 주장에 대해서는 Kwang-Soo Kim, "The North Korean War Plan and the Opening Phase of the Korean War: A Documentary Study," *International Journal of Korean Studies* 5 (spring/ summer 2001) : 11∼33 참조.

사단과 1개 연대는 사실상 38선에서 남쪽으로 10~30마일 정도 떨어져 있었기 때문에 국경지대를 방어할 수 있는 군인의 수는 그리 많지 않았다. 북의 기습공격에도 불구하고 공격 직후 3일 동안은 38선 이남의 여러 지점에서 한국군은 잘 버텼다.

그러나 북한군은 매우 유리한 상황에 있었다. 전투병력을 기준으로 보면 북한은 8만 9천 명으로 남한의 6만 5천 명을 월등히 앞섰다. 특히 그 중 4만 명은 막 끝난 중국 본토 내전에서 공산당을 지원했던 전투경험이 풍부한 베테랑들이었다.[2] 북한군은 소련이 제공한 탱크가 적어도 150대에 달했으나 남한은 탱크는 물론이거니와 소련의 장갑차를 뚫을 수 있는 대전차 무기도 없었다. 북한은 소련에서 받은 200대가 넘는 전투기와 유능한 조종사를 보유한 반면 남한은 비행기가 그 1/10인 20여 대에 불과했다. 포병 역시 북한이 수적으로 3배나 우세했으며 소련제 총은 사정거리가 최대 1만 4천 야드에 달했으나 남한의 것은 8,200야드에 불과했다.[3]

6월 28일 오전. 국경으로부터 30마일도 채 안 되는 수도 서울이 북에 함락될 지경에 이르렀다. 도시는 대혼란과 공황상태에 빠졌고 남한 공병부대는 주요 군수물자와 군대를 대피시킨 후 한강대교를 폭파했다. 이제 한강 이남에서부터의 강력한 저항을 기대하기 어려워졌다.

---

2) 북한군대 규모에 대해서는 추정이 다양하다. 나는 *Ibid.*, 10~11, 18을 참조했다. Korea Institute of Military History의 연구에 따르면 북한군이 훨씬 우세했다. John K. C. Oh, "The Forgotten ROK Soldiers of the Korean War"("The Korean War Forgotten No More: A 50th Anniversary Commemorative Conference," Georgetown University, June 2000, 5~6). 중국 내전에 참전했던 한국군의 숫자 역시 추정이 다르다. *Mao's China*, 44~45의 4만 2천 명이 가장 많다. Shen Zhihua, "Sino-Soviet Relations and the Origins of the Korean War: Stalin's Strategic Goals in the Far East," *Journal of Cold War Studies* 2(spring 2000): 65.

3) *USAKW*, 1: 17~18.

한편 미국에선 트루먼 행정부가 한국을 구하기 위한 정치·군사 계획을 수립하고 있었다. 시차가 한국보다 13시간 늦은 워싱턴은 북한 침공 소식을 토요일 자정에 들었다. 국무부는 즉각 트루먼에게 유엔에 이 문제를 상정할 것을 권고했다. 트루먼은 동의했다. 미국은 유엔사무총장 트리그브 리(Trygve Lie)에게 연락을 취해 안보리의 비상회의 소집을 급히 요청했다. 4)

유엔안보리 비상회의는 일요일 오후 2시 뉴욕에서 열렸다. 소련을 제외한 모든 안보리 이사국들이 참석했다. 소련은 유엔이 중국대표로 국민당 대신 공산당 정부를 인정하지 않는 데 대해 항의하며 보이콧하던 중이었다. 한편 유엔 한국위원회는 서울에서 리 총장에게 전문을 보냈다. 미국이 보고한 북한의 침공사실을 확인하며 "전면전 성격으로 발전할 수 있으며 국제평화와 안보유지를 위협할지도 모르는 심각한 상황"이라고 결론내렸다. 5) 안보리 미국대표는 이 전문내용을 지적하며 한국에 평화가 깨졌다는 사실을 선언하는 결의안을 상정했다. 북한에게 적대적 행위를 당장 중지하고 군대를 38선 이북으로 철수할 것을 요구했다. 또 유엔회원국에게 이 결의안의 채택을 지지해 달라고 부탁했다. 소집한 지 3시간도 안 되어 — 머나먼 한국에서 전투가 시작된 지 단 하루만에 — 유엔안보리는 미국이 제안한 결의안을 거의 원안대로 승인했다. 유고슬라비아의 기권으로 만장일치엔 실패했다.

이틀 후 북한군이 서울까지 진격하자 안보리가 다시 열렸다. 소련은 이번에도 참석을 거부했다. 미국은 안보리가 "유엔회원국이 대한민국

---

4) 전쟁발발 당시 미국의 의사결정을 가장 자세히 다룬 책은 Glenn D. Paige, *The Korean Decision, June 24~30, 1950*(New York: Free Press, 1968)이다. 이 책은 대부분의 미국 공식문서가 공개되기 전에 출판되었으나 페이지는 주요 인물들과 심도 있는 인터뷰를 통해 결점을 보완했다. 미국개입에 관해서는 저자의 *Road*, 6장; *KW*, 10~13, 41~44 참조.

5) U. N. Document S/1946, June 25, 1950.

에게 군사공격을 물리치고 그 지역에 국제평화와 안보를 되살리는 데 필요한 모든 지원을 제공"하도록 권고할 것을 요청하는 결의안을 상정했다.[6] 6월 27일 밤늦게 안보리는 승인에 필요한 최저선인 7개국의 찬성을 얻어 이 결의안을 채택했다.

이미 미국은 한국에게 일본으로부터 무기, 탄약, 공군 지원을 제공하고 있었다. 미 7함대가 지원을 위해 필리핀에서 북상중이었다. 6월 30일 새벽, 남한군이 북한의 공격에 밀려 계속 퇴각하는 가운데 트루먼 대통령은 일본에 있는 미 전투병력을 한반도 전쟁지역으로 파병해달라는 미 극동군 사령관 맥아더 원수의 요청을 승인했다. 오전 늦게 트루먼은 맥아더의 요청에 따라 한국에 2개 사단 파병을 추가로 승인했다. 북한의 남침개시 후 1주일도 채 안 되어 미국은 유엔의 지원을 받아 남한의 군사적 수호를 약속했다.

그러나 전쟁은 3년 이상 지속되었다. 미국은 결국 30만 명의 지상군을 파병했다. 그 외 15개국이 유엔군에 전투병력을 보냈다. 북한은 중국으로부터 백만 명이 넘는 군사를, 소련으로부터 수백 명의 조종사와 포병대를 지원받았다. 사상자 중 절반 이상이 외국군이었다. 또 수많은 한국인들이 외국군의 총에 죽거나 부상당했다. 특히 유엔공군은 38선 이북을 맹폭격했다.

이러한 사실은 어쨌든 한국전쟁이 본질적으로 내전(*civil war*)이 아니었음을 시사한다. 한국전쟁을 제대로 이해하려면 외국의 참전에 상당한 관심을 기울여야 한다. 그러나 일부 학자는 정반대로 말한다. 이들은 한국전쟁이 근본적으로 내전이었다며 연구범위를 주로 전쟁의 원인에 한정한다.[7]

---

6) U. N. Document S/1508, Rev. 1, June 27, 1950.

7) 이 견해에 관해서는 Robert R. Simmons가 *The Strained Alliance*에서 잘 요약하고 있다. "모스크바와 베이징이 개입했지만 한국전쟁을 제대로 연구하려면 내전의 성격을 부각시켜야 한다. 전쟁의 원인은 한반도 안에서 찾

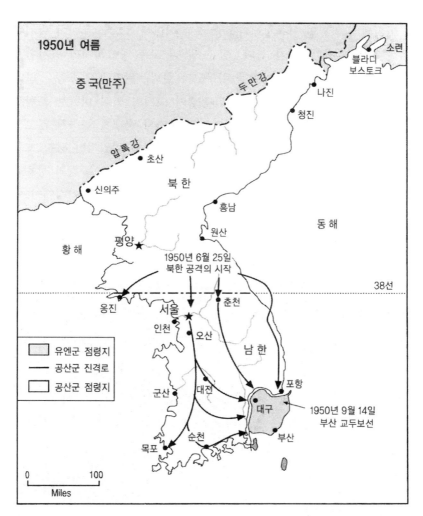

지도 3. 1950년 6월 25일부터 9월 14일까지 한국에서의 군사적 상황.

아야 한다. 이곳은 매우 민족주의적인 땅으로 한국사람들은 2차 세계대전이 끝날 무렵 편의상 남북으로 갈렸다. 남한의 상반적 이데올로기는 단지 통일을 향한 열정을 강화시켜 줄 뿐이었다. 즉, 이 전쟁의 적절한 명칭은 한국내전이 되어야 한다." 이 견해를 자세히 설명한 가장 잘 알려진 문헌은 *Origins*이다.

　여기선 발발원인이나 전개과정중 주로 어디에 초점을 두어야 할지에 대한 논의는 제쳐두고자 한다. 물론 둘 다 모두 중요하지만 공정함을 위해 다른 측면에서 이 이슈를 다루고자 한다. 원인에 집중한다 하더라도 남북한 간에 벌어졌던 6 · 25 전쟁이 그처럼 빨리 미국을 포함해 국제사회로 확산된 것은 한반도 이외의 국가와 군대를 논하지 않고서는 이해하기 어렵다. 비록 내전적 성격이 상당히 짙었지만 당시 그곳에서 전쟁이 벌어졌다는 사실은 오직 한국과 국제적 요소 간의 상호작용, 그리고 평양, 서울뿐만 아니라 워싱턴, 모스크바, 베이징에서 이루어진 의사결정을 통해서만 설명이 가능하다. 아무리 한국인들이 민족주의자라 하더라도 한국의 운명은 워낙 미 · 소 · 중의 계획과 긴밀히

그림 9. 1950년 6월 30일, 일본주둔 미군이 한국으로 배치된 후 유엔안보리회의에서 한국문제에 관해 논의하는 모습. 소련은 당시 보이콧했기 때문에 의석이 비어 있다.

연결되어 있었기 때문에 독자적으로 행동할 수 있는 능력은 상당히 제한되었다.

I

이 논쟁을 본격적으로 다루려면 먼저 1945~1948년 사이의 기간을 고찰할 필요가 있다. 한국의 외세의존은 1945년 미·소의 점령지 분할 결정에서 가장 분명히 드러난다. 그 결정에서 한국은 완전히 배제되었다. 자국의 이익을 대변할 수 있는, 국제사회로부터 인정받은 정부나 군대가 없었기 때문이었다. 20세기 초 일본제국의 식민지가 된 한국은 이제 일본의 패망으로 해방을 얻었다. 한국은 2차 세계대전에서 승전국보다는 패전국인 일본을 더 많이 도왔다. 1945년 8월 이후 한국이 평화통일을 이룰 수 있는 가능성은 매우 희박했다. 6·25를 향한 첫발은 한국의 의지와는 전혀 상관없이 강대국들에 의해 내딛어졌다.

소련과 미국이 한반도에 들어온 후에도 한국인은 수동적이었다. 1947년 말 80만 명의 한국인이 북에서 남으로 이주했다.[8] 일본이 철수하기 전 한국인은 이미 국내에서 '인민위원회'를 조직하기 시작했다. 1945년 9월 미군의 서울주둔 직전 중도파와 극좌파의 한국 지도자들이 서울에서 한반도 전체를 대변하는 조선인민공화국의 수립을 선언했다.

지주와 친일파로 구성된 우익진영은 이에 반기를 들고 한국민주당을 창당했다. 10~11월에 남한에 귀국한 해외망명 지도자들 역시 인민공화국을 반대했고 대부분이 1919년 중국에서 수립된 임시정부를 지지했다. 1945년 10월 소련과 미국이 모스크바에서 5년간 다국적 신탁통치에 동의하자 남한의 보수세력이 강하게 저항했다. 북에선 보수

---

8) *Origins*, 1: 60.

파 지도자인 조만식이 반탁운동을 이끌었다.

　그러나 남북한 모두 외부세력이 정치행동의 경계를 결정지었다. 미·소는 인민공화국을 인정하려 하지 않았다. 미군정은 처음엔 친일파였던 보수진영을 선호하다가 나중엔 중국과 미국에서 귀국한 망명가들을 지지했다. 소련군정은 한국에서 지하활동을 했던 공산주의자들을 선호하다가 후엔 만주나 소련에서 망명생활을 한 좌익진영을 선택했다. 소련은 조만식을 회유하기 위해 애썼지만 1946년 초 그가 신탁을 반대하자 그를 곧바로 구금했다.

　1945년 한국은 내부적으로 심하게 분열되어 있었다. 친일파와 재야세력, 지주와 소작인, 사업가와 노동자, 경찰과 민간인이 대립했다. 이러한 분열은 1945년 전엔 수면 밑에 가라앉아 있었다. 일본이 식민지 통치를 쉽게 하기 위해 분열과 정복(*divide & conquer*)의 전략을 구사했기 때문이다. 친일파 이슈 이외에도 논란의 많은 부분이 망명한 독립운동 단체들간의 분열로 얼룩졌다.[9] 해방이 되자 사회분열이 갑자기 분출되었다. 외세에 의한 한반도 분할에 저항하는 통일전선의 구축은 불가능했다. 그러나 분열형태와 그로 인한 갈등의 궁극적 결과는 외세로부터 상당한 영향을 받았으며, 실제로 외국에 의해 결정되었다. 일제강점기 동안 독립단체들은 외세에 지원을 요청했다. 우익은 중국 국민당 정부와 미국에, 좌익은 소련과 중국 공산당에 의존했다. 이제 각기 다른 국가가 남북을 점령함으로써 상황은 더욱 악화되었다.

　신탁통치 이슈는 철저히 외부세력이 만들었기 때문에 매우 극단적 상황으로 치달았다. 소련은 좌익진영으로 하여금 신탁에 찬성하도록 했지만 미국은 우익진영의 지지를 얻지 못했다. 심지어 반탁운동을 자제하도록 설득조차 하지 못했다. 결국 미국은 이승만에게 손을 들었고 신탁을 포기하고 말았다. 무엇보다 1947년 9월 당시 이승만이 남한을

　9) Chong-sik Lee, *The Politics of Korean Nationalism* (Los Angeles: University of California Press, 1963).

공산주의의 손아귀에 들어가지 못하도록 막아야 한다고 가장 강력히 주장했기 때문이다. 이는 미국의 주요 목적과도 일치했다.

1948년 말 한반도에는 두 개의 토착정부가 존재했다. 38선을 중심으로 이북은 소련과 연합한 좌익성향의 정부가, 이남은 미국과 연대한 우익성향의 정부가 들어섰다. 1945년 미소 간 모스크바 협정이 없었다면 이 같은 결과는 초래되지 않았을 것이다.

1948년 말 한국의 상황을 이해하려면 1945년 이후 외국의 개입을 고찰해야 하듯이 1946년 가을 이후 38선 이남을 휩쓸었던 폭력사태의 언급 없이는 전체 그림이 불완전하다. 1946년 9월 여러 도시에서 노동자의 파업과 폭동으로 시작된 소요는 곧 농촌지역까지 확산되었고 지주계층이 주로 공격받았다. 수백 명의 민간인과 경찰이 사망했다. 좌익진영도 이 폭동에서 많은 사람을 잃었으며 다음해 폭동이 시골마을까지 확대되었지만 조직력은 이미 상당히 약해져 있었다.[10]

폭동은 1948년 4월 제주에서의 대규모 반정부시위를 시작으로 1948년 중반에 절정에 달했다. 그해 말 육지에서 빨치산이 극성을 부리자 미국은 마지막 전투병력 철수를 연기하기에 이르렀다. 전체 8개의 도(道) 중 6개 도에서 빨치산이 적극적으로 활동했으며, 1949년 가을 그 세력이 절정에 이르렀다가 1950년 봄 국군의 대대적 토벌작전으로 진압되었다. 1946년 말에서 1950년 중반까지 이어진 남한의 폭력사태로 약 10만 명의 한국인이 목숨을 잃었다.[11]

이러한 폭력과정에서 외국의 역할은 상당히 중요했다. 역사학자인 브루스 커밍스는 미국이 "남한의 토벌군을 조직하고 무기와 고급첩보를 제공했으며 작전을 세워 주고 종종 직접 명령을 내리기도 했다"고 지적했다.[12] 미국은 특히 1949~1950년 겨울에 이루어진 대대적 토벌

---

10) *Origins*, Vol. 1: 10장; 2: 237~250.

11) *Origins*, 2: 250~290, 398~407; Merrill, *Korea*, 181.

12) *Origins*, 2: 284.

98

작전에서 현저한 역할을 담당했다. 한 미국기자는 1948년 10월 약간 과장해 "미국의 자금, 무기, 기술적 지원이 없다면 남한정부는 단 몇 시간도 버티지 못했을 것"이라고 보도했다. 13)

미국이 게릴라진압을 도왔다면 소련은 이를 조장하는 중심적 역할을 했다. 1946년 9월 남한의 총파업이 38선 이남의 한국공산당의 주도하에 시작되긴 했지만 소련은 곧 적극적 역할을 맡아 남한의 폭도에게 자문과 격려를 하며 상당한 재정적 지원을 아끼지 않았다. 또 남북한 양 지역에 있던 3개의 좌익정당을 통합하는 데 성공했으며 북한에서 간첩과 게릴라를 육성해 남한에 몰래 침투시켰다. 14)

남한의 소요는 부분적으로는 국내사정 때문에 야기되었지만 그 원인이나 전개과정은 북한의 행동이나 한반도에 주둔한 소련과 미국의 영향을 고려하지 않고서 이해하기 어렵다. 남한 내부와 한반도 전체, 그리고 국제요인들이 워낙 복잡하게 뒤섞여 있기 때문에 결국 이 중 하나라도 제외할 경우 실제사건을 이해할 수 없게 된다.

II

1950년 6월 25일 북한공격의 보다 직접적인 원인 역시 마찬가지다. 김일성과 이승만은 둘 다 열렬한 민족주의자로 자신의 통치 아래 남북한을 통일시키겠다는 뜻을 갖고 있었다. 상대방의 의도를 서로 잘 알고 있었기 때문에 두 사람 모두 마음이 급했다. 나이가 훨씬 많았던 이승만은 더욱 시간이 촉박했다. 통일된 독립국가를 이루었다는 영예

13) *Ibid.*, 399, 289, 298~407.
14) *CWIHPB* 6~7(winter 1995~1996) : 92; Mansourov, "Communist War Coalition Formation," 70~71. 이 논문의 사본을 내게 준 Mansourov 박사에게 감사한다.

를 얻으려면 절대적으로 시간이 부족했다. 그는 오직 무력을 통해서만 이 목적을 달성할 수 있다는 것을 잘 알고 있었으며 사실 그럴 의지도 있었다. 그러나 한반도를 3년간이나 전쟁의 화염에 휩싸이게 했던 공격을 시작한 것은 남한의 이승만이 아니라 북한의 김일성이었다. 이를 이해하기 위해서 먼저 전쟁이 발발하기 전 1년 반 동안 보다 광범위한 동아시아 지역과 소련, 미국의 상황을 고찰해야 한다.

김일성은 먼저 1949년 3월 7일 모스크바에서 스탈린을 만나 남한침공을 승인해 달라고 부탁했다. 소련의 기록에 따르면 김일성은 '반동세력'이 절대로 '평화통일'을 받아들이지 않고 "북한을 공격할 힘이 생길 때까지" 기다릴 거라고 주장했다. "현재 우리 군사력이 훨씬 우세한 데다가 남한에는 빨치산이 활동하고 있다"고 말했다. 현 이승만 정권을 혐오하는 남한사람들 "역시 우리를 도울 것"이라고 확신했다. 15)

스탈린은 북한군이 "남한보다 압도적 우위"를 갖고 있지 않으며 남한에 남아 있는 미군이 "적대행위시 개입"할 가능성이 큰데다가 모스크바 협정에 의거, 미국은 북한의 공격에 대응해 전쟁에 개입할 명분을 갖고 있다며 남침을 반대했다. 스탈린은 김일성에게 남한이 먼저 공격할 때까지 참고 기다리라고 말했다. 그럴 경우 모두가 김일성의 응전을 지지할 거라고 설득했다. 16)

이 회담은 김일성의 첫 번째 모스크바 방문 때 이루어졌다. 다른 회담에서 김일성은 "산업, 통신, 운송 등 국가경제를 위한 기계, 장비, 소모품"을 제공해 달라고 부탁했다. 또 수송기와 공장, 댐 건설 계획 및 '지질학 조사'를 지원할 전문가를 보내달라고 요청했다. 또 북한학생들에게 기술과 러시아어를 가르쳐 줄 소련교사를 보내 주고 북한의 영재들이 소련에 유학할 수 있는 기회를 허용하라고 부탁했다. 17) 역

---

15) "Korean," 17~18.

16) *Ibid.*, 18.

17) *CWIHPB* 5 (spring 1995) : 4.

사학자인 캐드린 웨더스비(Kathryn Weathersby)의 말처럼 이러한 요청은 다른 증거들과 더불어 북한 "경제가 소련에 전적으로 의존"하고 있었음을 보여준다. "일본제국의 패망, 소련의 점령정책, 중국의 내전 등으로 북한은 남한, 일본, 만주와의 경제적 관계가 단절되었다. 기껏해야 홍콩 및 만주에 있는 두 개의 항구를 통해 제한적 무역을 하던 북한에게 소련은 유일한 공급처이자 시장"이었다. [18] 김일성은 소련의 전폭적 지원 없이 남한을 침공할 여력이 없었고 그 사실을 자신도 알고 있었다.

그래서 그는 스탈린에게 계속해서 로비했다. 8월 중순 소련대사 슈티코프가 휴가차 모스크바로 출발하기 전날 밤 북한 지도자들은 그에게 한국분단을 무력으로 해결하자는 새로운 안을 제시했다. 미군은 당시 한반도에서 철수한 상태였고 남한에선 빨치산이 세력을 확장하고 있었다. 38선 주변에서 종종 격한 교전이 벌어지곤 했다. 교전은 1948년 말부터 시작되었으나 주로 남한의 도발로 5월 초 상당히 치열해졌다. 때로 수천 명의 군인이 전투에 참가해 수백 명의 사상자를 내기도 했다. 소련에겐 반가운 일이 아니었다. [19] 스탈린은 심지어 6월 미군의 최종철수가 남한군대가 마음대로 북한을 침공하도록 허용하는 일종의 술책일지도 모른다는 두려움에 휩싸였다. [20]

북한은 슈티코프에게 남한정부가 최근 평화통일 제안을 분명히 거부했으며 강력한 방어전선 구축을 위해 대규모 대북공격을 연기한 것 같다고 말했다. 게다가 미군의 철수로 미군이 즉시 참전할 수 없게 되면서 미국의 개입에 대한 우려를 토대로 한 소련의 반대이유가 사라졌다고 주장했다. 또 38선 협정은 단지 소련과 미국의 점령군을 나누기 위한 편의상의 경계선일 뿐이므로 이제 더 이상 신경 쓸 필요가 없다

---

18) *Ibid.*, 2.
19) *Origins*, 388~398.
20) "Korean," 7~11.

고 설득했다. 김일성은 최근 국경지대에서 벌어졌던 남한군과의 소전 투에서 북한군의 우위가 증명되었다고 믿었다. 슈티코프는 이러한 주 장을 믿지 않았으나 스탈린에게 북한이 옹진반도를 점령하는 것은 "군 사적으로 충고할 만하다"고 조언했다. 21)

9월 초 북한은 옹진반도를 점령하고 동쪽으로 개성까지 진격하는 내 용의 군사작전을 제안했다. 그런 다음 "국제상황이 허락할 경우" 남한 지역 전체를 손에 넣을 계획이었다. 짧게는 두 주, 길어야 두 달을 넘 기지 않을 거라고 자신했다. 22)

9월 24일, 신중한 검토 끝에 모스크바의 정치국(Politburo)은 세 가 지 이유를 들어 북한의 제안을 거부했다. 우선 군사적으로 북한이 우 위가 없다고 판단했다. 정치적으로 남한사람들을 설득할 수 있을 정도 로 한반도 평화통일 선전이나 빨치산 활동이 충분히 이루어지지 않았 다고 보았다. 외교적으로 보면, 지상공격은 미국에게 유엔에서 북한 을 비난하고 한반도에 군대를 다시 파견하는 빌미를 제공할 수도 있었 다. 오직 남한이 북을 먼저 공격할 때 김일성은 "준비하고 상황에 따 라 행동해야 한다"고 스탈린은 거듭 강조했다. 23)

1950년 초, 스탈린의 심경에 변화가 있었다. 1월 19일 슈티코프는 모스크바에 전신을 보내 이틀 전 김일성을 포함해 북한 지도자들과 가 진 오찬회동을 상세히 보고했다. 김일성은 "신경이 약간 날카롭다며" 통일에 대해 생각하느라 "최근 잠을 설친다"고 말했다. 그는 스탈린을 다시 만나고 싶다며 힘들면 당시 모스크바를 방문중이던 중국 공산당 지도자인 마오쩌둥[毛澤東]과 회담을 갖게 해달라고 요청했다. 마오 를 만나기만 하면 "모든 문제가 질서를 찾게 될 것"이라고 했다. 김일 성은 자신이 공산주의자라고 선언하며 "스탈린 동무의 명령을 법으로

---

21) "Korean," 17.

22) *Ibid.*, 18~19; *CWIHPB* 5(spring 1995) : 6.

23) *CWIHPB* 5, 7: 8; "Korean," 29~33.

따르는 성실한 사람"이라고 했다. 그는 마오가 중국 내전이 끝나면 한반도 통일 노력에 지원을 약속했다고 주장했다. 지난여름 마오는 만주에서 중국 국민당과 싸웠던 한국인 2개 사단을 북으로 돌려보냈다.[24] 김일성은 중국 국민당이 본토에서 축출되어 대만과 하이난, 남해안 도서지역에서 겨우 연명하는 상황에서 이제 마오가 약속을 지킬 때가 되었다고 믿었다.[25] 빨치산의 남한정부 전복시도가 번번이 실패로 끝나면서 김일성은 더욱 초조해졌다. 그러나 38선 이남에서 그의 지지도가 워낙 낮았기 때문에 처음부터 북한군이 한반도 통일을 주도해야 한다고 생각했다.[26] 스탈린은 1월 30일 김일성에게 "이 문제에 관해 도울 준비가 되어 있다"고 대답했다. 김일성을 다시 만날 의사가 있다며 "지나친 위험"을 피하기 위해 "대대적 준비"가 필요하다고 강조했다.[27] 2월 초 스탈린은 새로 선발된 북한군 3개 사단에 최신무기를 지원해 달라는 김일성의 요청을 수락했다.[28]

왜 스탈린은 마음을 바꿨을까? 김일성이 3월 30일에서 4월 25일까지 모스크바에 방문했을 때 김일성과 나눈 대화를 기록한 소련 공문서에서 주요 단서를 찾을 수 있다. 스탈린은 '국제환경'이 개선된 덕분에 중국 공산당이 승리할 수 있었다고 평가했다. 이제 마오가 "더 이상 내전에 신경 쓸 필요가 없게 되어 한국지원에 관심과 에너지를" 약속할 수 있게 되었다고 스탈린은 말했다. 필요할 경우 마오가 군대를 보내 줄 수도 있었다. 중국상황은 "아시아 혁명가들"의 힘을 보여 주고

24) Shen, "Sino-Soviet Relations," 65.
25) CWIHPB 5 (spring 1995): 8.
26) 1949년 여름과 가을 사이에 만 3천 명 이상의 남파간첩의 도움을 받아 남한정부의 전복을 도모한 게릴라전에 대해서는 Merrill, Korea, 143~151 참조. 1949~1950년 겨울은 154~165 참조.
27) CWIHPB 5 (spring 1995): 9.
28) "Korean," 38.

그들의 적과 "미국에 있는 후원자들"의 취약함을 동시에 증명하는 "심리적으로도 중요"한 것이었다. 2월에 체결된 중소 우호동맹 및 상호원조 조약은 지난 8월 소련의 원자폭탄 시험과 더불어 이러한 패턴을 더욱 강화시켰다.

"정보에 따르면 미국은 한국에 개입하지 않는 것이 지배적 분위기"라고 스탈린은 말했다. 1948년 12월에 작성된 미 국가안보위원회 NSC-48 보고서를 염두에 두고 한 말이었다. 이 보고서를 토대로 1950년 1월 12일의 연설에서 딘 애치슨 국무장관은 태평양 지역의 미국 방위선에서 아시아 대륙 본토를 제외한다고 규정했다. NSC 보고서는 미 중앙정보부(CIA)의 영국 연락관인 킴 필비(Kim Philby)를 비롯해 미국에서 활동하는 첩자들을 통해 스탈린에게 전달되었던 것 같다.[29]

스탈린은 여전히 북한의 남침에 미국이 어떻게 반응할지 걱정했다. 그는 김일성에게 만약 미국과 문제가 생길 경우 중국에 도움을 요청할 것을 확실히 했다. 절대로 소련은 개입하지 않겠다고 선언한 것이다. 그리고 김일성에게 마오로부터 사전승인을 받아오라고 했다. 또 군사적으로나 정치적으로 신중히 준비할 것을 신신당부했다. 그리고 먼저 여러 차례 북한이 새로운 평화통일안을 제안하고 남한이 이를 거부할 경우 공격을 개시하도록 했다. 공격은 김일성이 제안한 대로 옹진반도에서 시작하도록 했다. 그래야 남한군의 공격에 대한 반격으로 위장할 수 있었기 때문이다. 가능한 한 신속히 적을 섬멸함으로써 미국이 "강력한 저항을 촉발하고 국제적 지원을 동원할 수 있는 시간"을 허용해

---

29) Kathryn Weathersby, "Should We Fear This?: Stalin and the Korean War"("Stalin and the Cold War," 세미나 발표논문, Yale University, September 1999), 13~14. NSC-48 보고서에 대해서는 Thomas Etzold and John Lewis Gaddis, *Containment: Documents on American Policy and Strategy, 1946~1950*(New York: Columbia University Press, 1978), 252~276. 애치슨의 연설에 대해서는 *DSB* 22(January 23, 1950): 114~116 참조. 중소조약의 영문번역은 *Uncertain*, 260~261 참조.

104

서는 안 된다고 했다. 김일성은 스탈린에게 단 3일이면 승리할 수 있다고 호언장담했다. 북한의 지상공격은 남한에서 대규모 빨치산 폭동과 합쳐져 힘을 얻게 될 거라고 예상했다.[30]

중국 공산당의 승리와 중소 우호조약 협상으로 스탈린은 동북아에서 미국을 상대하는 데 있어 보다 자신감을 얻었다. 그러나 중소관계의 다른 측면을 고려할 때 스탈린은 장기적으로 이 지역에서 소련의 전략적 위치에 대해 걱정해야 했다. 1945년 국민당의 장제스와 맺은 조약으로 소련은 뤼순항에 해군기지를 확보할 수 있었고, 이 항구와 소련 본토를 연결하는 중국동방철도(Chinese Eastern Railway)를 공동관리하게 되었다. 덕분에 소련은 극동에서 그토록 원하던 부동항을 얻게 되었다. 마오는 이 '불평등'조약을 수정하고 싶어했으나 스탈린은 시큰둥했다. 결국 스탈린은 마오의 압력과 이 두 공산국가를 이간질하려는 미국과 영국의 치밀한 전략에 밀려 조약개정에 동의하고 말았다.[31]

새 협정은 소련이 일본과의 평화조약에서 얻은 뤼순항과 철로관할권을 늦어도 1952년 말까지 포기할 것을 요구했다.[32] 사실 실제상황은 조약내용과 약간 달랐다. 소련이 1945년 조약과 비슷한 조건으로 만주를 통해 군대와 군수품을 이동시킬 수 있는 권한을 보장하는 비밀 의정서가 체결되었다. 그러나 스탈린은 중국이 만주에서 소련의 특권을 무너뜨리는 것은 단지 시간문제라는 걸 분명히 알고 있었다. 이는 뤼순항 통제권의 상실을 의미했다.

이러한 상황전개로 스탈린은 소련에게 우호적인 정권이 한반도를 통일하는 게 중요하다는 사실을 깨닫게 되었다. 1949년 3월에 이미 김일성과 협정을 체결해 소련과 북한을 연결하는 철로를 건설하기로 했다. 이 철도가 38선 이남으로까지 확장될 경우 이는 소련의 도서지역

30) "Korean," 40~42.
31) Shen, "Sino-Soviet Relations," 51~62.
32) *Uncertain*, 161~163; 126~127.

을 인천, 부산과 같은 부동항은 물론이고 제주도까지 연결시킬 수 있
는 좋은 기회였다. 33)

2월 중소조약이 체결되고 김일성이 남침준비를 서두르는 가운데 마
오로부터 지원약속까지 받은 스탈린은 결국 전쟁의 성공적 수행을 지
지할 수밖에 없었다. 스탈린은 첫 번째 임무를 김일성에게 맡겼다. 김
일성은 5월 중순 베이징을 방문해 중국 지도부에 자신의 계획을 설명
하며 이미 스탈린의 허가를 받았다고 말했다. 마오는 곧바로 스탈린에
게 사실 여부를 확인했다. 스탈린은 여름에 "통일을 시작"하겠다는 북
한의 계획에 동의했지만 "최종결정은 중국과 한국동지들이 함께 결정
할 일"이라고 못박았다. 34)

마오는 마지못해 동의했다. 마오는 전쟁시작 시점이 마음에 걸렸
다. 비록 최근 마오의 군대가 하이난을 점령했지만 타이완은 아직도
국민당 정권이 장악하고 있었다. 당연히 마오는 김일성이 전쟁을 시작
하기 전에 이 마지막 남은 적의 요새를 완전히 섬멸하고 싶었다. 그는
1950년에 이 목표를 달성하려고 애썼지만 10월과 11월에 중국해안에
서 겨우 몇 마일 떨어진 진먼(Jinmen) 도와 덩부(Dengbu) 도를 공격했
다가 패배하는 바람에 군사적으로 상당한 손실을 입었다. 100마일이
나 떨어져 있는 타이완 공격은 당시 중국 본토의 취약한 해군력과 공
군력을 감안할 때 무리였다.

1950년 초에 상황은 더욱 꼬여 갔다. 다른 해안지역 섬들로부터 군
대를 철수시킨 타이완의 국민당 군대는 군사력을 거의 두 배나 증강해
40만에 이르렀다. 마오는 타이완 침공계획에 투입할 부대를 늘려야했
고 이들을 수송하고 지원해 줄 함대도 증강해야 했다. 국민당 정부의
월등한 해군 및 공군력 우위도 문제였다. 비록 소련이 조종사 훈련과

---

33) Shen, "Sino-Soviet Relations," 60.
34) *Ibid.*, 48; 한국에 대한 초기 마오-스탈린의 논의에 대해서는 *CRKW*,
    87~88.

비행기 및 해군장비를 지원했지만 중국 공산당은 1951년까지 이 분야에서 우위를 확보하지 못했다. [35] 그러나 마오는 이러한 우려를 무시하고 심지어 일부 군사를 한국과의 국경지대에 재배치하고 미국이 전쟁에 개입할 경우 북한에 이들 군대를 보내겠다고 약속했다. [36]

그 후 몇 주 동안 평양에서 스탈린 및 소련고문들과 긴밀한 협의를 거친 후 소련제 중무기가 북한에 들어오자 김일성은 남침을 준비하기 시작했다. 마지막 순간에 그는 공격이 임박했음을 남한이 눈치챘다는 정보를 받았다. 그 결과 옹진반도에서 작전을 시작한다는 원래 계획을 변경해 며칠을 더 기다려 공격을 좀더 동쪽으로 확대하자고 스탈린에게 제안했다. 스탈린은 바로 이를 승인했고 6월 25일 서해안에서 포성이 울린 지 2시간도 채 안 되어 38선 전역에서 전면공격이 시작되었다.

지금까지의 과정에서 우리는 김일성이 한국분단의 군사적 해결을 먼저 주창하고 추진했음을 알 수 있다. 그러나 동시에 김일성은 스탈린과 마오로부터 도움과 승인을 받지 않았다면 혼자서 방아쇠를 당길수는 없는 사람이었다. 김일성은 아마도 북한을 도와 스탈린을 압박하겠다는 마오의 숨겨진 의도를 자신의 목적에 이용하려고 했던 것 같다. 그러나 이 음모가 스탈린에게 영향을 미치진 못했을 것이다. 남침을 승인해야 할 다른 이유들이 있었던데다가 마오가 타이완 점령을 최우선 정책목표로 삼고 있다는 사실을 알고 있었기 때문이다. 오히려 중국이 김일성의 계획을 반대하지 못하도록, 또 미국과 곤란한 관계에 빠질 경우 북한을 도우러 오지 않을 수 없도록 스탈린이 마오를 코너에 몰아넣었다고 하는 편이 옳을 것이다. 스탈린은 새로운 중소조약을 원하는 마오의 소원을 들어주었으며 마오는 타이완 공략계획에 소련의

35) He Di, "The Last Campaign to Unify China: The CCP's Unmaterialized Plan to Liberate Taiwan, 1949~1950," *Chinese Historians* 5(spring 1992): 4~12.

36) Mansourov, "Communist War Coalition Formation," 320~321.

지속적 공·해군 지원이 절실했다. 게다가 김일성은 중국 내전 당시 군대까지 보내 주었다. 김일성의 소원을 거절할 경우 북한은 물론이고 무엇보다 소련과의 관계가 악화될 수밖에 없는 상황이었다.

스탈린은 아마도 북한의 도발을 계기로 서방세계로부터 중국을 더욱 고립시킬 수 있을 거라고 믿었을 것이다. 그는 미국이 중국과 소련을 분열시키고 싶어한다는 것을 잘 알고 있었으며 타이완에서 국민당 정부가 제거될 경우 미국이 결국 중국 공산당 정부를 인정하게 될 거라고 믿었다. 또 미국언론과 아마도 첩보를 통해 미국정부 내부와 외부에서 국민당 정부가 타이완을 구하도록 군사적 지원을 해야 한다는 주장이 상당한 지지를 받고 있다는 사실을 알게 되었다. 북한의 도발이 이 주장에 힘을 실어줄 게 분명했다. 예전부터 공산주의자로서, 또 소련 리더십의 추종자로서의 마오의 선의를 의심해 온 스탈린은 타이완에서 국민당 정권이 계속 유지되는 게 자신에게 이롭다고 판단했다. 결국 스탈린은 2월 중국에 거주하는 소련인에 대한 중국의 주권을 제한하고 제3국의 국민을 만주와 신장지역에서 추방하는 내용의 비밀의정서를 강요했다.[37]

한편 다른 동아시아 지역에서 공산주의자들이 한층 세력을 강화했다. 유럽은 미국이 그리스-터키 원조와 마샬플랜, 베를린 공수, 북대서양조약기구 등으로 경계선을 분명하게 긋는 바람에 스탈린의 뜻대로 되지 않았다. 공산주의자인 유고슬라비아의 요시프 브로즈 티토(Josef Broz Tito)는 소련 지도부가 그를 몰아내려고 했지만 여전히 권좌를 지키고 있었다. 하지만 중국이 공산화되고 인도차이나에서 프랑스를 상대로 공산주의자들이 계속 투쟁을 벌이는 가운데 아시아는 혁명의 온상처럼 보였다. 특히 미국과 직접 충돌하지 않고서도 공산주의 혁명을 조장할 수 있다는 점에서 매력적이었다.

---

37) 스탈린-마오의 관계에 대해선 *Uncertain*, 1장 참조. 비밀의정서는 121~122, 125~126 참조.

108

1950년 1~2월 스탈린과 마오가 일련의 협정을 협상하는 동안 중국
과 소련은 인도차이나의 공산정권인 호치민〔胡志明〕정부를 인정했
다. 또 소련의 압력으로 일본의 공산당은 온건한 태도를 버리고 투쟁
적 노선을 채택했다. 물론 일본은 미국의 태평양 방어선에 속했기 때
문에 스탈린은 공공연하게 미국의 지위에 도전할 생각은 없었다. 그럼
에도 불구하고 일본에서 내부혼란을 야기해 워싱턴이 다른 아시아 지
역으로 진출하는 데 일본을 전진기지로 이용하려는 시도를 재고하도록
유도할 수도 있었다. 인도차이나의 경우 스탈린은 자신은 뒤로 물러난
채 중국으로 하여금 호치민을 지원하도록 함으로써 마오를 미국으로부
터 더욱 격리시키고 미국과 미국의 동맹국들을 상대로 공산혁명을 더
욱 촉진시키는 등 두 마리 토끼를 한꺼번에 잡을 수 있었다.38) 설사
미국이 아시아에 더욱 깊이 개입하게 된다 하더라도 공산세력은 이에
대항할 수 있는 강력한 영토적·이데올로기적 기반을 갖고 있었다. 그
리고 그 과정에서 냉전의 중앙무대인 유럽에 집중되었다.

1950년 6월 25일 북한의 도발과 그 후 1주일 동안 전개된 상황은 한
반도 안팎의 사건과 인물들이 서로 상호작용했던 과정을 분석해야만 제
대로 이해할 수 있다. 우리는 지금까지 스탈린, 마오, 김일성의 상호작
용을 주로 살펴보았다. 이제 상대편인 미국을 연구해 볼 차례이다.

38) 일본에 대해서는 Robert Swearingen and Paul Langer, *Red Flag in Japan : International Communism in Action, 1919~1951* (Cambridge, Mass. : Harvard University Press, 1952), 18~20장 참조. 인도차이나에 대해서는 Qiang Zhai, *China and the Vietnam Wars, 1950~1975* (Chapel Hill : University of North Carolina Press, 2000), 1장.

Ⅲ

왜 미국은 한국에서 공산주의자들을 저지하지 못했을까? 이를 실패한 후 왜 한국전쟁에 군사적으로 개입하기로 결정했을까? 이러한 질문은 한국전쟁의 기원에서 국제적 측면을 설명하는 데 중요한 특징이다.

미국 내에서 이 두 가지 문제를 처리하는 데 있어 정치인과 정부관료의 압력이 상당했다. 제 2장에서 지적했듯이 미 의회는 한국에서 미국의 지위를 유지하는 데 필요한 충분한 경제적·군사적 자금을 제공하는 방안을 별로 달가워하지 않았다. 1947년 9월 이후부터 미 국무성 지도자들은 한반도를 관심에서 지워버렸다. 이러한 현실에도 불구하고 미 국무성은 강력하게 한국에서의 미국지위를 보호하려고 했으며 심지어 대한민국정부 수립 이후 남아 있던 미군을 철수시키자는 계획에 반대했다. 39)

그럼에도 불구하고 1948년 말 소련이 군대를 철수하자 이듬해 미 국방성은 미군도 철수하자며 미 국무성을 계속 압박했다. 미 국방성은 공산군이 중국에서 승리를 거두면서 이들을 도와 참전했던 수만 명의 조선인이 북한으로 돌아와 북한군에게 결정적인 군사적 우위를 제공할지도 모른다는 걱정이 앞섰다. 그럴 경우 남한에 주둔하고 있는 7만 5천 명의 미군은 매우 위험해질 수밖에 없었다. 40)

동시에 워싱턴은 여전히 유럽을 가장 중요시하는 전략을 고수하고 있었다. 베를린 서쪽지역을 소련이 봉쇄하면서 유럽에서 긴장이 고조되는 가운데 군사정책 입안자들은 대서양 건너편에서 발생할 수 있는 만일의 사태에 대비해 예비군을 증강해야 한다고 주장했다. 당시 미국

---

39) *Road*, 102~106.
40) *Road*, 153~159.

의 전쟁플랜에 따르면 유럽에서 전쟁이 발발할 경우 미국은 먼저 소련 영토에 원자폭탄 공습을 집중하고 유럽대륙, 특히 피레네 산맥을 중심으로 한 지역과 중동에서 확고한 발판을 유지하기로 했다. 아시아의 경우 군사작전은 해안지역을 중심으로 한 '전략적 방어선'에 국한하기로 했다.

이 정책적 우선순위는 2차 세계대전과 같은 전면전에 대비해야 한다는 사고방식에서 일부 기인했지만 대통령과 의회가 정한 엄격한 지출 제한으로 더욱 강화되었다. 당시 사람들은 균형재정과 낮은 세금을 가장 중요하게 여겼고 트루먼 대통령은 국내적으로 처리해야 할 우선순위가 있었으며 이를 위해선 막대한 자금이 필요했다. 게다가 원자폭탄 덕분에 저렴한 비용으로도 해외에서의 미국국익을 보호할 수 있다고 믿었다.

극동 사령관이자 일본 점령군 사령관인 더글러스 맥아더 원수가 한반도 철수를 승인하고 국방예산이 점차 삭감되고 남한의 상황이 어느 정도 개선되자 미 국무부는 결국 1949년 봄에 최후의 미국 전투병을 철수하는 데 동의했다. 6월 말 철수는 완료되었다.

미 국무성은 이에 따른 보완책을 마련했다. 한국에 파견한 미군고문단의 수를 늘리고 이들을 상주시키기로 했다. 무기지원도 계속되었다. 한국군은 5만 명에서 6만 5천 명으로 늘어났다. 6월 초 트루먼 행정부는 1950년 회계연도에 한국에 1억 5천만 달러를 지원해 달라는 경제원조 법안을 미 의회에 제출했다. 트루먼 대통령은 국회에 보낸 제안서에서 한국에 대한 경제원조는 서유럽 원조와 성격이 같다고 규정했다. 마지막으로 외교관들은 1949년에 설립되었던 유엔 한국위원회의 기한을 연장하는 내용의 결의안을 마련해 유엔총회 가을회기에 제출했다. 이들은 이러한 옵서버 단체의 존재가 북한의 대대적 공격을 저지하는 데 도움이 될 거라고 믿었다.

애치슨 국무장관과 국무성 모두 한국에 계속 관심을 갖고 있었지만 소련이 북한의 남침을 승인하지 못하도록 억제하거나 남한이 적에 맞설 수 있도록 정책방향을 발전시키지 못했다. 유럽의 사안이 더욱 중요해 상대적으로 소홀하기도 했고 첩보도 한계가 있었다. 당시 정보기관은 공산주의자들의 군사공격이 남한보다는 타이완과 인도차이나에서 일어날 가능성이 더 높다고 보았다. 타이완의 경우 유엔이 개입되어 있지 않았고 또 영토를 분할하는 미소 간 협정도 없었다. 게다가 미 지상군이 주둔한 일본은 한국과 가까이 위치한 반면 타이완과 인도차이나로부터는 수백 마일 떨어져 있었다. 한반도에서 재래식 군사력의 균형은 확실치 않았으며 북한에겐 여전히 간첩과 게릴라를 통해 남한정부를 전복시킬 수 있는 기회가 있는 것처럼 보였다. 보다 공격적인 북한의 의도와 군사력 우위에 대한 정보는 주로 미국으로부터 군사지원을 더 얻어 내 먼저 북한을 치고 싶어하는 남한관료들에게서 나온 것이었다. 41)

또 다른 설명은 초대 주한 미 대사를 지낸 헤롤드 조이스(Harold Joyce)의 말처럼 "워낙 오랫동안 화산 분화구 옆에 살아서 익숙해져 버린" 사람들의 심리에서 찾을 수 있다. "언젠가 폭발할 거라는 건 알지만 하루 이틀 지나고 달이 가고 해가 바뀌어도 폭발이 없자 우리는 더 이상 내일은 다를 수도 있다는 것을 믿지 않게 되었다."42) 이미 1946년부터 시작된 북한의 공격가능성에 대한 경고에 대해 한반도에 있던 외교관이나, 좀더 긴급한 사안으로 바빴던 본국에 있던 중앙정부 관료들이나 모두 무감각해졌다. 1950년 당시 어느 누구도 감히 손을 들어 침략이 임박했다고 말하지 못했다.

---

41) *Road*, 164~170. 1949년 국경지대 분쟁은 미국의 신경을 거슬렸다. 미국은 적어도 남한이 일부 책임이 있다고 생각했다.

42) Harold Joyce Noble, *Embassy at War*, edited and annotated with an introduction by Frank Baldwin(Seattle: University of Washington Press, 1975), 229.

국내정치와 관료주의 역시 미국의 미숙한 한반도 정책에 기여했다. 1949년 6월 행정부가 상정한 새로운 한국 경제원조 법안은 1950년 2월이 되어서야 의회의 승인을 받았다. 심지어 하원은 1월에 이를 기각시킨 바 있다. 국무부를 제외하면 전반적으로 미국의 한국에 대한 관심은 상당히 제한적이었다. 일부 국회의원은 한국원조를 볼모로 타이완에도 똑같은 원조를 제공하자고 주장했다. 애치슨은 타이완을 원조해도 공산주의로부터 구할 수 없으며 결국 소련의 손에 들어가게 될거라고 생각했다. 그러나 자신이 마련한 한국지원안을 실행하는 데 도움이 된다면 타이완에 제한적 원조를 제공할 의향이 있었다. 반대로 국방부는 타이완에 더 많은 지원을 원했으며, 육군을 예외로 하면 한국에 대해선 거의 신경 쓰지 않았다. 43)

이러한 정황을 고려할 때 애치슨은 한국을 위해 더 많은 지원을 요구할 수 없었을 것이다. 그는 1950년 1월 12일 전국기자협회 연설에서 상당 시간을 한반도 문제에 할애했다. 남한이 공격당할 경우 미국의 지원이 필수적이라며 서태평양의 미국 도서방위선(island defense perimeter) 외곽에 있는 지역의 안보를 보장할 수 없다고 했다. "가장 먼저 의존해야 할 방어수단은 공격받은 국민이 이에 저항하는 것이지만 유엔헌장에 따라 문명화된 세계 전체의 도움"을 바랄 것이다. 유엔은 "지금까지 외세의 침략에 대항해 자신의 자주권을 지키겠다고 결심한 모든 국민에게 결코 약한 갈대의 모습을 보이지 않았다". 44) 제한된 국방예산과 한국이 상대적으로 중요하지 않다는 국방성의 인식 때문에 그는 기껏해야 모호한 입장을 취할 수밖에 없었다.

6월 말, 모호한 태도는 더 이상 불가능해졌다. 애치슨뿐만 아니라 그동안 한국문제에 거의 관심이 없었던 트루먼 대통령까지도 미군의

---

43) *Ibid.*, 140~143, 146, 158, 161~162.
44) *DSB* 22(January 23, 1950)：116.

개입이 불가피하다고 판단할 정도로 상황이 급변했기 때문이다. 우선 북한이 38선을 넘어 대대적 전면공격을 감행했다. 소련의 지원 덕분에 가능한 일이었으며 남한의 선제공격에 대한 반격이 아니었다. 이는 분명한 침공이었으며 1945년 8월 미소 간에 체결된 모스크바 협정과 대한민국정부의 정통성을 인정한 유엔결의안을 침해한 명백한 무력도발이었다. 또 6월 29일 맥아더 원수는 미군의 개입 없이 38선을 회복할 가망이 없으며 남한의 생존 자체가 위험에 빠졌다고 보고했다. 그는 일본에 주둔하는 미군 중 2개 사단을 한반도에 배치해야 한다고 주장했다. 한편 소련이나 중국 공산당 정권이 직접 한국전쟁에 개입했다는 증거가 없었고 또 다른 전략적으로 보다 중요한 지역에 소련이나 소련의 대리단체가 곧 공격적 행동을 취할 것 같은 조짐도 보이지 않았다. 한반도에서 발발한 전쟁은 고립된 사건처럼 보였기 때문에 전면전이라는 전통적 사고방식에서 벗어날 수 있었다. 게다가 동맹국들은 미국의 강력한 대응을 지지했다. 미국 내 여론 역시 들끓었다. 이미 합동참모본부는 중국 공산당이 타이완을 공격할 경우 이를 저지하기 위해 제7함대의 출동을 승인한 바 있으며 한국에 미군을 파병하는 계획에 반대할 의사가 없었다. 이러한 상황들은 "서방세계의 힘과 의지의 상징"으로서 결정적 조치를 정당화해 주었다고 애치슨은 생각했다. 제대로 대응하지 않을 경우 "다른 곳에서 새로운 무력도발"이 일어나고 "소련의 궤도 주변에 있는 국가들"은 두려움에 떨게 될 거라고 믿었다. 45)

1947년 이후 미 국무성이 남한을 구하기 위해 사용했던 논리가 다시 수면 위로 떠올랐다. 이번에는 전투병 파병이라는 실제행동으로 옮겨졌다. 사실 이러한 조치는 미군이 한반도에서 철수하기 이전 해에

---

45) Acheson to Ambassador Alan Kirk in Moscow, June 28, 1950, RG84, NAII. 애치슨은 28일에 이 편지를 썼으나 그의 논리는 이틀 후 미군에 대한 결정에 영향을 미쳤다. 단지 이 편지에서 빠진 것은 미국지상군이 필요하다는 현지사령관의 조언이었다.

군에서 고려한 적이 있었다. 당시 작성된 보고서에 따르면 유엔을 통해, 혹은 독자적으로 한국에 지상군을 다시 보내는 것은 "군사적으로는 바람직하지 않지만 정치적 차원에서 필요할" 수도 있다고 보았다. 46) 그러나 이 보고서에 대해 어떤 결정도 이루어지지 않았다. 당시 한반도 문제에 가장 관심이 많았던 국무성이 당장 결정을 내려야 할 필요를 느끼지 않았고 한편 국방성과 싸워 이길 수 있을지 확신이 없었기 때문이다.

그렇다면 합동참모본부가 1950년 6월 군사개입을 지지한 사실은 어떻게 설명되어야 할 것인가? 한 가지 주요 요인은 트루먼 대통령이 처음부터 북한공격을 저지하기 위해 필요한 모든 가능한 수단을 다 동원하겠다는 강한 의지를 보였다는 것이다. 이 위기의 처리를 책임지게 된 애치슨 역시 마찬가지였다. 그러나 군부지도자들은 상황이 확실히 절망적이고 미군의 재배치가 일본의 안보를 위협하지 않을 거라고 단언하며 맥아더 현지사령관이 파병을 요청하고 한반도 이외의 지역에서 공산주의의 도발가능성이 낮다는 확신이 설 때까지 지상군의 개입에 대한 말을 아꼈다. 행정부와 의회에서 개입을 요구하는 목소리가 높아졌지만 합참은 기존의 입장을 좀처럼 바꾸려 하지 않았다. 47)

미국이 한국전쟁에 뛰어든 이유는 북한의 공격으로부터 1930년대에 2차 세계대전을 초래한 일본과 이탈리아, 독일의 유사한 침공역사를 떠올렸기 때문이다. 또 미국 국내와 국제적 상황이 군사개입에 유리한 방향으로 흘러갔다. 48) 1945년 미소협정과 그 후 벌어진 여러 사건들을 고려할 때 북한의 침략은 단지 계속되는 내전중의 결정적 행동이 아닌 세계평화와 안정을 위협하는 위험한 도발이었다.

---

46) *FRUS, 1949*, 7: 1047, 1054~1055; *Road*, 185~190.

47) *Road*, 187.

48) Harry S. Truman, *Memoirs*, Vol. 2 (Garden City, N. Y. : Doubleday, 1956), 334.

　누가 한국전쟁을 시작했는가? 브루스 커밍스에 따르면 이는 잘못된 질문이다. 왜냐하면 그는 한국전쟁을 '내전'으로 보았기 때문이다.49) 또 다른 저명한 전쟁역사학자인 버튼 카우프만(Burton I. Kaufman)은 "강대국인 미국과 소련 간의 권력다툼이 남북한 내전에 강요되었다"고 주장했다.50) 누가 전쟁을 시작했는지는 내전의 질문이 아니라는 커밍스의 주장은 일리가 있다. 그러나 이것이 잘못된 질문이라는 주장은 설득력이 떨어진다. 사실 이는 사건 전체를 이해하는 데 반드시 짚고 넘어가야 할 많은 중요한 이슈 중 하나이다. 그렇다면 도대체 1950년 6월 25일 발발한 전쟁이 그 이전의 18개월 동안 벌어졌던 수많은 38선 국경지대 분쟁과 달리 그처럼 엄청난 결과를 초래한 사실을 어떻게 이해할 수 있겠는가? 또 북한, 소련, 중국 간의 관계는 어떻게 이해해야 할까? 미국의 대응은 또 어떠한가? 한국전쟁의 원인을 강대국의 이권다툼과 내전으로 엄격히 구분한 카우프만의 설명 역시 문제가 있다.

　남북한은 1945년 강대국의 개입이 없었다면 존재하지 않았을 것이다. 그 후 계속된 내분의 뿌리는 물론 일제 식민지 시대까지 거슬러 올라간다. 당시 일본은 통치수단의 하나로 조선인의 분열을 조장했다. 하지만 1945년부터 계속된 남북한 분쟁은 외국의 존재를 언급하지 않고선 이해할 수 없다. 또 그 과정은 1950년 6월 25일에서 1953년 7월 27일까지 한국에서 일어났던 사건들을 이해하는 데도 필수적이다.

　한국전쟁은 내부적 요인과 외부적 요인을 모두 통합해야만 전체 그림을 볼 수 있다. 이 경우 통합은 용광로에 집어넣거나 샐러드처럼 섞어 놓는 것만으로는 부족하다. 혼합물의 여러 재료는 제각각 특색이 있으며 두 그룹으로 광범위하게 나눌 수 있다. 그러나 그처럼 거대한 사건은 오직 한 그룹의 요소들이 다른 그룹의 요소들과 충분히 섞여

---

49) *Origins*, 2: 618.

50) Kaufman, *The Korean War*, 1.

폭발을 촉발할 때에만 일어난다. 바로 그런 혼합이 한국전쟁에서 일어났다. 강력한 국제적 요인이 취약한 국내요인을 노출시켰던 것이다.

'한국전쟁'이란 용어는 불완전한 개념이다. 오직 영토의 경계만을 알려줄 뿐 국제적 측면을 전혀 반영하지 않기 때문이다. 그러나 '한국내전'(The Korean Civil War)이란 용어와는 달리 국제적 측면의 중요성을 아예 배제하거나 축소하지는 않았다. 더 나은 대안이 없으므로 이 용어의 한계를 참아야 할 것이다. 사실을 분명히 왜곡하는 한국내전이란 용어는 사용되어서는 안될 것이다.

제 2 부
전쟁의 전개과정

제 4 장
중국의 개입
(1950년 7〜11월)

1950년 7월 초, 미 지상군이 38선 회복을 목적으로 한국에 다시 투입되었다. 워싱턴은 이 목적이 적은 비용으로 신속하게 달성되기를 기대했다.[1] 맥아더는 전투병 파병을 요청하면서 이미 투입된 공군과 해군 이외에 2개 사단만 더 투입되면 충분할 거라고 예상했다.[2] 이미 미 극동사령관을 맡고 있었고 얼마 후 유엔사령관에 임명된 맥아더는 서울로 진입하는 항구도시인 인천을 향한 대대적 반격을 준비했다. D데이는 7월 22일로 정해졌다.[3]

적은 비용으로 신속하게 전쟁을 수행한다는 것과는 관계없이 워싱턴의 계획은 이승만이나 맥아더의 목적과 상충했다. 7월 중순 이승만은 북한의 공격으로 과거의 경계는 "완전히 사라졌으며" 분단된 한국에선 "평화와 질서가 유지될 수 없다"는 성명을 발표했다. 맥아더는 자

---

1) *DSB* 23 (July 10, 1950) : 46.
2) *USAKW*, 3: 77〜78.
3) *Ibid.*, 139〜140.

120

신을 방문한 합동참모본부 임원들에게 북한군을 38선 위로 몰아내는
데 그치지 않고 완전히 격파하여 한반도의 통일을 가능하게 할 생각이
라고 말했다. 북한 국경지대에 원자폭탄을 투하해 외부에서 개입하지
못하도록 방사선 장벽을 만드는 방안도 논의되었다. 얼마 후 미 국무
부 내부에서 참전목적에 대한 열띤 논의가 벌어졌다. 7월 17일 트루먼
은 국가안보위원회에게 유엔군이 38선에 도달할 경우 추후 어떻게 해
야 할지 연구하라고 지시했다.[4]

그러나 결정을 서두를 필요는 없었다. 북한군은 미 전투병의 출현에
겁을 먹기는커녕 오히려 계속 남쪽으로 밀고 내려갔다. 전쟁 전 남한
의 게릴라 진압작전에서 살아남은 빨치산들의 비밀활동에 도움을 받아
북한은 8월 초 남동쪽 해안도시인 부산으로부터 겨우 30여 마일 떨어
진 낙동강까지 진격했다(지도 3 참조). 미군과 한국군은 적군보다 수
적으로 우세하고 미군 비행기가 하늘을 지배했지만 당시 북한군은 무
기가 더 뛰어났고 사기가 충천해 있었다. 공군력은 한국의 장마철 구
름 낀 하늘에선 별로 도움이 되지 못했다. 8월 말 북한군은 낙동강 전
선을 전면 공격했고 2주 동안 지속된 전투에서 미군은 같은 기간 그
어떤 전쟁에서보다 더 많은 사상자를 냈다.[5]

그러나 지난 두 달간 미국은 한국과 일본에서 전력과 군인을 보충한
반면 북한군은 5만 명이 넘는 사상자가 발생했다. 북한은 바로 군대를
충원할 수 없었고 또 빼앗기고 파괴된 무기와 써버린 화약을 모두 보
충할 수 없었다. 날씨가 맑아져 유엔군이 하늘과 바다를 완전히 장악
하게 되자 북한의 길어진 병참보급로는 점점 골칫거리가 되었다.

9월 15일, 유엔군은 북한이 긴장을 늦추고 있을 때 인천상륙작전을
감행했다. 유엔군은 4일 만에 서울 외곽의 김포공항을 점령했다. 1주

4) *Road*, 203~204.
5) 여름전투에 대해서는 *USAKW*, 1: 59~487; Blair, *The Forgotten War*,
   119~325 참조.

일 후, 수도 서울을 수복했다. 한편 유엔 제8군은 부산에서 적군의 전선을 뚫고 북쪽으로 빠르게 진격하고 있었다.

워싱턴은 이러한 운명의 뒤바뀜에 대비를 하고 있었다. 9월 11일, 트루먼 대통령은 한국에 대한 주요 정책을 담은 NSC-81을 승인했다. 이 보고서는 맥아더에게 유엔군을 38선 이북으로 진격시킬 수 있는 권한을 부여했다. 단 "그 작전을 수행할 당시 소련이나 중국 공산당의 대규모 군대가 북한에 들어와 있지 않아야 하며 그럴 의사가 있다는 표명이 없어야 하며 북한에서 군사적으로 우리의 작전을 막을 위협이 없어야 한다"는 조건이 붙었다. 미군이 중국이나 소련 국경 가까이에서 전투를 벌이지 않는다면 소련이나 중국군이 개입할 가능성을 낮출 수 있을 거라고 믿었다. 따라서 모든 군사작전은 한반도에 한정되어야 하며

그림 10. 1950년 9월 29일 서울수복 기념식. 유엔 한국사령관 맥아더 장군이 연단 오른쪽에, 이승만 대통령이 왼쪽에 서 있다. 맥아더 뒤에 나비 넥타이를 매고 있는 사람은 무치오 대사이다.

"소련이나 만주 국경과 인접한" 북한지역에서 "한국군 외의 군대를 작전에 포함시켜서는 안 된다"고 주장했다.[6)]

전쟁 발발 16일이 지난 후에도 소련이나 중국이 직접적으로 개입할 기미가 없고 — 혹은 그럴 의도가 없는 것처럼 보이고 — 또 유엔지상군이 38선 가까이까지 진격하자 이러한 내용의 명령이 도쿄에 있던 맥아더에게 전달되었다. 한국군은 10월 1일, 38선을 넘었다. 1주일 후 미군과 다른 유엔군도 뒤를 따랐다.[7)]

미군과 유엔군이 38선을 넘은 뒤 중화인민공화국은 만약 한국군 이외의 군사력이 북한에 들어올 경우 개입할 의도가 있다는 분명한 경고를 보냈다. 사실 베이징에 대표부가 없었던 미국은 9월 말 베이징에 있는 영국과 네덜란드 대표들로부터 미군부대가 38선을 넘을 경우 중국이 참전할 거라는 내용의 보고서를 받기 시작했다. 9월 30일, 중국의 저우언라이(周恩來) 수상 겸 외상은 한 연설에서 "중국인은 외세의 침략을 용납하지 않을 것이며 이웃국가가 제국주의자들로부터 침공당하는 것을 좌시하지 않겠다"고 선언했다.[8)] 10월 2일 자정, 저우언라이는 파니카르(K. M. Panikkar) 인도대사를 외교부로 불러 인도정부가 워싱턴에 미 지상군이 북한에 진격할 경우 중국은 한국전쟁에 개입할 의사가 있음을 대신 전해줄 것을 부탁했다. 미 국무부는 10월 3일 이 메시지를 전달받았다.[9)]

10월 8일, 중국의 경고에도 불구하고 미국이 진격을 멈추지 않자 마오는 중국인민지원군(Chinese People's Volunteers, CPV)에게 한반도

---

6) *FRUS*, *1950*, 7: 716.

7) *Road*, 227~228, 235~236

8) *FRUS*, *1950*, 7: 852.

9) *Road*, 231. 저우언라이-파니카르 대화에 대한 중국의사록의 영문번역은 Shuguang Zhang and Jian Chen, *Chinese Communist Foreign Policy*: *New Documentary Evidence*, *1944~1950*(Chicago: Imprint, 1996), 163~164.

로 진격하라는 임시명령을 내렸다. 4일 후 저우언라이와 린뱌오[林彪] 장군은 흑해에 있는 소련지도자의 개인별장 다차에서 스탈린과 만나 회담을 했다. 그동안 마오는 진격명령의 실행을 보류했다. 13일, 공산당 정치국 회의를 연 후 마침내 마오는 중국인민지원군 사령관 펑더훼이〔彭德懷〕에게 군사를 압록강 너머로 진격시키라는 최종명령을 내렸다. 대규모의 중국인민지원군이 한반도로 들어온 것은 19일이었다. 10)

　미군은 중국의 경고에도 불구하고 38선을 넘어섰을 뿐만 아니라 10월 17일엔 맥아더 장군이 만주, 소련과 접경하고 있는 지역까지 진격하라는 명령을 내렸다. 1주일 후 그는 한국 내에서 미군과 유엔군의 군사작전을 제한하는 모든 규정을 없애버렸다. 11) 25일, 중공군이 압록강 남쪽으로 40마일도 채 안 되는 온정에서 유엔군과 처음 교전을 벌였을 때, 미 지상군은 이미 평양과 원산을 잇는 북한의 잘록한 허리지대인 주요 방어선을 뚫은 상태였다. 12)

　중공군은 처음엔 한국군과 교전을 벌였지만 미군도 곧 개입했다. 서쪽지역은 월튼 워커(Walton Walker) 사령관의 지휘 아래 미 8군이, 동쪽 지역은 해병대가 맡았다. 인천상륙작전과 서울 수복을 주도한 해병대는 네드 알몬드(Ned Almond) 장군의 지휘로 인천을 떠나 배로 원산까지 갔다. 유엔 주력부대가 높은 산맥을 가운데 두고 동서로 50~100마일이나 떨어져 따로 작전을 펼치자 중국인민지원군 선봉부대는 이약점을 노렸다. 11월 6일 불안해진 맥아더는 본국에 "대규모 군대와 무기가 만주로부터 압록강의 모든 다리를 건너 물밀듯 들어오고 있으며 이러한 대이동으로 내 지휘하에 있는 군대가 위험에 빠졌을 뿐만

---

10) *CRKW*, 6~7장; Thornton, *Odd Man Out*, 12장. 10월 8일 명령의 영문번역은 Zhang and Chen, *Chinese Communist Foreign Policy*, 164~165.

11) *Road*, 239.

12) 초기전투에 대해서는 *USAKW*, 1: 673~688.

124

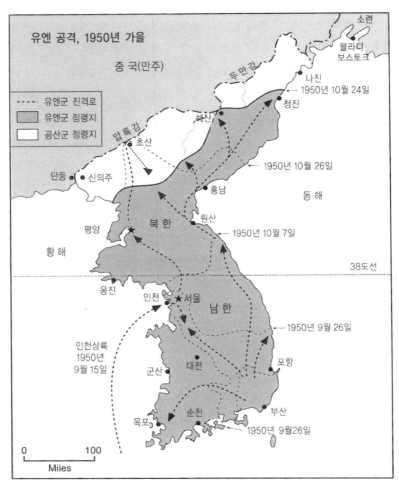

지도 4. 유엔 공격, 1950년 가을.

그림 11. 1950년 10월 셋째 주에 유엔군이 북한 수도인 평양을 함락했을 때 발견한 위장된 행정부 건물.

아니라 전멸위협마저 느끼고 있다"고 보고했다. 13) 그는 압록강의 모든 다리를 폭파할 수 있는 승인을 요청했다.

워싱턴은 한국 측 교량만을 공격하라고 명령했다. 압록강의 구불구불한 지형을 고려할 때 이는 거의 실행 불가능한 임무였다. 트루먼 행정부는 유엔군의 진격을 중단하는 방안도 검토했으나 결국 맥아더의 명령을 수정하지 않기로 했다. 11월 7일 이후 중공군과 유엔군이 교전을 시작하면서 이 결정은 보다 쉬워졌다. 14) 이에 따라 맥아더 사령관은 적을 섬멸시키기 위한 최후의 대공격을 계속 준비했다.

미군이 추수감사절 파티를 한 그 다음 날인 24일 맥아더는 서부전선을 잠시 방문했다. 그는 미군들이 크리스마스에는 고국에 돌아가 가족들과 함께 보낼 수 있도록 결정적이고 신속한 작전을 기대하고 있었다. 도쿄로 돌아오는 길에 그는 갑자기 조종사에게 북쪽으로 올라가

13) *FRUS*, *1950*, 7: 1058 n.
14) *Road*, 243~246.

압록강을 따라 동쪽으로 가자고 했다. 그는 후에 그가 본 것은 "끝없이 펼쳐진 황무지와 들쭉날쭉한 산과 깊은 계곡으로 이루어진 산악지대, 그리고 눈과 얼음에 갇힌 검푸른 강물"이었다고 적었다. 15) 몇 시간 후 도쿄로 돌아온 그는 새로운 공격의 개시를 발표했다. 지난 3주간 이루어진 폭격으로 중공군의 이동이 "강력히 저지"되었고 만주로부터의 군수품 공급이 "상당히 제한"됨으로써 전쟁터가 고립되어 아군이 "성공할 경우 실제로 전쟁을 끝낼 수 있는" 작전이 가능해졌다. 16)

4일 후, 수적으로 우세한 수십만 명의 중공군이 동부전선과 서부전선 양측에서 전선이 지나치게 확대된 유엔군을 사정없이 공격하자 낙담한 맥아더는 본국에 "북한을 지키겠다는 중공군의 의지가 더욱 굳어지고 있으며 … 우리는 전혀 새로운 전쟁에 직면해 있다"고 타전했다. 17)

한국전쟁은 왜 이 지경에까지 이르렀을까? 유엔군의 사령탑을 맡았던 미국은 왜 38선 회복이라는 초기목적을 수정하여 중국의 경고에도 불구하고 한반도 통일을 시도했을까? 중국은 왜 적대적 세력에 의한 통일을 저지하기 위해 개입을 결정했을까? 중공군과 유엔군의 교전이 시작된 이후 왜 워싱턴은 공격을 중단함으로써 지나치게 전선을 확장했고 분할된 유엔군을 위험한 반격에 노출시켰을까? 이 장에서는 이러한 질문을 다루고자 한다.

---

15) Douglas MacArthur, *Reminiscences* (New York: McGrow-Hill, 1964), 373.
16) *MSFE*, 3491~3492.
17) *Ibid.*, 3295.

I

미국은 1945년 개입 이후 단 한 번도 한국통일이라는 목표를 포기하지 않았다. 오직 그 시기와 방법이 문제였다. 그러나 소련에 대한 봉쇄가 가장 우선적인 정책목표였기 때문에 미국은 — 적어도 미 국무성은 — 한국을 지키는 대신 통일이라는 목표는 거부하고 있었다. 한편 무력통일은 다른 지역이 전략적으로 더 중요했기 때문에, 그리고 전쟁만큼은 피하고 싶다는 생각 때문에 대안이 되지 못했다. 1950년 6월 25일 전까지 워싱턴 정책결정자들은 한국의 통일을 단시일 내에 해결할 수 없는 장기적 목표로 여기고 있었다.

북한의 공격으로 이 문제는 다시 주요 의제로 부각되었다. 미국의 개입은 적나라한 무력 앞에 한국을 포기하지 않는다는 의지가 변함 없음을 시사했다. 그러나 일부 관료들은 북한의 남침이 근본적으로 상황이 바뀌어서 미국의 군사행동을 통한 통일의 길을 열어주었다고 주장했다. 국무성의 북동아시아국장 존 앨리슨이 강경파를 주도했다. 그는 한국의 분단이 지속되는 한 "이 지역의 평화와 안보"의 회복을 요구하는 6월 27일 유엔안보리 결의안의 실행이 불가능하다고 말했다. [18] 즉, 북한군을 38선 이북으로 몰아낸다 해도 그들은 곧 상처를 치료한 후 또 다시 남침을 감행할 거라고 했다. 또 앨리슨은 과거분단선의 회복은 최근 군사작전권을 유엔사령관에게 넘긴 남한사람들을 분노에 떨게 하고 사기를 저하시킬 거라고 했다. 미국과 남한정부와의 관계도 소원해질 게 분명했다. 마지막으로 이번에 "침략자를 처벌하지 않는다면" 다른 곳에서 다른 시기에 다른 국가가 비슷한 도발을 하도록 부추기는 결과가 초래될 수도 있었다. 즉, 미래의 침략을 막기 위해선 현

---

18) *FRUS, 1950*, 8: 211.

재의 적을 몰아내야 할 뿐만 아니라 강력히 처벌해야 한다는 것이었다. 19)

무력으로 한반도를 통일하려는 시도가 중공이나 소련과의 직접적 충돌을 야기할 수도 있다는 가능성에 대해 앨리슨은 "지금부터 우리가 무엇을 하든지 간에" 충돌의 "심각한 위험"은 존재할 거라고 믿었다. 그는 미국이 "분명한 도덕적 원칙을 버리고 우리의 임무를 축소하여 영원히 모든 침략이 그 대가를 지불하는 것은 아니라는 메시지를 보냄으로써" 어떤 이익도 얻지 못할 거라고 경고했다. "이는 세계적 규모의 전쟁을 의미할 수도 있다"며 정부가 미국인들에게 "그것이 그들에게 어떤 의미인지" 정확히 알려야 한다고 주장했다. 20)

이러한 사고방식은 1949년에 일어났던 일련의 사건들로 생긴 두려움과 불안감에서 기인했다. 특히 8월 소련이 대부분의 미국전문가들이 예상한 것보다 수년이나 빨리 핵실험에 성공하고, 중국 공산당이 내전에서 승리를 거두고 소련과 중공의 군사동맹이 체결되면서 불안은 가중되었다. 이러한 상황에서 북한의 남침은, 6월 27일 트루먼 대통령의 말을 빌리자면 목적달성을 위해 "침공과 전쟁"도 불사하겠다는 소련의 호전적 의지를 보여주는 분명한 증거였다. 21) 며칠 후《뉴욕타임스》지는 "소련은 거의 모든 (유라시아 중심의) 주변부에서 영향력을 행사하고 여기저기서 미국의 힘을 소모시키고 장기소모전에서 미국을 피 흘리게 할 수 있다"고 지적했다. 22) 루이스 존슨(Louis Johnson) 국방장관과 프란시스 매튜스(Francis B. Matthews), 영향력 있는 리처드 러셀(Richard B. Russell) 상원의원을 비롯한 여러 미국관료들에게는 소련이 핵무기와 미사일을 개발하기 전에 소련과 전면전을 치르는

---

19) *Ibid*., 393~395.
20) *Ibid*., 460~461.
21) *NYT*, 1950년 6월 28일자.
22) *NYT*, 1950년 7월 2일자.

것만이 그러한 운명을 피할 수 있는 유일한 탈출구처럼 보였다. 23)

합동참모본부는 예방전쟁을 거부했다. 그러나 한반도 통일을 "극동에서의 위험한 전략적 추세"를 바꿀 수 있는 수단으로 보았다. "소련의 위성지역을 뚫고 들어갈 경우 소련이 극동지역과 그 인접지역 간에 구축하고 있는 전략을 방해하게 될 것"이라고 믿었다. "이 전략지대의 핵심은 만주이며 해방되고 강력해진 한국은 소련의 자원에 출구를 제공하고 또 그곳과 북중국에 있는 사람들에게 비공산주의 나라들과의 접촉을 제공해 줄" 거라고 생각했다. 베이징은 어쩌면 "소련과의 종속적" 관계를 재고하게 될지도 몰랐다. 24)

그럼에도 불구하고 워싱턴 행정부의 지배적 견해는 소련이나 중국, 혹은 두 국가 모두 유엔이 북한지역까지 진격하는 것을 막기 위해 한국에 군대를 보낼 거라는 것이었다. 미국관리들은 전쟁초기부터 한국에서 소련과 미국이 직접 충돌할 경우 이는 세계전쟁으로 확대될지도 모른다고 가정했다. 8월에 이미 일본에 주둔한 점령군뿐만 아니라 본토의 부대까지 파병되었지만 미국은 자신의 뜻대로 전쟁계획을 수행하기엔 불리한 위치에 처해 있음을 깨달았다. 어쨌든 미국의 전력은 전면전의 최종결과를 확신할 수 없을 정도로 약했다. 심지어 북한의 공격 이전에도 이미 국가안보위원회는 NSC-68 보고서에서 미군전력의 취약성을 경고했고 4년 안에 국방비를 대폭 인상할 것을 요청했다. 25) 당시 소련과의 전쟁에서 소련을 패배시키기 위해서는 전쟁이 장기간 계속되고 많은 비용이 소모되며 미국 본토도 공중폭격으로 상당한 피해를 입은 뒤에야 비로소 가능할 것이라는 믿음이 지배적이었다. 한국

---

23) *Time*, 1950년 9월 4일자; *NYT*, 1950년 9월 1일자; "Scrapbooks," Vol. 16, Richard B. Russel Papers, Russell Library, University of Georgia, Athens, Ga.

24) *FRUS*, *1950*, 7: 506, 508.

25) *Ibid.*, 235~292.

에서 중국과 미국이 충돌할 경우 그 결과는 소련과의 충돌보다 확실하지 않았지만 세계대전의 위험이 고조되고 상당기간 동안 한반도에서 미국이 묶여 있게 될 것이 뻔했다. 8월 말 강경파인 앨리슨마저 미국이 소련과의 전쟁에 준비가 되어 있지 않다는 사실을 인정했다. 모스크바와 베이징의 의도가 불확실한 상황에서 미국이 38선 이북지역의 전투까지 책임지는 것은 성급해 보였다. 26)

그러나 이 방안은 계속 검토되었으며 결국 미 행정부는 이의 실행을 위한 정치적 토대를 구축하기 시작했다. 8월 10일, 워렌 오스틴 (Warren Austin) 미 유엔대사는 안보리에서 행한 연설에서 "한국의 일부분만 자유를 보장할 수 있을까? 난 그렇게 생각하지 않는다"고 말했다. "유엔은 그동안 일관되게 한국을 통일된 독립국가로 만들기 위해 노력했다. 유엔은 지금에 와서 그 목적을 뒤집지는 않을 것이다." 1주일 후 그는 비슷한 성명을 발표했다. 8월 말, 트루먼 대통령은 라디오 연설에서 "한국인은 자주적이고 독립적인 통일된" 국가를 가질 권리가 있다고 선언했다. "유엔의 지도 아래 우리는 그들이 그 권리를 누릴 수 있도록 돕는 데 우리의 역할을 할 것"이라고 했다. 27)

한편 미 외교관들은 유럽동맹국들에게 38선 이북에서의 유엔 군사작전에 대한 의견을 물었고 약하지만 긍정적인 응답을 얻었다. 28) 미 국무부는 점차 한국통일을 냉전에서 공세를 취하는 수단으로 보게 되었다. 한 내부보고서는 한반도에서의 완전한 승리가 "아시아와 세계 전체에 헤아릴 수 없을 정도로 중요하다"고 결론내렸다. 그 성공은 일

26) Marc Trachtenberg, "A Wasting Asset? American Strategy and the shifting Nuclear Balance, 1949~1954," *International Security* 13 (winter 1988~1989) : 5~49. 미국의 전쟁계획과 전략적 미사일 능력에 대해서는 *HJCS*, 4: 161~177 참조. 앨리슨의 교대에 대해서는 *FRUS, 1950*, 7: 571~572.

27) *DSB* 23 (August 28 and September 11, 1950) : 330~331, 407.

28) *FRUS, 1950*, 7: 656, 679~683, 776~779.

본에게 깊은 인상을 주고 "베이징과 모스크바 사이의 잠재적, 혹은 이
미 벌어진 틈새를 자극하게 될 것"이며 심지어 "유럽의 소련 위성국가
들조차" 이를 주시할 거라고 했다. 29)

그러나 소련이나 중국과의 직접적 충돌은 피해야 한다는 게 워싱턴
의 지배적 여론이었다. 이 사고방식은 NSC-81 보고서에 그대로 반영
되어 있다. 그러나 인천상륙작전이 성공하고 그 후 아군이 파죽지세로
진격하기 시작하자 모멘텀(momentum)이 생겨나 단기적으로 방향을
바꾸는 게 불가능해졌다.

인천상륙작전에 대해 먼저 짚고 넘어가야 할 사실은 맥아더에게 매
우 개인적인 승리였다는 것이다. 인천 앞바다는 수로가 좁고 구불구불
하며 해류가 강하고 세계에서 조수간만의 차가 가장 큰 곳 중 하나이
다. 미 합참은 지형적 특징 때문에 이곳을 상륙지점으로 정하는 데 반
대했다. 게다가 전선에서 워낙 북쪽에 위치해 있기 때문에 유엔군이
설사 상륙에 성공한다 하더라도 고립되어 적군에게 괴멸당할 위험이
컸다. 그러나 맥아더는 이 계획이 충분히 승산이 있다고 주장했다. 누
구도 예상치 못한 장소이므로 기습공격이 가능한데다 북한 주력부대를
광범위하게 포위함으로써 38선 위로 올라가는 퇴로를 차단할 수 있다
며 반대파를 설득했다. 맥아더의 화려한 군 경력과 누구도 따를 수 없
는 자신감, 또 군사작전에서 현지사령관에게 상당한 재량권을 인정하
는 전통 덕분에 결국 인천으로 최종 결정되었다. 워싱턴의 고위관료들
은 맥아더의 전략을 승인하고 나서도 불안감을 버리지 못했다. 인천상
륙작전이 놀라운 성공을 거두자 그들은 그의 판단에 당분간 이의를 제
기하지 못했다. 30)

두 번째 기억해야 할 사실은 맥아더가 상당히 정치적인 군인이었다

29) *Ibid.*, 655~656.
30) *KW*, 85~86; D. Clayton James, *The Years of MacArthur* (Boston: Houghton Mifflin, 1985), 3: 464~485.

는 점이다. 그는 1948년 위스콘신주 공화당 대통령 예비선거에서 후보로 출마했다. 열렬한 아시아 우선주의자였던 그의 견해는 국회의원 선거전에서 트루먼 행정부의 동아시아 정책을 공격하려던 공화당에게 상당한 관심을 끌었다. 공화당의 공격은 1년 이상 계속되었다. 공산당이 중국 본토를 장악한 가운데 트루먼 행정부는 이 지역에 더 깊이 개입하지 않으려고 노력했기 때문이다. 1950년 초, 미 행정부에서 공산주의자가 간첩활동을 벌인 사실이 발견되고 소련과 중국 공산당 정권이 동맹을 맺자 비난은 더욱 거세졌다. 2월부터 위스콘신주 공화당원인 조셉 매카시(Joseph R. McCarthy) 상원의원은 미 국무부가 수십 명의 공산주의 동조자를 고용했다는 주장으로 주요 언론매체의 헤드라인을 장식하기 시작했고 공화당 지도자들로부터 상당한 지지를 받았다. 6월, 북한의 남침은 민주당의 대아시아 정책이 실패했다는 주장에 불을 질렀다.[31] 대타이완 정책도 비판의 대상이었다. 8월 말, 맥아더는 이를 이슈화했다. 타이완은 한국전쟁이 끝날 때까지 만일의 공격에 대비해 미 7함대로부터 보호받기로 되어 있었다.[32]

대부분의 언론과 여론이 타이완문제에 관해선 트루먼의 정책을 지지했으나 한국문제는 달랐다. 타이완은 중국의 일부로 여겨졌고 이에 대한 분쟁은 내전의 일부분이었다. 그러나 한국은 침략적 공산주의 정권으로부터 공격을 받고 있었고 이를 응징하는 것은 당연하게 여겨졌다. 게다가 트루먼 대통령은 타이완 이슈에서 국내여론을 잠재울 수 있었으나 한반도는 그렇지 못했다. 오히려 유엔군이 투입되면서 한반

31) 공화당과 매카시즘에 대해서는 Robert Griffith, *The Politics of Fear: Joseph R. McCarthy and the Senate*(Lexington: University Press of Kentucky, 1970), 54~122. 트루먼의 견해에서 본 미국정치에 대해서는 Alonzo I. Hamby, *Man of the People: A Life of Harry S. Truman*(New York: Oxford University Press, 1995), 546~551.

32) James, *Years of MacArthur*, 3: 452~464.

도가 통일될 거라는 기대만 키웠다. 인천상륙작전 후 맥아더를 저지하려던 사람은 거만한 맥아더 장군의 공개적 비난과 민주당에게 불리한 상황에서 신랄한 공화당의 공격을 견뎌야만 했다.

　그러나 이러한 미국 내 정치적 상황을 고려하지 않더라도 인천상륙작전은 공격적 행동에 상당한 힘을 실어주는 계기가 되었다. 이제 더이상 천천히 원칙적으로 많은 비용을 치르며 적을 물리치는 전쟁이 아니었다. 하루아침에 아군 측 인명과 무기 피해를 최소화하면서 전세를 뒤바꾸어 놓았던 것이다. 재빨리 적을 밀어붙일 경우 인천은 적은 비용으로 신속하고 완전한 승리를 거둘 수 있는 기회를 제공해 주는 듯했다. 한편 유엔군이 우위를 이용해 진격하지 않는다면 북한군은 다시 전열을 다듬고 어쩌면 외부로부터 보충병력을 지원받을지도 몰랐다.

　유럽동맹국들의 분위기도 워싱턴의 행동을 제한하지는 못했다. 북한의 도발로 당시 또 다른 분단국인 독일에서도 비슷한 일이 일어날지도 모른다는 두려움 때문에 모든 유럽우방들은 초기에 미국의 개입을 적극 지지했다. 여러 국가들이 이미 여름이 끝날 무렵 유엔군에 상당한 지원을 약속했다. 영국은 자원도 부족하고 돌봐야 할 전략적으로 중요한 다른 지역도 있었지만 한반도에 2개 대대를 파병했다. 유럽이 이처럼 앞장선 이유 중 하나는 자신의 후원자인 미국이 당시 전쟁이라는 긴박한 상황에서 유럽을 희생하고 아시아에 지나치게 집중할지도 모른다는 두려움 때문이었다. 북대서양조약기구 동맹국들은 한국을 지원하면 미국에 영향을 미칠 수 있을 거라고 믿었다.[33]

　그러나 캐나다와 함께 미국을 다루는 데 앞장섰던 영국은 서방세계의 리더인 미국을 제약하려는 시도에 대해 신중한 태도를 보였다. 8월 30일, 어네스트 베빈(Ernest Bevin) 외상은 국무회의 보고자료에서 다음과 같이 말했다.

---

33) *KW*, 71~74.

미국의 여론은 상당히 감정적인 상태인데, 이는 한국의 상황이 그만
큼 심각한데다가 북한군과 싸우고 있는 미국은 자신이 진짜 적과 상
대하고 있지 않다는 느낌 때문에 좌절감을 느끼고 있기 때문이다.
이런 심리상태에서 미국 국민은 미국의 정책과 다른 길을 가는 영국
을 못마땅하게 느낄 것이다. 34)

인천상륙작전이 성공한 뒤 북대서양조약기구 회담과 유엔총회 참석
을 위해 뉴욕에 온 베빈은 미영관계를 공고히 하면서 동시에 미국의
대아시아 정책수위를 낮추기 위해 치밀히 계산된 외교활동을 펼쳤다.
그는 대만 대신 중화인민공화국이 유엔대표권을 가져야 한다는 인도가
상정한 결의안— 당시 유엔총회에서 채택되지 못했다— 에 찬성함으
로써 워싱턴을 실망시켰다. 그러나 원칙적으로 당시 논란이 되었던 서
독을 재무장시키자는 미국의 제안에 동의하도록 영국내각을 설득함으
로써 미국의 불만을 무마시켰다. 35)

베빈은 미 외교관들과 함께 유엔에 상정할 한국에 대한 결의안을 작
성했다. 유명한 6월 27일 유엔안보리 결의안은 사실상 38선 이북지역
으로의 유엔지상군의 진격을 승인했다. 이는 쉬운 해결책을 반영하는
것이었다. 8월에는 소련이 안보리에 다시 참석하기 시작할 것이며 소
련은 한국과 관련된 미국이 지지하는 모든 결의안을 거부할 게 분명했
다. 6월 27일의 결의안은 지지자들이 북한군만 격퇴하면 전쟁이 끝날
거라고 예상했기 때문에 통과되었다. 미국이 여전히 유엔총회에서 자
신의 의제에 대해 과반수 이상의 지지를 모았기 때문에 워싱턴은 북한
에서 미국의 계획을 승인하는 새로운 결의안을 유엔에 상정하는 게 좋

34) Ernest Bevin, "Review of the International Situation in Asia in the
    Light of the Korean Conflict," August 30, 1950, CP(50)200, Public
    Records Office, Kew, England.
35) *KW*, 92.

겠다고 판단했다. 이를 알고 있던 영국관료들은 9월 23일 비슷한 내용의 결의안 초안을 마련해 미국에게 보냈다. 이 초안은 38선 이북으로 유엔지상군이 진격하기 전에 먼저 북한에게 통일을 제안하고 전국적 선거를 실시해 통일정부를 구성할 것을 요구했다. 미국은 모두 거부했다. 그러자 베빈은 영국 합참이 북한에 대한 지상군 공격을 반대했음에도 불구하고 재빨리 미국의 비위를 맞췄다. 이 결의안은 29일 유엔총회에 상정되었을 당시 이미 공동제안국이 8개국이나 되었고 비공산권 대표들로부터 광범위한 지지를 받았다. 36)

그럼에도 불구하고 그 후 며칠간 벌어진 사건들은 결의안 통과에 걸림돌이 되었다. 10월 2일 소련은 한국전의 휴전과 외국군의 철수, 남북한 공동위원회가 주도하는 전국적 자유선거의 실시, 또 한반도 주변국의 대표를 포함한 유엔위원회의 감시 등을 내용으로 하는 독자적 결의안을 제출했다. 첫 번째 결의안을 지지하지 않았던 인도대표는 곧 이 두 결의안을 절충하자고 제안했다. 베이징이 한국전쟁에 개입하겠다고 협박했지만 미국은 소련과 인도의 제안을 물리쳤다. 비록 소극적이었지만 북대서양조약기구 동맹국들의 지원이 큰 힘이 되었다. 37)

10월 3일, 워싱턴에 전달되었던 중국개입의 분명한 위협 앞에 미군은 38선에서 멈췄을 수도 있었다. 이는 NSC-81 보고서와 9월 27일 맥아더에게 전달된 새로운 명령에 분명히 적혀 있다. 중국의 위협이 그처럼 영향을 미치지 못했던 이유는 당시 전쟁상황이 북한공격을 재촉하는 모멘텀을 제공한 데다가 공격을 연기하거나 이를 한국군에게만 한정할 경우 미국과 한국은 더 큰 어려움에 당면할지도 모른다는 우려 때문이었다.

두 가지 이유가 더 첨가되어야 할 것 같다. 중국의 위협이 미국에게

36) *Ibid.*, 91~93.
37) *Ibid.*, 94~96.

전달된 방식과 중국을 보는 미국의 태도 역시 고려해야 한다.

미국은 1950년 4월 중국 당국의 부당한 대우를 이유로 에드먼드 클럽(O. Edmund Clubb) 베이징 총영사를 소환한 이후 중국에 외교관을 보내지 않았다.[38] 중국은 오직 간접적 통로를 통해서만 미국과 의사소통할 수 있었다. 이 경우 중국은 인도대사를 선택했다. 아마도 그가 중국과 정상적 관계를 수립하지 않았던 서방국가에서 온 외교관 중 가장 지위가 높았기 때문이었을 것이다. 안타깝게도 파니카르 대사는 서방에서 믿을 수 없는 소식통으로 여겨졌다. 지난해 여름 중국 공산당이 타이완을 침공할 거라는 그의 예측이 빗나갔기 때문이다. 게다가 공식성명이 아닌 사적 채널을 통해 위협을 했다는 사실 자체가 그 영향력을 감소시켰다. 미국은 이를 단지 엄포로 받아들였다.[39]

그러나 위협의 전달방식보다 더 큰 문제가 있었다. 중국은 100년 이상 분열되어 있었기 때문에 대부분의 미국 전문가들은 공산당이나 다른 집단이 중국을 통일하고 통치할 수 있을 거라고 생각하지 못했다. 1950년 가을 미국 지도자들은 중화인민공화국이 영원히 고착될 수도 있다는 가능성을 인정했다. 그러나 여전히 남쪽과 서쪽지방에서 적대적 게릴라군이 활동하고 있었고 장기간 내전과 외세에 의한 점령을 경험한 나라에서 재건과 근대화가 결코 쉽지 않을 거라고 생각했다. 게다가 마오가 중국의 북쪽지방을 차지한 소련에게 더 의존하려 하지 않을 거라고 믿었다. 애치슨은 9월 10일 CBS 뉴스평론가인 에릭 세바리드(Eric Sevaried)와의 인터뷰에서 다음과 같이 말했다.

난 베이징 사람들이 자신에게 어떤 일이 일어나고 있는지 분명히 인지할 정도로 머리가 좋다고 믿는다. 과연 그들이 본질적으로 그들의 친구이며 그동안 항상 친구였던 모든 자유국가들로부터 멀어져 소련

---

38) *Road*, 133.
39) *KW*, 105~106, 97.

제 4 장 중국의 개입(1950년 7~11월) / 137

이라는 제국주의와 한편이 되어 자신의 사지가 절단되고 파괴되는 것을 가만히 지켜보겠는가? 난 그렇지 않을 거라고 생각한다.[40]

이러한 태도는 오만함과 우월감, 순진함의 결합에서 나온 것이었다. 그러나 국경지대, 특히 프랑스와 영국이 거점을 유지하기 위해 애쓰고 있던 동남아시아 지역에서 중화인민공화국이 혁명을 자극할지도 모른다는 두려움도 숨어 있었다. 만약 미국은 중국의 분명한 협박 때문에 한국에서 손을 뗀다면 중국은 더 과감해져 다른 시기에 다른 지역을 침공할지도 몰랐다. 즉, 도전을 받았을 때 미국이 단호한 입장을 지킬 의지가 있는지 시험대에 올랐다. 10월 초 애치슨은 "망설임과 수줍음"은 미국의 위험을 감소시키는 게 아니라 오히려 증대시킬 거라고 믿게 되었다. 비록 위험하긴 했지만 당시 상황은 "단호하고 용감한" 태도를 요구했다.[41]

즉, 중국의 한국전 개입은 소련의 경우보다 덜 위험하다고 판단했다. NSC-81을 작성한 관료들은 소련의 개입은 "세계적 전쟁이 임박"했음을 시사하며 "소련 최고지도자와 직접 접촉"을 통해서라도 이러한 충돌을 피하는 게 바람직하며 한국전쟁을 "국지화하기 위해 모든 노력을 경주해야 한다"고 결론내렸다. 한편 중국이 한국에 개입할 경우 '전면전'은 피해야 하지만 초기에 "적절한 공중폭격과 함포사격"으로 중국에 대처할 수 있으며, 중국이 침략할 경우 유엔안보리에 상정해 "중국 공산정권을 침략자로 비난"하도록 권고했다.[42] 중국은 미국과 세계전쟁을 치를 능력이 없었으며 유럽에서 도발할 수 있는 상황도 아니었다. 그러나 소련은 가능했다. 따라서 중국의 위협보다는 소련의 위협을 조심하는 것이 더 중요했다. 10월 초의 모멘텀을 무너뜨릴 수 있었

---

40) DSB 23(September 18, 1950) : 460~464.
41) FRUS, 1950, 7: 868~869.
42) Ibid., 717~718.

던 나라는 중국이 아니라 소련이었다.

II

왜 소련으로부터가 아니라 중국에서부터 위협이 나왔을까? 왜 중국은 그렇게 늦게 경고를 했을까? 결국 중국은 왜 한국전쟁에 개입했을까?

첫 번째 질문에 대한 답은 상대적으로 간단하다. 스탈린은 핵무기와 미사일, 경제적 잠재력 등의 열세를 고려할 때 소련의 직접개입은 너무 위험하다고 보았다. 게다가 소련의 개입은 미국과 전면전으로 치달을 가능성이 높았다. 그는 중국에게 개입하도록 압력을 행사했고 중국이 개입할 경우 소련도 어쩌면 궁극적으로 전쟁에 말려들 수도 있다는 사실을 분명히 알고 있었다. 그럴 경우 피할 생각은 없었다. 스탈린은 10월 초 마오에게 다음과 같이 적어 보냈다.

> 우리가 힘을 합친다면 미국과 영국보다 훨씬 강해질 것이다. 한편 현재 미국에게 아무런 지원도 할 수 없는 독일을 제외한 다른 유럽 자본주의 국가들은 군사력에서 상대가 되지 못한다. 전쟁을 피할 수 없다면 지금 하자. 몇 년을 더 기다린다면 일본 군국주의가 되살아나 미국의 우방이 될지도 모른다. 43)

이러한 판단은 물론 마오를 참전하도록 설득하기 위한 전략 중 하나였다. 확실히 스탈린의 우선순위는 미국과의 전쟁을 피하는 것이었다. 만약 전쟁을 해야만 한다면 그는 중국이 이미 미국과 대결하고 있다는 것을 확실히 해두고 싶었다. 중국이 개입하기 전에 소련의 개입을 단

---

43) *CWIHPB* 6~7(winter 1995~1996) : 95~97.

지 위협하는 것만으로도 스탈린은 극도로 위태로운 상황에 노출될 수
있었다.

　뒤늦은 시점에 나온 중국의 협박은 이해하기가 더 어렵다. 소련의
경우와 마찬가지로 불안감과 복잡한 동맹정치가 해답의 많은 부분을
설명해 준다. 먼저 지난 5월에 스탈린은 마오가 김일성의 38선 이남
공격계획을 사실상 거부하지 못하도록 손을 썼다. 결국 마오는 팀원이
되었고 김일성에게 지원을 제안하기까지 했다. 그러나 김일성은 가능
한 한 혼자 힘으로 통일을 이루고 싶었다. 외부로부터 도움이 필요하
다면 중국보다는 소련으로부터 얻고 싶었다. 아직도 북한 공산당원 중
에 중국과 관계가 지나치게 가까운 세력이 상당수 남아 있었기 때문이
다. 김일성은 중국의 다른 모든 지원을 거절하고 단지 중국 내전에 참
전했던 조선군인들만을 받아들였다. 그는 심지어 남침날짜조차도 마
오에게 알리지 않았다. 44)

　전쟁이 시작된 후 중국은 재빠르게 움직였다. 재빨리 대표부를 평양
에 설치하고 7월에는 대사관을 설립했으며 여러 명의 군 장교와 첩보
원을 파견해 전투상황을 자세히 보고받았다. 8월 베이징은 평양에 고
위 군관료인 덩화[鄧華] 장군을 보내려고 했으나 북한이 이를 막았다.
그달 말 마오는 북한에 미국이 인천을 통해 반격할지도 모른다고 경고
했으나 무시당했다. 주요 북한지도자들과 소련고문들은 유엔군이 인
천에 상륙한 뒤에도 그 중요성을 바로 깨닫지 못해 낙동강 전선으로부
터 북한군을 적기에 후퇴시키지 못했다. 북한군이 북쪽으로 이동하기
시작했을 때 이미 남한의 북한군 대부분은 포위당한 상태였다. 현지사
령관과 연락이 끊긴 김일성은 9월 28일까지 상황의 절박함을 알지 못
했다. 45) 중국을 향한 평양의 직접적 개입요청은 10월 1일 늦게야 베

44) *CRKW*, 111~113, 134~135, 156.
45) Alexander Y. Mansourov, "Stalin, Mao, Kim and China's Decision to
　　Enter the Korean War," *CWIHPB* 6~7(winter 1995~1996) : 95~97.

이징에 도착했다. 거의 동시에 스탈린도 비슷한 부탁을 전해왔다. 당시 스탈린은 물자는 상당히 지원할 의사가 있었지만 전투병력은 보낼 생각이 없었다. 46) 역사학자인 첸 지안(Chen Jian)의 말처럼 그제야 마오는 개입에 필요한 '도덕적 정당성'과 잠재적 '효율성'을 확보하게 되었다. 47)

사실 중국은 10월 이전부터 개입에 대비해 여러 조치를 취했다. 1950년 7월 마오는 북동국경방위부대를 창설하고 3개 부대를 그 지역에 재배치했다. 또 국내에서 미국과 중국 내 '반동세력'을 비방하는 정치적 선동을 시작했다. 48) 8월 4일 공산당 정치국 회의에서 마오는 "우리 자원병을 보내 북한을 도와줘야만 한다"고 각료들에게 말했다. 49) 참전시점은 나중에 결정하더라도 그는 바로 다음날 북동지역에 주둔해 있던 군 장성들에게 한 달 내에 전투태세를 준비하라고 명령했다. 후에 그는 준비기간을 9월 말로 연기했고 12개 부대를 압록강 주변에 배치했다. 7월까지만 해도 8개 부대가 주둔해 있었다. 50)

마오는 이데올로기 논리에 따라 미국에 대해 최악의 상황을 가정했다. 한국에서 전쟁이 일어난 후 타이완에 대한 미국정책이 변화하자 그는 만약 한반도에서 군사적 상황이 바뀔 경우 미국이 38선에서 멈추지 않을 거라고 더욱 확신하게 되었다. 8월 중순 유엔에서 행한 오스틴 대사의 연설은 그 믿음을 재차 확인시켜 주었다. 8월 20일 저우언라이 외무부장은 유엔에서 "한국은 중국의 이웃이기 때문에 중국국민은 한국문제의 해결에 대해 걱정할 수밖에 없다"고 선언했다. 51) 6일

46) *Ibid.*, 98~99, 111~114; Zhang Xi, "Peng Dehuai and China's Entry into the Korean War," *Chinese Historians* 6(spring 1993): 5~6.
47) *CRKW*, 156.
48) *Ibid.*, 136~137, 140.
49) *Ibid.*, 142~143.
50) *MZM*, 1: 454~455, 469, 485.

후 《월드컬처》란 중국신문은 논설에서 다음과 같이 역설했다.

> 미국 제국주의와 그 추종자들이 한국을 침범한 그 야만적 행위는 아시아와 세계의 평화를 위협할 뿐만 아니라 특히 중국의 안보에 심각한 위협이다. 중국 국민은 한국에서 미국 제국주의의 이러한 침략적 행위를 용인할 수 없다. [52]

이미 앞에서 지적했듯이 9월 말 중국 고위관료들이 공개적으로, 또 사적으로 한 말들은 이와 맥을 같이한다. 비록 10월 2∼3일에 저우언라이가 파니카르 대사에게 전달한 내용처럼 구체적 경고는 아니었다 하더라도 이미 그 기반은 뿌리내리고 있었다.

마오는 북한이 참전을 공식 요청한 후에도 개입을 분명히 밝히지 못할 속사정이 있었다. 먼저 소련이 약속한 물자지원의 성격과 수준에 대해 스탈린과 분명한 합의가 이루어지지 않은 상태였다. 7월 5일 스탈린은 마오에게 "적군이 38선을 넘어오면 바로 국경에 배치된 9개 중국사단을 북한에 지원"해 달라고 부탁했다. 또 "우리는 이들 부대에게 공중엄호를 해 주겠다"고 약속했다. [53] 8일 후 마오로부터 응답이 없자 스탈린은 중국의 입장에 대해 묻고는 자신의 제안대로 군대를 움직인다면 그들을 엄호하기 위해 124대의 전투기를 보내 주겠다고 말했다. 또 소련교관들이 2∼3달 안에 중국조종사들을 훈련시킨 후에 전투기를 모두 중국에 넘겨주겠다고 했다. [54] 마오는 7월 22일 스탈린의 제안을 수락했다. 그러나 중국조종사 훈련기간이 너무 짧다고 우려를 표명했다. [55] 스탈린은 마오의 요청대로 1951년 봄까지 훈련기간을 연장해

---

51) Whiting, *China Cross the Yalu*, 79 인용.

52) *Ibid.*, 84∼85 인용.

53) *CWIHPB* 6∼7 (winter 1995∼1996) : 43.

54) *Ibid.*, 44.

주기로 했다. 56) 1950년 8월 초 소련의 공군사단이 만주에 도착했다. 그러나 스탈린은 중공군이 한국에 들어간 다음에는 공중엄호를 해줄 순 없다고 말했다. 57) 소련의 지원 — 공중과 지상 모두 — 에 대한 중국과 소련의 의견교환에 대해 양국간 기록이 상당한 차이를 보이고 있지만 어쨌든 10월 초까지도 이 문제가 미해결 상태였던 건 분명하다.

게다가 중국의 공산당 정치국마저 의견이 분열되어 마오를 더욱 어렵게 만들었다. 주요 멤버인 저우언라이와 린뱌오 장군, 그리고 대다수의 정치국 관료들이 개입에 대해 우려를 표명했다. 58) 10월 초 마오의 마음은 군대파병 쪽으로 상당히 기울었다. 그는 정부와 공산당의 최종결정권자로 지적·군사적·정치적 리더로 강력한 카리스마를 갖고 있었다. 그럼에도 불구하고 당시 그의 통치스타일은 집단적 성격을 띠었다. 그는 한국에서 미국을 상대로 한다는 결정은 대단한 위험이 수반된다는 것을 알고 있었다. 만약 소련원조에 대해 구체적 약속을 받아내지 못하거나 국내 최고리더십으로부터 만장일치의 지지를 얻지 못할 경우 더욱 위험해질 수 있다고 판단했다. 그는 10월 초가 되어서야 최종결정을 위해 움직이기 시작했다. 모든 절차를 순서대로 밟았다. 따라서 인천상륙작전이 성공한 지 2주도 넘은 후에서야 미국에게 분명한 경고를 한 것은 결코 놀라운 일이 아니다.

놀라운 사실은 파니카르 대사를 통해 저우언라이의 경고가 워싱턴에 도착했던 것과 거의 동시에 마오가 중국이 한국에 개입하지 않기로 임시결정을 내렸다는 전문을 스탈린에게 보냈다는 사실이다. 10월 2일 스탈린에게 보낼 두 개의 전문이 작성되었다. 하나는 마오가 직접 쓴 것이었다. 하나는 마오가 스탈린에게 중국군대가 중국인민지원군이란

55) "Red," 77.
56) *CWIHPB* 6~7(winter 1995~1996): 45.
57) "Red," 78~82.
58) Goncharov, Lewis, and Xue, *Uncertain Partners*, 180.

이름으로 참전할 계획임을 알리는 내용이었다. 비록 이 전문에는 "침략자들인 미국과 다른 유엔국가들을 전멸시키겠다"는 희망이 담겨 있었지만 초기에는 38선을 넘어온 적군만을 상대하고 "소련무기의 도착을 기다리며 수세적 전술"을 펼칠 계획이라고 말했다. 중공군의 화력이 강화되면 "북한동지들과 협력하여 침략자인 미군을 상대로 반격을 개시하겠다"고 했다.[59]

그러나 이 전문은 스탈린에게 전달되지 않았다. 스탈린에게 보낸 전문에서 마오는 많은 동료들이 그처럼 형편없는 무기로 미국과 상대하는 게 위험하다며 걱정하고 있다고 강조했다. 또 스탈린에게 저우언라이와 린뱌오 장군을 소치(Sochi)에 있는 스탈린 별장에서 만나 이 문제를 상의해 달라고 부탁했다.[60] 마오는 소련의 원조를 놓고 스탈린과 협상을 벌이고 싶어했음이 분명하다. 특히 개입에 대한 국내의 폭넓은 의심을 잠재우기 위해서도 필요했다. 저우언라이를 통한 미국에 대한 마오의 경고는 먼저 미군이 38선을 넘지 못하도록 막는 데 첫 번째 목적이 있었으며, 중국의 동지들에게 개입을 피하기 위해 모든 노력을 다 했음을 증명하는 것이 두 번째 목적이었다.

10월 8일 중국인민지원군의 한국진격을 명령하기 직전 마오는 북서쪽 제1야전군 사령관인 펑더훼이 장군을 북경으로 불러들여 그에게 중국인민지원군을 맡아달라고 부탁했다. 린뱌오는 건강상의 이유로 거절했으며 수유[粟裕]는 타이완 해방을 위한 준비를 지휘하고 있었기 때문에 후보에서 제외되었다. 마오는 전쟁수행 능력이 탁월하고 자신의 개입정책을 지지해 줄 사령관을 원했다. 펑더훼이는 유능한 군사지도자로 마오의 고향인 후난성 출신이다. 과거 둘의 관계는 악화되어 펑더훼이가 구속되기까지 했었다. 그러나 10월 4일 늦게 베이징에 도

---

59) Zhang and Chen, *Chinese Communist Foreign Policy*, 164~165.

60) *CWIHPB* 6~7(winter 1995~1996): 114~115.

착한 펑더훼이는 아직까지 공산당 정치국으로부터 확답을 듣지 못했던 마오에게 전폭적 지지를 약속했다.[61]

그러나 소련의 원조문제는 아직 미해결 상태였다. 10월 8일 임시 공격명령이 만주에 내려진 상황에서 저우언라이와 린뱌오는 소련으로 날아갔다. 마오는 그 전날 스탈린에게 한국에 9개 사단을 보낼 계획이나 당장 파병하지는 않을 거라고 언질을 주었다.[62] 10일에 시작된 스탈린과 저우언라이, 린뱌오의 회담은 마오의 기대만큼 원만하게 진행되지는 않았다. 관련기록이 별로 없지만 제일 믿을 만한 자료를 토대로 볼 때 스탈린은 당장 20개 사단에 무기를 제공하고 후에 더 많이 지원하겠다고 약속했으나 소련공군이 한국에 진격한 중공군을 지원하려면 약 2개월에서 2개월 반 정도 시간이 걸릴 거라고 말했다. 이 소식을 들은 마오는 펑더훼이가 어느 정도의 대공화기와 공중엄호가 가능한지 자세히 알려달라고 요청하자 12일 진군명령을 철회했다가, 다음 날 다시 번복했다.[63] 그는 스탈린으로부터 얻을 수 있는 모든 것을 확보했다. 유엔지상군이 빠른 속도로 한반도 북쪽으로 진격하는 상황에서 드디어 최후의 결정을 내릴 시간이 왔다.

왜 마오는 그 같은 선택을 했을까? 1960년대의 고전적 연구인 앨런 휘팅(Allen S. Whiting)의 《중국, 압록강을 건너다》에서 전개된 전통적 견해는 유엔군, 특히 미군이 압록강 국경까지 진격하자 마오는 중국의 안보에 위협을 느꼈다는 데 중점을 두고 있다. 이러한 해석은 아직까지도 믿을 만하다. 그러나 새로운 증거들이 나오면서 좀더 이 분석을 확대할 필요가 생겼다.

---

61) *CRKW*, 174~175, 181~184. 전쟁 전과 후의 마오-펑더훼이 관계에 대해선 Philip Short, *Mao: A Life* (New York: Henry Holt, 1999), 232~233, 323, 493~500.

62) *CWIHPB* 6~7 (winter 1995~1996): 116.

63) "Red," 94~99.

8월 4일 마오는 공산당 정치국 임원들에게 "만약 미국 제국주의자들이 이 전쟁을 이긴다면 그들은 더욱 거만해질 것이며 우리를 위협하게 될 것"이라고 말했다.[64] 10월 2일 자신이 직접 작성했지만 스탈린에게 보내지 않은 메시지에서 다음과 같이 적었다.

> 만약 한반도 전체가 미국에게 완전히 점령당하고 한국의 혁명군이 뿌리 뽑힌다면 미국 침략자들은 더욱 날뛸 것이며 그런 상황은 극동지역 전체에 매우 불리할 것이다.[65]

미국이 한국, 타이완, 필리핀, 인도차이나에 개입하는 상황에서 중국은 결국 포위될 게 뻔했다. 이런 상태에서 한국개입을 반대하는 사람들이 주장하듯이 한국에서 미국과의 충돌만 피한다면 국내경제 재건과 발전에 모든 관심을 기울일 수 있을 거라는 생각은 단지 희망사항일 뿐이었다.[66] 마오는 미국이 침략야욕을 갖고 있다고 보았고 한국은 20세기 초 일본이 그랬듯이 중국을 공격하기 위한 잠재적 발판이 될 거라고 믿었다. 중국 지도부 내의 개입반대 목소리와 중국의 도움을 바라지 않았던 김일성의 비협조적 태도는 유엔지상군이 38선만 넘지 않았다면 마오의 개입결정을 저지했을지도 모른다. 남한군만 북한에 진격했다면 마오는 중공군을 보내지 않았을 수도 있다. 비록 북한군에게 군수물자를 지원하고 중국 본토에 살고 있는 난민들의 게릴라식 저항을 돕긴 했겠지만 말이다.

마오는 개입할 이유가 충분히 있었다. 첸 지안이 지적했듯이 처음부터 마오는 한국전쟁을 "변증법적인 중국의 전략적 문화" 측면에서 분석하고 "위험과 기회가 결합된 위기"로 규정했다. 이런 맥락에서 미국

---

64) *CRKW*, 143.
65) Zhang and Chen, *Chinese Communist Foreign Policy*, 164.
66) *MMR*, 81.

의 한반도, 타이완 개입은 중국인을 더욱 단결시키고 남아 있는 반동 세력을 숙청할 수 있는 기회를 제공했다. 중국이 한국보호를 포기할 경우 오히려 반동세력의 힘만 키워줄 거라고 생각했다.[67]

게다가 개입은 중국 내전에서 중국 공산당을 도왔던 북한에 대한 의무로 여겨졌다.[68] 마오는 이 문제를 중국의 역사적 역할과 세계혁명을 도모해야 하는 개인적 책임이라는 차원에서 바라보았다. 19세기 이전까지 — 상대적으로 열강들보다 힘이 약해지기 전까지 — 중국은 한국과 주종관계에 있었다. 매우 열렬한 민족주의자였던 마오는 국경지대에서 중국이 과거에 누렸던 영향력을 회복하는 것을 외교정책의 최고 목표로 삼았다. 세계가 냉전에 휩싸인 지금 중국은 소련과 미국 사이의 방대한 '중간지대'가 되었다. 자칫하면 두 강대국의 전쟁터가 될 수도 있었다.[69] 이제 그런 전투가 그의 눈앞에서 벌어지고 있었다. 그는 자신의 의무를 피할 생각이 전혀 없었다.

그렇다 하더라도 마오는 자살 수준의 각오를 한 것은 아니다. 한국에 대한 개입을 관철시키기 위해 그는 중국의 승리에 대한 확신이 필요했다. 그는 1927년 "국력은 총구(銃口)에서 나온다"는 격언을 만든 사람이었다.[70] 미국은 원자폭탄을 포함, 중국보다 훨씬 강력하고 더 많은 무기를 만들 수 있었다. 그렇다면 마오는 중국의 상대적 열세와 중국이 결국 한국전쟁에서 미국을 이길 수 있을 거라는 믿음을 어떻게 조화시켰을까?

가장 깊이 있는 분석을 한다면 비범한 재능과 에너지, 의지를 가진 한 사람의 정신에서 해답을 찾을 수 있다. 그는 어릴 때 매우 권위적이었던 아버지와 사이가 좋지 않았으며 중국이 내부의 파벌싸움과 외

---

67) *CRKW*, 128~129.

68) *KW*, 105~106; *Origins*, 2: 738~739.

69) *CRKW*, 17~21.

70) *MMR*, 17.

세의 침입으로 넝마조각처럼 찢겨졌던 고난의 세월을 혁명가로 활동하며 이겨냈다. [71] 젊었을 때 신체단련과 개인의 의지가 국가재건의 핵심요소라고 강조하는 내용의 논설을 기고하기도 했다. 그 후 수년 동안 그는 국민당이든 일본군이든 내부와 외부의 적이 훨씬 우월한 물질적 자원을 보유하는 상황에 적응해야 했다. [72] 그 과정을 통해 마오는 고대중국의 전략가인 손자의 병법이론에 주로 의존해 전쟁에서 약한 병력이 강한 군대를 이기는 방법에 대해 연구했다. 그는 이를 충분히 능숙하게 실행해 결국 중국 본토에서 공산당이 그 자신이 생각했던 것보다 훨씬 신속하게 승리를 거둘 수 있도록 도왔다. [73]

이와 같은 사고방식은 군사력, 무기의 양과 질, 경제력 등 '객관적' 요소의 중요성을 인정하긴 하지만 '주관적' 측면에도 상당한 중점을 두고 있다. 사람만이 전쟁을 하고 승리를 거둘 수 있으며 물질적 자원을 동원하고 배치하는 두뇌와 전술적·전략적 계획을 실행하는 사기만 있다면 객관적으로 아무리 강적이라 해도 이길 수 있다. [74] 마오의 이러한 믿음과 최근 전투경험을 염두에 둔 중국 현지사령관들은 1950년 9월 말 회의를 열어 미군을 이길 수 있는 중공군의 능력에 자신감을 표명했다. 이들은 여러 주관적 분야에서 미군의 불리한 점을 지적했다. 먼저 미군은 다른 나라를 침공해 정당하지 못한 전쟁을 수행하고 있기 때문에 정치적 동기가 부족하다고 보았다. 또 야간전투와 근거리전투 등의 경험이 부족하기 때문에 전투능력도 뒤떨어진다고 생각했다. 엄격한 군대 규율과 규칙 때문에 전술적 유연성이 부족하고 게다가 유약하고 부패한 사회의 산물이기 때문에 신체적·정신적으로 강인하지 못하다고 믿었다. 뿐만 아니라 실제 전투지역에서 멀리 떨어져 있다는

---

71) 마오와 아버지의 관계에 대해선 Short, *Mao*, 28~30.
72) 마오의 1917년 글에 대해선 *Ibid.*, 58~60; *MMR*, 25.
73) Short, *Mao*, 411.
74) *MMR*, 18~25.

148

객관적 불리함은 병참에 상당한 문제를 의미했다. 중국사령관들은 승리를 자신했다. 75)

  그렇다면 단 수초 만에 도시 하나를 초토화시킬 수 있는 원자폭탄은 어떻게 할 것인가? 중국 공산당은 분명히 미국이 원자폭탄을 사용할 가능성에 대해 우려했을 것이다. 그러나 마오는 미국이 1945년 8월 히로시마를 폭격한 지 1주일이 지난 후 이 문제를 이미 다룬 바 있다. 마오는 원자폭탄이 "전쟁을 결정"하지는 못할 거라고 동료들을 안심시켰다. 만약 그럴 수 있었다면 일본의 항복을 받아내기 위해 소련이 개입할 필요는 없었을 거라고 말했다. 1년 후 그는 원자폭탄을 "종이호랑이"이에 비유했다. 76) 1950년에 이미 소련은 핵폭탄을 보유했으며 중국은 이 사실로 미국이 주요 관심지역인 유럽에서 그처럼 멀리 떨어진 아시아에서 발발한 전쟁에 핵무기를 사용할 가능성이 낮아졌다고 믿었다. 어쨌든 세계에서 가장 많은 인구를 보유한 국가라는 객관적 이점은 핵전쟁을 통한 미국의 승리를 거의 불가능하게 만들었다. 특히 인구의 대부분이 도시가 아닌 시골에 살기 때문에 원자폭탄으로는 효과적 공격이 어려웠다. 수백만 명이 죽는다 해도 여전히 수억에 달하는 인구에는 그다지 큰 타격이 아니었다. 77) 다시 말해 미국의 핵무기 능력은 우려할 만한 일이었지만 중국의 한국전쟁 개입결정을 막을 만큼 심각한 요인은 아니었다. 객관적 요소와 주관적 요소를 결합해 볼 때 중국의 빛나는 승리는 여전히 가능해 보였다.

  전반적 자신감에도 불구하고 마오는 중국이 처음엔 한국에서 수세

75) *Ibid.* , 76.

76) Mao Tse-tung, *Selected Works of Mao Tse-tung*(Peking: Foreign Language Press, 1961), 4: 21~22, 97~101; Mark Ryan, *Chinese Attitudes toward Nuclear Weapons: China and the United States during the Korean War*(Armonk, N.Y.: M. E. Sharpe, 1989), 14~17.

77) Ryan, *Chinese Attitudes*, 28~29.

적 전술을 취해야 한다고 생각했다. 적어도 객관적 요소들이 공세를
시작하기 전보다 유리해질 때까지 기다려야 했다. 중국의 개입을 공식
적으로 선언하지는 않더라도 주요 접전이 벌어지기 전에 적군이 중공
군을 한국에서 발견하게 될 거라고 추측했다. 만약 중공군을 보고 유
엔군이 진격을 멈춘다면 중공군은 6개월 동안 북쪽 산악지대에서 방어
전선을 구축하고 그동안 소련폭격기를 조종할 조종사를 훈련하고 소련
의 탱크와 대포를 지상군에 투입한다는 계획이었다. 1951년 봄쯤 "적
군에 대해 영공과 지상에서 절대적 우위를 차지한 후" 공세를 시작하
기로 했다.[78] 만약 적군이 계속 북진한다면 중공군은 보다 취약한 남
한군이 이끌고 있는 동쪽전선에서 먼저 교전하기로 했다.

10월 넷째 주에 대규모의 중공군이 압록강 다리를 건너 북한으로 넘
어갔다. 이제 남은 문제는 유엔군이 언제 중공군을 발견하고 또 어떤
반응을 보이느냐 였다.

Ⅲ

우리는 지금, 미국은 10월 중순 마오의 의도를 이해하고 있었다는
것을 알고 있으며, 그런 점에서 볼 때 맥아더의 전면적 공세를 지속하
겠다는 결정과 워싱턴이 이를 승인했다는 사실이 얼마나 결정적이었는
가를 알 수 있다. 다국적군이 평양-원산선에서 멈췄다면 그해 가을과
겨울에 한국군만이 중공군과 맞섰을 것이다. 그러면 한국군 부대는 크
게 패해 결국 유엔군 전선으로 후퇴하고 그 전선은 압록강으로부터 한
참 떨어진 남쪽에 형성되었을 것이다. 그러면 유엔군은 겨울 동안 참
호에 숨어 있다가 봄이나 되어야 공세를 준비했을 것이다. 한편 미국

---

78) *MZM*, 1: 539~541, 558~559.

은 그동안 외교적 해결책을 모색했을 것이다.

과연 그런 해결방안이 가능했을지는 확신할 수 없지만 1951년 봄에 어떤 일이 벌어졌든 간에 미국은 1950년 11월 중국이 반격을 시작했을 때보다 정치적으로나 군사적으로 훨씬 유리한 고지를 차지할 수 있었을 것이다. 이제 왜 워싱턴이 맥아더가 중공군을 만나기 전에 다국적군을 북쪽지방으로 이동시키는 것을 막지 않았는지, 또 중공군과 교전을 시작한 후 왜 철수하거나 공격을 멈추라고 명령하지 않았는지 그 이유를 살펴보고자 한다.

이 두 질문에 대한 대답은 상당히 복잡하다. 먼저 시작하기 전에 미국첩보의 한계를 인정해야 한다. 맥아더가 다국적군의 38선 이북 진격을 10월 17일과 24일 두 차례에 걸쳐 명령했을 당시 중국의 참전결정은 아직 알려지지 않았다. 두 번째 명령이 하달되었을 때는 이미 대규모의 중공군 부대가 압록강을 넘은 상태였는데도 말이다. 맥아더 사령관이 11월 말 공세를 시작하기 전 워싱턴은 20만 명이 넘는 중공군이 북한에 들어온 사실을 전혀 몰랐다. 도쿄에 있던 찰스 윌로비(Charles Willoughby) 유엔 정보참모부장은 그 전에 이미 6천 명 이상의 중공군이 한반도에 들어왔다는 사실을 모르고 있었다. 중공군이 주간이동을 자제함으로써 군대규모를 교묘히 감춘 계략은 미국 의사결정에 분명한 영향을 미쳤다.

그러나 영향이 얼마나 컸는지는 논란의 여지가 있다. 다른 수많은 요인들이 11월 말 미국의 대패에 기여했기 때문이다. 맥아더의 성격과 인천상륙작전 성공의 후광도 요인 중 하나였다. 10월 15일 웨이크섬에서 트루먼 대통령은 맥아더를 만나 한국문제에 관해 상의했다. 당시 맥아더는 중국이 개입하지 않을 거라고 단언했다. 만약 개입한다 하더라도 미군의 공군력을 감안할 때 쉽게 승리할 수 있을 거라고 자신했다. [79] 1941년 일본군이 진주만과 필리핀을 공격하기 전날 밤, 1950년대 중반 북한이 남침을 감행한 후에, 또 9월 인천상륙작전이 성공한 후에 맥아더는 미군의 능력을 과대평가한 경향이 있었다. 당시 워싱턴에서 어느 누구도 그의 자신감에 도전할 생각이 없었다.

미 합참본부는 다국적군에게 한반도 어디서든지 작전을 수행하도록 허가한 10월 24일 맥아더의 명령에 대해 설명을 요구했다. 맥아더는 재빨리 군사적 필요에서 그 같은 명령을 내렸으며 9월 27일 명령 역시 이를 금지하지 않았다고 대답했다. 이틀 후 신임국무장관인 조지 마샬(George C. Marshall)이 보낸 메시지와 웨이크섬에서의 회동에서 맥아더가 필요에 따라 한국 내에서 지상군을 마음대로 움직일 수 있는 재량권을 부여받았다는 사실이 분명히 증명되었다. 워싱턴의 군부지도자들은 그들의 판단과 달리 인천상륙작전을 감행해 성공시킨 맥아더에게 반기를 들지 못했다.[80]

미군은 처음 중공군과 마주쳤을 때 이미 38선 이북의 최종방어선보다 훨씬 북쪽까지 진격해 있었다. 따라서 그 방어선으로 퇴각할 경우 이는 지나친 확대를 피하고 중국의 불안을 누그러뜨리는 신중한 예방조치라기보다는 적군의 압력에 밀린 상당한 후퇴를 의미했다. 중국의 협박 앞에 약한 모습을 보이고 싶어하지 않았던 트루먼의 바람을 고려할 때 이 차이는 상당한 중요성을 갖는다.

11월 초, 맥아더의 성격은 그 어느 때보다 중요한 영향을 미쳤다. 당시 유엔군은 여러 부대에서 중공군 포로를 붙잡아 심문했다. 그 결과 대규모 중공군의 개입이 진행중이라는 분석결과를 얻었을 것이다. 그러나 사령관 주변의 분위기 때문에 그 분석결과는 제대로 전달되지 못했던 것 같다. 1950년에 70살이었던 맥아더 주변에는 감히 그의 자기숭배 세계를 방해할 사람이 거의 아무도 없었다. 윌러비 장군이 가

---

79) *FRUS, 1950,* 7: 948~960.

80) 보다 전통적인 장군이라면 명령을 내리기 전에 본국에 승인을 요청했겠지만 맥아더의 행동이 결코 유례없는 것은 아니었다. 이에 대한 자세한 논의는 *Road,* 239~241.

장 대표적인 인물이었다. 부하직원들에게 매우 권위적이었던 윌러비
는 유엔군의 압록강 진격을 결심한 맥아더와 성격이 정반대였다. 한국
사령부의 몇몇 장교들이 중국의 대규모 개입에 깊은 우려를 표시했지
만 윌러비는 이를 가장 잘 알아야 할 자신의 상사인 맥아더에게 보고
하지 않았다. 81)

맥아더를 설득하기란 쉽지 않았을 것이다. 특히 자신의 공격계획을
포기하라고 했다면 아예 말을 듣지 않았을 수도 있다. 11월 첫째 주
후반에 압록강을 건너오는 중공군의 움직임이 걱정된다며 맥아더는 북
으로의 진격중지가 아니라 압록강 다리에 대한 폭격을 승인해 달라고
본국에 요청했다. NSC-81 보고서가 중국의 대규모 개입 시나리오를
이미 지적한 바 있기 때문에 맥아더는 11월 초 사건들에 그다지 동요
하지 않았다. 11월 8일 워싱턴이 그에게 북한군 괴멸이라는 그의 사명
을 수정해야 할 필요가 있다고 말하자 그는 "내 모든 진심을 다해 이
결정적 시기에 약해질 수 없으며, 흔들리지 않는 의지를 버리지 않는
다면 반드시 성취할 수 있는 완벽한 승리를 위해 전진해야 한다"고 간
청했다. "수력발전시설을 제외하고 한국 어디에서도 자유롭게 폭격할
수 있는 공군력을 보유한 상황에서 압록강을 건너오는 대규모의 지원
군을 물리침으로써 북한에서 전투중인 내 휘하 군대의 궤멸을 막을 수
있다"고 그는 주장했다. 82) 실제로 그는 이 전망이 어긋나 그의 지상군
이 중공군으로부터 위협받을 경우 중국 본토에 대한 공중폭격과 함대
포격을 단행하도록 워싱턴을 설득시킬 수 있을 거라고 계산했던 것 같
다. 그럴 경우 아군은 결정적 승리를 거둘 게 분명했다. 83)

---

81) Blair, *Forgotten War*, 377~379.

82) *FRUS*, *1950*, 7: 1107~1110.

83) 이 해석은 증명할 수 없지만 중국의 반격에 대한 맥아더의 대응 증거들은
    그가 워싱턴이 전쟁을 중국으로 확대할 거라고 믿었음을 반영한다. 당장
    확전이 되지 않자 그는 이른바 "허위 딜레마"를 조장해 미국이 확전을 하든

누구보다 트루먼 대통령과 그의 수석보좌관, 특히 애치슨과 마샬 장관이 중국의 대규모 개입을 제대로 파악했어야 했다. 맥아더와 달리 이들은 유럽 위주의 정책 마인드를 갖고 있었고 진심으로 중국과의 충돌을 피하고 싶어했다. 만약 한반도에 들어온 중공군의 규모를 정확히 알았더라면 이들은 11월 둘째 주에 유엔지상군의 진격을 저지시켰을지도 모른다.

그러나 이들은 11월 8일 낙관적인 맥아더의 주장과 정반대 내용의 미 중앙정보부 첩보보고서를 읽었다. 이 보고서는 한반도에서 북한군과 중공군이 힘을 합칠 경우 유엔군이 "방어선 이남"으로 밀려날 수도 있다고 경고했다. 현재 북한에 들어와 있는 중공군의 수가 얼마이든지 간에 베이징은 "30~60일 사이에" 35만 명의 군대를 "지상전투에 지속적으로"에 투입할 가능성이 있다고 전망했다. 만약 북한의 군사상황이 안정될 경우 중국은 "유리한 지형을 확보하고 겨울이 시작되는 시점에 중공군이 충분히 단기목표를 달성할 수 있다"고 판단할지도 몰랐다.[84] 이 보고서는 미 국무부 정보기관과 군의 승인을 받았지만 다음날 국가안보리는 겨우 애치슨에게 중국과 접촉을 시도해 보라고 제안하는 데 그쳤다. 중국에게 압록강을 중심으로 20마일의 비무장지대를 제안해 보자는 방안에 아무도 반대하지 않았다. 그러나 한반도에서 적군을 몰아낸다는 맥아더의 사명에는 변함이 없음을 모두 합의했다.[85]

애치슨 국무장관이 정치적·관료적 진공상태에 있었다면 그 후 2주 안에 유엔공격의 중지를 요구했을지도 모른다. 맥아더가 최후공격을 준비하던 시기에 애치슨은 중국과 접촉을 시도했지만 실패하고 말았다. 그는 또 유엔회원국들에게 미국의 정책을 지지해 달라고 호소했

지 아니면 아예 한반도에서 발을 빼야 한다고 주장했다. James, *Years of MacArthur*, 3: 547~559.

84) *FRUS, 1950*, 7: 1102~1103.

85) *Ibid.*, 1117~1121, 1204~1208.

154

다. 트루먼 대통령과 함께 미국이 중국까지 전쟁을 확대할 의사가 없
다며 공개적으로 중국을 안심시키려고 애썼다. [86] 그러나 중국이 발표
하는 성명이나 베이징에 있는 비공산국 외교관들이 전하는 보고만으로
는 중국의 의도를 확실히 알 수 없었다. 11월 17일 미 국무부 정책기
획국의 중국전문가로 한때 모스크바에서 근무한 적이 있는 존 패튼 데
이비스(John Paton Davies)는 다음과 같이 조언했다.

> 크렘린(Kremlin)과 베이징이 적어도 한국의 북쪽 귀퉁이는 잃지 않
> 겠다고 각오한 증거들이 많이 있다. 아군의 현재 전력을 고려할 때
> 그들은 이 목적을 이룰 수 있는 군사적 능력이 있다. … 주요 군사작
> 전을 중지하고 압록강 남쪽에 비무장지대를 설치하는 게 최선의 선
> 택이다. [87]

그러나 미 국방성과 많은 존경을 받았던 전임 국무장관 마셜은 맥아
더의 사명을 바꾸어서는 안 된다고 주장했다. 애치슨은 거만해 보일
정도로 과감한 사람이었지만 당시 국내 정치판도의 변화로 수세에 놓
이게 되었다. 애치슨과 그의 대아시아 정책을 맹렬히 공격하던 공화당
이 11월 7일 의회선거에서 압도적 승리를 거둔 것이다. 일부 민주당원
은 애치슨의 귀족주의적이고 신랄한 태도 때문에 패배했다고 비난했
다. [88] 이런 상황에서 트루먼을 설득해 맥아더를 중지시킬 수 있었다
하더라도 여소야대 정국은 뜨거운 논쟁을 불러일으킬 게 분명했고, 그
와중에 "인천상륙작전의 마술사"인 맥아더는 자신의 의견을 관철시켰
을 것이다. 안타깝게도 애치슨은 이에 저항하지 않고 트루먼에게 이롭

86) *Road*, 248~250.
87) *FRUS*, *1950*, 7: 1181~1183.
88) Edward Barrett to F. H. Russell, November 13, 1950, Box 92, George Elsey Papers, HSTL.

지 않을 수도 있는 방향을 선택했다. 89)

　대부분의 정부형태에서 치명적 사건이나 그러한 사건이 일어날 분명
한 조짐이 보이기 전까지 정책결정자는 기존의 정책을 수정하기보다
고수하는 경향이 있다. 1950년 11월 미국의 대한정책에서 공격을 중지
해야 할 징조는 이미 존재했다. 중국이 내부적으로 미국을 상대로 전쟁
을 치를 작정으로 군대를 동원하기 위해 선전활동을 강화하고 이미 한
반도에 정확하진 않지만 상당한 수의 중공군이 주둔해 있었다. 또 압록
강 이북의 증강된 병력을 고려할 때 추가로 수십만 명의 중공군이 전투
에 투입될 가능성이 있었다. 만주에서 소련 전투부대가 훈련하고 있다
는 소식도 들렸다. 소련조종사들은 압록강을 따라, 또 제한적이지만
그 이남지역에 대해서까지 유엔군을 폭격하겠다는 의지도 보였다. 90)

　이러한 증거는 최근 역사적 승리를 쟁취하고 고국의 동료들이 허락
만 한다면 완벽한 승리가 가능하다고 장담하는 고집스런 맥아더의 콧
대를 꺾겠다는 중국의 의도와 그 능력을 제대로 파악하는 데 결정적
도움이 되지 못했다. 맥아더의 동료 중에는 현지사령관에게 상당한 재
량권을 허용하는 데 익숙한 직업군인들이 있었다. 10월 초에 이들은
중국의 위협 앞에 미국이 약해 보일 경우 초래될지도 모를 상황을 계
속 우려하고 있었다. 트루먼을 포함해 많은 정치인과 관료들은 그의
명령을 뒤바꿀 경우 야기될 게 뻔한 맥아더와의 공개적 대립을 피했
다. 그 결과 애치슨이 후에 말했듯이 "미국 외교정책 역사상 가장 끔
찍한 재앙 중 하나가 일어났으며, 이는 트루먼 행정부의 가장 치명적
인 실수"였다. 91)

89) *Present*, 467~468.
90) "Red," 105, 115~116.
91) Transcript of the Princeton Seminars, February 13, 1954, HSTL. 트루
　　먼 행정부 시절 근무했던 여러 명의 국무부 관료들이 사임 후 그동안의 경
　　험을 토론한 내용을 토대로 함.

한국전쟁이 발발할 때부터 소련과 미국은 한반도에서 직접 무력충돌을 피하고 싶어했다. 11월 말까지도 그 희망은 변하지 않았다. 그럼에도 불구하고 중공군이 대규모로 개입하고 소련이 만주에서 공군력을 증강하고 11월 1일부터 중공군에게 제한적이지만 압록강 주변에서 엄호사격을 지원하기 시작하고, 미국과 그 동맹군이 적의 맹공격에 주춤하면서 전쟁양상은 쉽게 초강대국간 충돌로 이어질 수 있는 상황으로 발전했다. 92) 그러한 시나리오는 상상하기 그다지 어렵지 않다. 화가 나고 낙심한 맥아더는 고국의 상관에게 만주의 중국기지를 폭격할 권한을 요청한다. 사면초가에 빠진 트루먼 행정부는 여론에 밀려 이를 허가한다. 코너에 몰린 스탈린은 소련의 공중폭격 지원범위를 확대한다. 한국에서 교착상태에 직면하거나, 혹은 최악의 경우 패배한 미국은 원자폭탄을 발사한다. 소련은 유럽에서의 재래식 전력의 우위와 미국 동맹국들의 혼란을 이용해 유럽에서 군사공격을 감행한다. 당시 많은 사람들에게 이 시나리오는 11월 30일 트루먼 대통령이 기자회견에서 원자폭탄 사용가능성을 배제하지 않는다고 밝혔을 때 매우 현실에 가까워 보였다. 93)

---

92) 소련의 한국에서의 제한적 공중공격에 대해서는 "Red," 114~126.
93) *NYT*, 1950년 12월 1일자 1면.

제 5 장
왜 확전이 되지 않았나
(1950년 11월~1951년 7월)

1950년 11월 25일 중공군의 2차 공격은 공산군에게 마치 유엔군이 인천상륙작전에서 얻은 것과 같은 효과를 가져다주었다. 9월 15일 이전 미국인들이 그랬듯이 12월 이전에 중국은 한반도의 무력통일을 심각히 고민했다. 10월 2일 스탈린에게 보내지 않은 전문에서 마오는 한반도에서 신속하게 미군을 휩쓸어버리는 게 바람직하다고 강조했다. 한국전쟁을 질질 끌지 않고 속전속결할 경우 미국이 중국 본토를 대규모로 공격할 가능성은 낮아질 거라고 주장했다. 그러나 한반도 전체에서 유엔군을 완전히 축출하려면 소련의 대규모 물자지원이 절대적으로 필요했다. 마오는 소련의 지원이 도착하고 중공군이 이를 사용할 준비가 완벽히 될 때까지 지연전을 벌일 계획이었다. 1)

하지만 맥아더의 최종 공격명령으로 겨울 동안 유엔군과의 직접적 군사충돌을 피하려 했던 마오의 전략은 차질이 빚어졌다. 그럼에도 불구하고 그 당시 2단계 공격을 감행할 때 마오의 초기 의도는 적군을

1) *CWIHPB* 6~7(winter 1995~1996) : 237~238.

평양-원산선으로 밀어내는 것이었다. 2)

적군의 신속한 퇴각은 마오에게 생각보다 빨리 완전한 승리를 거둘 수 있는 가능성을 열어주었다. 김일성이 마오를 방문해 전면승리 목표를 압박하자 12월 4일 베이징은 중공군 본부에 전쟁이 "지연될 수도 있지만 빨리 끝날 수도 있다"고 전문을 보냈다. 미국과의 회담은 미국이 한반도에서 미군을 완전 철수할 것에 합의한 후에만 응하며 그동안 중공군과 북한군은 평양은 물론이고 서울까지 탈환한다는 계획이었다. 3) 스탈린은 곧바로 이 전략에 동의했다. 4)

12월 중순 서부전선의 유엔 8군은 38선 바로 밑에 있는 임진강까지 밀렸다. 동부전선의 해병대는 흥남과 원산에서 바다를 통해 후퇴했다. 마오는 미 육군합참의장 로턴 콜린스(Lawton Collins) 장군이 일본과 한국을 방문한 후 미국이 한반도에서 "장기간 버틸 수 없다"는 결론을 내렸다는 첩보를 받았다. 5) 이런 상황에서 마오는 38선에 정치적 정당성을 부여하거나 유엔군에게 재집결할 수 있는 시간적 여유를 주고 싶지 않았다. 12월 22일 지나친 낙관주의를 경계하는 시각에도 불구하고 마오의 압력에 밀려 팽더훼이 장군은 12월 31일 3차 공격을 개시하라고 명령했다. 6)

그날 밤 중공군은 전력을 회복하고 중공군의 명령을 따르는 북한군과 함께 전면공격에 나섰다. 서부에서 유엔군은 곧바로 서울을 포기하고 한강을 넘어 38선에서 70마일이나 떨어진 평택까지 밀렸다. 동부

---

2) *MMR*, 118.

3) *Ibid*., 121~122.

4) "Korean," 109~110.

5) *MMR*, 123. 마오에 관해선 미상. 그의 귀국에 대한 콜린스의 설명은 상당히 모호하다. *FRUS, 1950,* 7: 1469~1470; J. Lawton Collins, *War in Peacetime*(Boston: Houghton Mifflin), 232~233; Schnabel and Watson, *HJCS,* 3: 368~369.

6) *MMR*, 127.

전선에서 북한군은 남한군의 방어선을 뚫고 남쪽으로 더 밀고 내려가 이승만 반대세력과 합세했다. 유엔사령부에서 보내온 보고들을 접한 미 국방부는 아군을 곧 한반도에서 철수시켜야 할지도 모른다는 두려움에 휩싸였다.

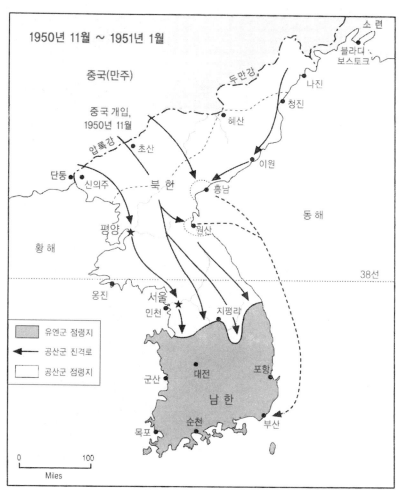

지도 5. 중국의 진격, 1950~1951년.

그림 12. 1950년 12월 9일 북한에서 제1 미 해병사단에 잡힌 중공군. 포로와 미군들이 신고 있는 신발을 비교해 보기 바란다. 중공군은 테니스 운동화나 넝마를 발에 감싸고 있다. 혹독한 추위를 견디기에 부적절한 중공군의 옷차림은 1951년 초 대대적 공세를 계속 지속할 수 없었던 이유 중 하나였다.

그림 13. 1950년 말과 1951년 초 유엔군이 퇴각할 때 터키군인들은 끝까지 싸웠다. 한국 서부지역의 어느 산길에서 쉬고 있는 한 터키부대의 모습.

그림 14. 미8군 사령관인 매튜 리지웨이 장군이 1950년 2월 지평리에서 중공군
에 대항해 싸운 프랑스 부대를 치하하는 모습. 이 전투는 중공군의 중앙
전선 진격을 저지하는 결정적 계기가 되었다.

사실 12월 초부터 한반도 상황에 대한 맥아더의 판단은 극도로 비관
적이었다. 한국에서 직접 미 현지사령관들로부터 보고를 받은 콜린스
장군은 6일 도쿄로 날아가 맥아더를 만났다. 몇 주 전까지만 해도 의
기양양했던 맥아더는 실의에 빠졌다. 그는 본국에 당장 보충병력을 보
내 달라고 요청했다. 그리고 지원군을 파병하겠다는 장제스의 제안을
지금이라도 받아들이고 미 해군을 동원해 중국 해변을 봉쇄하고 전투
기와 군함을 보내 중국 본토를 폭격하여 전쟁수행 능력을 사전에 파괴
시켜야 한다고 주장했다. 그렇지 않으면 중국이 38선에서의 휴전에 동
의하지 않을 것이고 결국 유엔군은 한반도에서 철수해야 할지도 모른
다고 경고했다. [7]

12월 30일 본국 지도자들이 아직도 보충병력 파병이나 전쟁확대에

162

결정을 내리지 못하자 맥아더는 비슷한 경고문을 다시 보냈다. 워싱턴
에 중국 본토 공격을 승인해 달라고 요청하면서 맥아더는 중국이 한국
전에 이미 완전히 개입한 이상 중국과의 관계는 이미 선을 넘어섰다고
단정했다. 그는 "소련이 전면전을 서두를지는 순전히 상대적 전력과
능력에 대한 스스로의 평가에 달려 있다"며 한반도 밖에서 미국이 어
떠한 행동을 취하더라도 별로 영향을 미치지 않을 거라고 믿었다. 게
다가 중국과의 전쟁을 피해 한국에서 강제로 군대를 철수한다면 "아시
아지역 사람들이 가장 큰 피해를 입게 되고" 태평양 방어선을 지키기
위해서 "상당한 전력보강"이 필요하며 "한국 이외의 지역도 결국 중공
군에게 내주게 될" 거라고 주장했다. 8)

1951년 1월 3일 해군작전사령관인 포레스트 셔먼(Forrest Sherman)
제독은 합참본부에 맥아더와 비슷한 내용의 전략을 제안했다. 셔먼은
한국작전의 한계를 재검토하고 미국의 전력이 더 우세해질 때까지 소
련과의 접전은 피해야 한다고 생각했다. "한국의 상황이 안정되거나
한국에서 철수했을 때" 미국은 바로 중국을 해상봉쇄해야 한다고 주장
했다. 폭격기와 군함을 동원한 중국 본토 공격은 중국이 한국국경 밖
에서 미군을 공격할 때에만 실행해야 한다고 건의했다. 먼저 타이완이
중국 본토를 공격하지 못하도록 한 제한을 철폐하고 반공산당 게릴라
에게 무기를 지원하며 만주와 중국 연안지역을 정기적으로 비행정찰하
자고 제안했다. 유엔이 이 방안을 거부한다면 미국은 독자적으로 행동
해야 한다고 말했다. 9)

9일 후 도쿄와 통명스런 의견교환을 나눈 미 합참은 셔먼의 제안에
'잠정동의'했고, 마샬 국방장관은 이 의제를 1월 17일로 예정된 안보리
에 상정하기로 했다. 10) 안보리 회의가 열리기 4일 전 트루먼은 맥아

---

7) Collins, *War in Peacetime*, 232~232.
8) *FRUS, 1950*, 7: 1630~1633.
9) Sherman to JCS, January 3, 1951, 452 China, RG218, NAⅡ.

더에게 직접 전문을 보내 만약 유엔군이 한국에서 철수할 경우 "군사
적 필요 때문에 그 길을 택할 수밖에 없었으며, 우리는 중공군이 침공
을 철회할 때까지 정치적으로나 군사적으로 그 결과를 받아들이지 않
을 거라는 사실을 세계에 분명히 알려야 한다"고 말했다. 11)

 트루먼 행정부는 맥아더나 셔먼의 제안을 채택하지 않았다. 4월
11일 트루먼은 맥아더를 유엔군 총사령관직에서 전격 해임했다. 5월
초 미국은 38선쯤에서 전쟁을 종결할 의사가 있음을 비치며 비밀리
에 소련과 중국의 의중을 떠보기 시작했다. 12) 6월 23일 소련 유엔대
표 야콥 말리크(Jacob Malik)는 뉴욕에서 라디오 연설을 통해 종전을
위한 "첫 번째 단계로" 교전국은 "휴전을 협상하고 38선 지대에서 모
두 군대를 철수"시켜야 한다고 말했다. 13) 결국 7월 10일 38선 근처
의 개성에서 양측 군사령관은 휴전협상을 시작했다. 확전의 위험이
가장 고조되었던 시기는 지나갔다.

 1950년 말 중국이 반격에 나서고 특히 1951년 초 38선 이남으로까
지 진격한 상황에서 미국은 왜 중국으로의 확전을 거부했을까? 왜 양
국은 어느 쪽도 분명한 승리를 거두지 못한 채 휴전협상에 동의했을
까? 이러한 질문에 대한 대답은 왜 한국전이 미국과 소련과의 직접충
돌로, 또 3차 세계대전으로 확대되지 않았는지를 이해하는 데 중요한
단초를 제공한다.

---

10) *FRUS, 1951*, 7: 70~72.
11) *Ibid.*, 78.
12) *KW*, 204~208.
13) *NYT*, 1951년 6월 24일자, 4면.

I

한국전쟁이 확전되지 않은 주요 이유는 미국과 소련이 충분히 싸울 능력이 있었음에도 불구하고 양국 지도자 모두 전쟁을 국지전으로 제한하고 싶어했기 때문이다. 맥아더와 달리 트루먼은 소련과의 대결에서 동아시아보다 유럽이 우선한다고 믿었다. 또 미군이 소련과 전면전을 치를 준비가 안 되어 있다는 사실도 잘 알고 있었다. 위험이 극도로 고조되자 12월 중순 트루먼은 국가비상사태를 선포하고 전쟁동원국을 신설했으며 강력한 권한을 동원해 군사력을 증강하도록 했다. 14) 한편 미국이 한국과 중국에 더 많은 자원을 쏟아 부을수록 유럽에서 발생할지도 모를 충돌에 투입할 자원은 그만큼 줄어들었다. 만주에 주둔한 소련 공군부대는 혹시 모를 미국의 중국 본토 습격에 중국이 저항할 수 있도록 지지대 역할을 했으며 한반도는 물론 일본까지도 군사작전을 확대할 수 있는 능력을 제공했다. 15)

마지막으로 가장 중요한 사실은 워싱턴의 유럽 동맹국들이 한국전의 확전가능성에 두려워 숨죽이고 있었다는 점이다. 11월 중순 애치슨은 만주에서 적군이 한국을 공습하자 영국을 비롯한 여러 동맹국들에게 유엔공군이 압록강 이북을 "맹렬히 추격할" 수 있도록 하자고 제안했다. 상대적으로 제한적인 이 군사행동에 대해 유럽의 반응은 매우 냉담했다. 16) 유럽은 전쟁이 확대될 경우 적군이 확전을 시작하지 않는 한 미국을 계속 지지할 수 있을지 확신할 수 없다고 대답했다. 미국이 소련에 핵무기를 발사하거나 유럽대륙에서 재래식 전투를 벌일

---

14) *Truman*, 49~81.
15) *FRUS, 1951*, 7: 1242, 1263~1265, 1279, 1308, 1312~1313, 1327~1328.
16) *Ibid.*, 1144, 1156~1162.

경우 영국이 그 기지역할을 해야 했기 때문에 워싱턴은 영국이나 다른 북대서양조약기구 회원국들을 소외시킬 수 없었다.[17]

이러한 상황에 대한 트루먼의 인식은 11월 30일 기자회견에서 분명히 드러났다. 그는 한국에서 핵무기의 사용을 고려하고 있으며 핵무기는 현지사령관인 맥아더가 통제하게 될 거라고 말했다.[18] 두 번째 사안에 대해서는 곧 백악관에서 정정보도를 냈지만 트루먼의 발언에 놀란 영국 클레먼트 애틀리 수상은 한걸음에 대서양을 건너와 회담을 요청했다. 《네이션》지의 영국특파원이었던 하워드 스미스(Howard K. Smith) 기자는 당시 상황을 "2차 세계대전 이후 유럽에서 가장 놀라운 정치적 대변동 중 하나"였다고 보도했다. 그는 또 "한국문제에 관해 서방을 이끌던 미국의 리더십에 대해 자유유럽이 반기를 들었다"고 평가했다.[19]

트루먼은 애틀리의 방미를 막지 않았지만 한국전쟁의 휴전을 위해 유엔에서 타이완과 중국을 모두 인정하자는 애틀리의 제안을 거부했다. 그러나 트루먼은 한국전을 종결하기 위한 협상을 추진하고 핵무기 사용으로 이어질 수 있는 "상황과 결정을 언제라도 영국수상에게 알리기"로 하는 데 합의했다.[20] 또 유럽전선을 강화하기 위해 트루먼은 "유럽의 통합군대를 위한 계획을 조기에 완료하고 북대서양조약기구 사령관을 임명"하기로 했다.[21]

애틀리와의 회담을 시작으로 동맹국들은 미국을 더욱 압박했다. 중국의 반격이 있기 전까지 워싱턴은 유엔에서 한국문제를 거의 독단적으로 이끌어 왔다. 그러나 이 사건으로 유엔은 미국의 정책을 수행하는

---

17) Trachtenberg, "A Wasting Asset?", 5~49.
18) *NYT*, 1950년 12월 1일.
19) *Nation*, 1950년 12월 9일, 520~521.
20) *Present*, 484.
21) *FRUS*, *1950*, 7: 1462~1465, 1476~1479.

도구에서 우방국과 중립국들이 세계 최고의 강대국을 구속하는 수단으로 변모했다.

대미압박에 유엔총회가 앞장섰다. 유엔안보리의 경우 소련이 혼자서도 거부권을 행사해 미국을 막을 수 있었다. 실제로 11월 30일 중국에게 한국에서 철수할 것을 요구하는 6개국 결의안이 안보리에서 거부되었다. 그러자 미국은 이를 바로 유엔총회에 상정하려고 했다. 그러나 인도가 아시아 중립국들을 이끌고 영국과 캐나다가 동맹국들의 리더역할을 하는 유엔총회에서 워싱턴은 3인으로 구성된 위원회를 창설해 "한국에서 만족스러운 휴전을 위한 기반을 결정"하도록 요구하는 13개국이 발의한 결의안에 우선권을 양보해야 했다. 22) 이 결의안은 12월 14일 통과되었다.

다음 날 애치슨은 미국 유엔대표로 하여금 "대체로 38선을 경계로 한반도를 관통하는 약 20마일의 북쪽지역을 비무장지대"로 정하도록 하는 '일반휴전조건'을 이 정전 3인단에게 전달하라고 지시했다. 23) 미국은 2주 동안 이 해결방안의 가능성을 검토했으나 이를 정전 3인단에 공식 전달함으로써 미국의 입장으로 굳어졌다. 애치슨은 또 한국문제만 다룬다면 한반도 이외의 이슈도 중국과 함께 상의할 수 있다고 시사했다. 24)

그러나 중국은 유엔총회를 통과한 13개국의 결의안에 반대하고 정전 3인단을 거부했다. 당시 중국언론과 잠시 유엔회의에 참석했던 중국대표는 타이완 문제와 중국의 유엔대표 문제를 해결하지 않고, 또 심지어 일본과의 평화협상에 참여할 기회를 주지 않는다면 한국전쟁을 중단할 생각이 없음을 시사했다. 중국 유엔대표는 12월 19일 미국을

---

22) UN General Assembly, *Official Records*, sess. 5, comm. 102, 1950, 435.

23) *FRUS, 1950*, 7: 1549~1550.

24) *Ibid.*, 1440, 1541, 1576~1577, 1590, 1600, 1605.

떠났다. 3일 후 저우언라이는 공식적으로 유엔결의안이 국제법 위반이라고 공격하면서 한반도에서 모든 외국군의 철수를 요구했다. 또 휴전은 단지 미군이 한반도에서 또 다른 대규모 공격을 위해 전열을 가다듬을 수 있는 시간을 벌기 위한 핑계에 불과하다고 비난했다. 중국은 분명히 자신의 군사적 우위를 십분 활용할 생각이었다.25) 이 결정과 더불어 38선 이남에서 중공군의 초기 승전은 확전을 막으려고 노력했던 미국과 유엔에게 상당한 부담을 주었다.

1월 둘째 주에 적군의 공격이 약해지고 12월 말 지프차 사고로 사망한 월턴 워커 장군의 뒤를 이어 미 8군사령관이 된 매튜 리지웨이(Matthew B. Ridgway) 장군이 이끄는 유엔지상군의 전투사기가 다시 회복되자 워싱턴은 더욱 신중해졌다. 서울에서 남쪽으로 40마일 떨어진 지역과 중앙의 산악지대에서 중공군은 병참보급로가 지나치게 길어지고, 공군지원이 전혀 없고 지상 이동수단이 부족하고 제대로 입지도 먹지도 못한 가운데 한파가 닥쳐 잠시 전력이 소진되었다.26)

1월 15일에서 18일 사이에 한국전선을 방문한 콜린 장군과 공군참모총장 호이트 반덴버그(Hoyt Vandenberg) 장군은 당장 아군이 한반도에서 밀려날 위험은 적다고 본국에 보고했다.27) 2월 11일 중공군이 중앙전선에서 다시 공세를 시작했을 때 이미 유엔군은 제한적이지만 반격을 감행한 상태였다. 서쪽에선 한강 바로 이남까지 진격했다.28) 워싱턴이 전쟁을 확대할 수 있는 모멘텀이 한풀 꺾였다. 한국전황에 대한 맥아더 장군의 보고는 더 이상 신뢰를 얻지 못했다.

동맹국과 중립국들은 새해에도 워싱턴을 압박했다. 유엔총회가 주무대를 제공했다. 중공군이 38선을 넘어오자 동맹국들과 미국은 뉴욕

---

25) *KW*, 139~142.

26) *MMR*, 131~132.

27) Blair, *Forgotten War*, 640~647.

28) *Ibid.*, 669~682; *MMR*, 134~142.

에서 정반대의 길을 선택했다. 동맹국들은 정전 3인단이 공산국가와 협상을 계속해야 한다고 주장한 반면 미국은 중국을 침략자로 규정하고 제재를 가하는 내용의 결의안을 추진했다. 결국 영국과 캐나다는 한국의 상황이 안정을 찾아 미국이 심리적으로 긴장을 풀기를 기대하며 미국의 결의안을 공개적으로 반대하는 대신 지연작전을 펼쳤다. 29)

1월 5일, 애치슨은 영국 베빈 외무장관에게 중국을 비난하지 못한다면 이는 "국제연맹(League of Nations)이 비슷한 상황에서 일본과 이탈리아를 저지하는 그 어떤 행동도 취하지 못해 결국 해체되었듯이 유엔의 종말을 알리는 신호탄"이 될 거라고 경고했다.

> 유엔이 중국의 침공을 인정하지 않는다면 (미국은) 고립주의로 흘러갈 수밖에 없으며 이는 우리가 현재 북대서양조약기구 국가들과 함께, 또 그들을 위해 하는 모든 노력들을 위험에 빠뜨릴 것이다. 30)

사실 여론조사는 대다수가 한국으로부터의 철수를 선호하는 것으로 나타났다. 허버트 후버(Herbert Hoover) 전 대통령은 미국이 서반구를 중심으로 하는 군사전략을 마련해야 한다는 견해를 밝혀 상당한 관심을 끌었다. 많은 공화당 의원과 일부 민주당 의원까지 합세해 유럽에 더 많은 미군을 파견하는 데 반대했고 국회는 이 문제로 시끄러웠다. 애치슨의 경고는 빈말이 아니었다. 31)

그러나 애치슨은 한국에 대한 동맹국과 중립국들의 이상기류를 간파했다. 또 1947년과 1950년 두 번에 걸쳐 한국에 깊이 관여한 유엔을

---

29) UN 활동에 대해선 *KW*, 148~157.

30) *FRUS*, *1950*, 7: 27~28.

31) 한국에 대한 여론조사에 대해선 Georeg H. Gallup, *The Gallup Poll*: *Public Opinion 1935~1971*, Vol. 2(New York: Random House, 1972), 960~961; 후버의 연설에 대해선 *KW*, 146; 유럽 추가파병 논의에 대해선 *Present*, 488~496.

업신여기는 게 위험하다는 것도 알고 있었다. 영연방 수상들은 인도의 베네갈 라우(Benegal Rau)가 이끄는 정전 3인단의 역할을 의논하고 한국전쟁의 해결을 위한 몇 가지 원칙을 정하기 위해 런던에서 회담을 가졌다. 애치슨은 조용히 기다렸다. 1월 11일이 되어서야 영연방 수상들과 정전 3인단은 중국에게 제시할 5대 원칙에 합의했다. 먼저 한국전쟁을 휴전하는 조건으로 타이완과 중국의 유엔대표권을 인정해 주기로 했다. 이는 트루먼 행정부가 원치 않는 연계정책이었다. 그러나 중국과의 타협을 반대하는 국내 여론에도 불구하고 애치슨은 미국이 유엔총회 제1위원회에서 이 제안을 지지해야 한다고 판단했다. 대통령도 이에 동의했다.[32] 이들은 당시 중국이 협상을 시작하면 유리한 군사작전을 중지해야 할지도 모른다는 두려움 때문에 앞의 제안을 거절할 거라고 믿었다. 그렇게 되면 중국을 비난하는 결의안이 쉽게 유엔총회를 통과하게 될 거라고 생각했다.

이들의 가정은 거의 옳았다. 모든 유엔회원국을 대표하는 유엔총회 제1위원회는 1월 13일에 런던의 제안을 승인했다. 4일 후 중국은 이를 거부했다. 20일 미국은 제1위원회에 중국을 침략자로 규정하고 "당장 이 침략에 맞설 추가적 방안을 고려하고 이를 유엔총회에 보고할 위원회"의 설치를 요구하는 결의안을 상정했다.[33] 그러자 저우언라이는 22일 중국의 입장과 영국이 제시한 5대 원칙의 차이를 좁힌 대안을 제시해 미국을 실망시켰다. 결국 영국의회가 워싱턴이 작성한 유엔결의안을 지지하지 않기로 투표하자 미국은 '중재위원회'(Good Office Committee)를 설치해 중국과 미국의 견해차를 좁히려는 정전 3인단의 노력을 계속하자는 제안을 결의안에 포함시켰다. "만족스런 결과"가 나온다면 이 위원회는 중국에 대한 추가적 방안을 모색하면서

---

32) *Present*, 513.
33) *FRUS, 1950*, 7: 115~116.

총회보고를 늦춘다는 계획이었다. 34)

　오스틴 대사는 또 유엔결의안이 맥아더 사령관에게 어떤 새로운 권한도 부여하지 않는다며 총회에 보고되는 모든 추가적 방안은 단지 권고가 될 거라고 유엔을 설득했다. 2월 1일 유엔총회는 수정결의안을 승인했다. 공산권 외에 오직 인도와 미얀마만이 반대표를 던졌다.

　미국은 유엔에서 자신의 뜻을 상당히 관철시켰지만 확전의 두려움 때문에 결의안의 통과와 개정이 늦어졌고 한국국경 너머에서 중국을 조기에 공격할 기회가 줄어들었다. 그동안 유엔군은 한반도에서 전열을 재정비했다. 결의안의 수정은 중국에 제재를 취할 시기를 더욱 늦춤으로써 향후 중국이 한국에서 대대적으로 공격할 경우 경제제재와 같은 비군사적 대응의 가능성을 열어두었다. 얼마 후 실제공격이 시작되었을 때 미국은 맥아더 해임결정으로 여론의 비난에 시달리고 있었다. 중국에 가할 제재조치가 상대적으로 한정됨으로써 트루먼 행정부와 유엔은 편리한 안전밸브를 얻었다.

II

　유엔결의안이 통과된 후 몇 주 만에 유엔군은 38선 이남의 영토를 대부분 서서히 회복해 나갔다. 1951년 2월 중순 중앙전선에서 공산군과 대접전을 벌인 후 유엔군은 천천히 북쪽으로 진격, 3월 중순엔 서울을 재탈환했다. 3월 말 서부전선의 끝 부분을 제외하고는 거의 전쟁 이전의 국경선 수준을 회복했다. 3주 후 유엔군의 전선은 옹진반도를 제외하고 거의 모든 지역에서 38선의 약간 북쪽으로 형성되었다. 35)

---

34) *Ibid.*, 135.

35) Blair, *Forgotten War*, 715~800; Roy E. Appleman, *Ridgway Duels for Korea* (College Station: Texas A&M University Press, 1990), 376~

그러자 워싱턴 행정부 내에서 확전을 외치던 목소리가 조용해졌다. 그러나 완벽한 승리를 원하던 맥아더의 열망과는 아직도 거리가 멀었다. 지난 12월 모든 미국대표는 본국으로부터 사전승인을 받지 않는 한 공식석상에서 자극적인 말을 자제하라는 트루먼의 명령에도 불구하고 맥아더 유엔사령관은 2월과 3월에 걸쳐 여러 차례 한국에서의 공군력 투입을 금지하는 미국의 정책과 군사적 교착상태의 가능성에 불만을 강하게 표출했다. 36) 참다못한 워싱턴은 3월 24일 맥아더를 징계했다. 중국의 군사력이 보잘것없으며 유엔군은 확전을 통해 중국 "군대를 당장 붕괴"시킬 수 있는 충분한 능력이 있다고 말하면서 적군 사령관에게 "더 이상 피를 흘리지 말고" 유엔의 정치적 목적인 한반도 통일을 실현하기 위한 방안을 함께 만나 협의하자고 제안한 게 화근이 되었다. 37) 맥아더가 대통령이 평화안을 곧 발표할 계획이라는 사실을 알고 있으면서 이 말을 한 것은 애치슨의 말대로 일종의 '사보타지'(sabotage)였다. 38)

4월 5일, 맥아더의 비판이 세 번씩이나 언론에 대서특필되자 워싱턴은 그의 해임을 고려하기 시작했다. 39) 그 전날 미 상원은 3개월 동안의 논의 끝에 4개 사단을 유럽에 파병하는 내용의 결의안을 승인했다. 이는 북대서양조약기구 강화를 위한 트루먼 행정부의 주요 계획 중 하나였다. 게다가 중공군이 봄에 대규모 공세를 준비하고 있다는 첩보가 한국에서 날아왔다. 만주에 있는 적군의 전투기 수에 대한 보

429.

36) James, *Years of MacArthur*, 3: 581~584; Dennis D. Wainstock, *Truman, MacArthur and the Korean War* (Westport, Conn. : Greenwood Press, 1999), 116~118.

37) *NYT*, 1951년 3월 24일.

38) *Present*, 519.

39) *KW*, 178~179.

도가 맞는다면 공산군은 북한에서 유엔의 공중폭격과 함대포격을 저지하는 현재의 수준을 훨씬 뛰어넘는 정도로 전쟁을 확전할 수 있는 가능성이 높았다. 1월 중순 공산군은 전투기를 더욱 보강해 압록강 이남 지역으로까지 군사작전을 확대했다.[40] 이제 유엔지상군과 병참보급선, 한국의 항구와 심지어 일본까지도 공격할지 모른다는 두려움이 엄습했다. 쉽게 전세를 적군에게 유리한 방향으로 바꿀 수 있는 그런 공격에 대비하려면 유엔사령관은 재빨리 움직여야 했다. 이를 위해선 유엔전투기가 만주에 있는 적군기지까지도 추격할 수 있도록 명령하는 권한이 필요했다.

4월 5일, 미 합참은 이를 허가하는 새로운 명령을 작성해 대통령의 승인까지 받았으나 정작 도쿄에 있는 맥아더에게는 전달되지 않았다. 워싱턴의 정책결정자들은 긴장이 고조된 상태에서 맥아더가 이 명령을 기회로 불필요함에도 불구하고 전쟁을 확대시킬까봐 우려했다.[41] 이에 따라 4월 8일 합참본부와 마샬 국방장관은 대통령에게 "군사적 견지에서" 맥아더를 소환할 것을 요청했다.[42] 애치슨까지 가세한 상황에서 트루먼은 결국 다음 날 결심을 굳혔다. 한편 그는 핵폭탄으로 무장한 1개 비행대대를 태평양 서부로 이동하라는 명령을 내렸다.[43]

1월의 경우 동맹국의 의견이 미국의 의사결정에 영향을 미쳤다. 미국 지도자들은 맥아더에게 새로운 권한을 부여할 경우 다른 북대서양조약기구 회원국들이 이를 용납하지 않을 거라는 걸 깨달았다. 맥아더가 유엔사령관 자리에 있는 한 거의 불가능한 일이었다. 이미 4월 6일 영국은 압록강 너머의 보복공격에 대한 미국의 계획에 대해 '잠정적'

---

40) "Red," 172.
41) *Ibid.*, 180~181.
42) Memo for the Record, by Bradley, April 24, 1951, RG218, NAII.
43) Roger Dingman, "Atomic Diplomacy during the Korean War," *International Security* 13(winter 1988/1989) : 69.

반응을 보임으로써 이를 분명히 했다. 영국은 두 가지 선결조건을 내세웠다. 먼저 동맹국 장관급 회담에서 이를 논의하고 중국에게 "당장 공중폭격을 중단"하라고 경고를 보내야만 한다고 주장했다. "확전의 가장 큰 위험은 한반도 외부로부터의 대규모 공중폭격보다는 맥아더의 성급함과 정치적 무책임"이라는 허버트 모리슨 외무장관의 말은 영국의 견해를 단적으로 보여준다. 44)

맥아더가 해임된 후에도 영국은 사전상의 없는 한국국경 너머의 보복공격에 대해 동의하지 않았다. 맥아더의 해임을 빌미로 공화당은 트루먼과 애치슨을 공격하며 심지어 탄핵까지 요구했고 여론조사에 따르면 맥아더를 동정하는 사람들이 날이 갈수록 늘어났다. 영국은 트루먼 행정부가 미국 내 여론에 밀려 한국문제에 대한 통제력을 잃게 될까봐 우려했다. 45)

워싱턴은 4월 22일 중공군의 1차 춘계공세가 시작된 지 7일이 지나서야 새로 부임한 리지웨이 유엔사령관에게 확대된 권한을 주었다. 한편 베이징과 모스크바는 이미 4월 초에 미국언론에서 이러한 권한에 대한 추측보도가 나돌았기 때문에 이미 리지웨이가 그 권한을 받았거나 아니면 공중전이 확대될 경우 받게 될 거라고 믿었을 것이다. 46) 4월 26일 이들은 미국 유엔대표부로부터 새어 나온 정보를 통해 사실을 확인했다. 47) 그러나 도쿄에 전달된 새 권한은 매우 제한적이었다. "가능한 한 행동을 취하기 전에 합참의 조언을 구하고 어떤 경우라 하더라도 당장 합참에 사실을 알리며 동맹국들에게 통지할 때까지 공식발언을 자제"하라고 합참본부는 리지웨이에게 지시했다. 48) 미 국무부의

---

44) Morrison to Sir Oliver Franks(영국 미대사), April 6, 1951, FO371/92757, PRO.
45) *KW*, 182~184, 188.
46) *NYT*, 1951년 4월 8일자; *FRUS, 1951*, 7: 316~317.
47) *NYT*, 1951년 4월 26일자.

상당한 비밀 로비활동에도 불구하고 영국은 정부차원의 사전상의 없이 만주폭격에는 동의하지 않겠다고 버텼다. 49)

맥아더의 해임 이후 절정에 이른 또 다른 문제는 바로 중국에 대한 경제제재였다. 중국에게 협상테이블을 제공하기 위해 조직된 유엔총회의 특별위원회가 실패로 끝나자 미국은 경제제재를 권고해 달라고 유엔에 요청했다. 워싱턴은 이미 지난 12월 중국과의 무역을 모두 봉쇄했으며 다른 비공산권 국가들도 미국을 따라줄 것을 기대했다. 애치슨은 트루먼이 맥아더를 송환 조치한 이후 경제제재의 조기실행을 가장 중요하게 여겼다. 그 어느 때보다 행정부는 먼저 적에게 한국에서 미국의 전력이 절대 약해지지 않았음을 분명히 전달하고 또 성난 미국 국민들에게 전쟁을 확대하지 않고서도 정전할 수 있는 계획이 있음을 보여줘야 했다.

5월 초 상황은 급박하게 전개되었다. 2주 전 미 의회에서 매우 감동적인 연설을 했던 맥아더 장군은 5월 3일 상원군사위원회와 외교위원회 합동청문회에서 증언을 시작했다. 그는 첫 번째 증인이었다. 대부분 외부에 공개된 이 청문회는 6월까지 이어졌으며 트루먼을 제외한 행정부의 주요 외교·군사 정책결정자들이 거의 증인으로 참석했다. 무엇보다 맥아더는 미 동맹국의 기여는 '상징'에 불과하며 — 사실 지상군의 80% 이상이 미군과 한국군이었다 — 상당한 전략물자가 영국령인 홍콩을 통해 중국으로 흘러들어 가고 있다고 주장하여 미국 내 국수주의적 감정을 부추겼다. 50) 심지어 맥아더를 항상 비판했던 《뉴욕타임스》지마저 그의 주장에 동조했다. "어느 누구도 침략에 대응하는 길이 침략자에게 무기를 주는 것이라 주장할 수 없을 것"이라고 이 신문은 일침을 가했다. 51) 곧 상원에서 예산안에 수정법안이 마련되었

48) *FRUS*, *1951*, 7: 386~387.

49) *KW*, 188~189.

50) *MSFE*, 42, 51~52, 104, 110, 121~122.

다. 이는 공산권 국가에 전쟁관련 물자를 판매하는 국가에게 미국의
경제원조를 중단한다는 내용이었다. 52)

이때 유엔총회의 추가조치위원회(Additional Measures Committee)
가 열리자 미국은 석유, 원자력 자원, 무기, 화약, 그리고 이를 감출
수 있는 물품 등을 포함한 전쟁 도구 물자 등에 대한 봉쇄를 요구하는
내용의 제안서를 제출했다. 동맹국들은 시기상으로나 — 당시 중국의
1차 춘계공세는 실패로 끝났고 평화협상의 분위기가 무르익고 있었다
— 지나치게 범위가 넓다는 이유 등으로 이 제안에 반대했다. 그러나
미국의 압력은 상당했다. 5월 10일 결국 영국이 지지를 선언했고 4일
후 이 제안서는 유엔위원회를 통과했다. 4일 후 미국의 주장을 모두
담은 결의안이 만장일치로 총회를 통과했다. 53)

5월 16일 시작된 중공군의 2차 공세는 이 결의안이 유엔을 통과하
는 데 큰 도움을 주었다. 한편 동맹국들은 미국이 중국에 대한 압력수
위를 더욱 높일까봐 걱정했다. 이미 트루먼 행정부는 타이완에 군 사
절단을 보내고 국민당 정부에 대한 군사지원을 강화하고 이를 북대서
양조약기구 수준으로 높이겠다고 발표했다. 54) 17일 장제스 총통은 중
국 본토에서 2차 전선을 개시하라고 요구했다. 다음 날 극동담당 국무
성 차관보인 딘 러스크는 뉴욕에서 행한 매우 공격적인 연설에서 중국
을 소련의 위성국으로 규정하며 미국은 "중국에 의한 우리 우방의 그
어떤 수모에도 굴하지 않을 것"이라고 맹세했다. 55)

---

51) *NYT*, 1951년 5월 7일자.

52) *Congressional Record*, 97(May 9, 1951) : 5101~5102.

53) *KW*, 190~192. 소비에트 블록은 투표를 거부했으며 스웨덴을 위시해 아
랍-아시아 중립국들은 기권했다.

54) *NYT*, 1951년 4월 22일자와 5월 6일자.

55) 장제스의 성명에 대해선 *NYT*, 1951년 5월 17일자. 러스크 연설은 *DSB*
24(May 28, 1951) : 846~848.

상원청문회에서 오마 브래들리(Omar Bradley) 합참의장은 한국전
쟁이 계속된다면 군사작전을 한국에 국한시킬 생각은 없다고 시사했
다. 현재 전략은 적이 감당할 수 없을 정도로 전쟁비용을 최대한 늘려
적으로 하여금 전쟁을 포기하도록 한다는 것이었다. 원하는 결과가 일
정 기간 안에 나타나지 않을 경우 더욱 공격적인 방법을 선택한다는
계획이었다. 다시 말해 최고 정책결정자들에게 자제는 절대적이 아닌
상대적인 선(善)이었다.56)

Ⅲ

모스크바와 베이징은 상원청문회에 대한 미국 언론보도를 하나도
놓치지 않았다. 증인 중에는 반덴버그 장군도 있었다. 그는 미 공군이
대(對) 소련 핵공격 능력을 상당히 훼손하지 않은 채로 중국의 전쟁수
행 능력을 초토화시킬 수는 없을 거라고 추정했다.57) 미국과 서유럽
언론에서 집중적으로 보도했던 동맹국들의 반대 이외에도 워싱턴이 한
국전쟁을 확대할 수 없었던 여러 중요한 이유가 있었다. 그러나 공산
권 지도자들은 한국에서 전쟁이 지속되는 한 확전은 언제라도 가능하
다는 것을 알고 있었다. 미국의 입장에서 볼 때 유엔군이 한반도에서
패배해 쫓겨났다면 확전의 가능성은 높아졌을 것이다.

1950년 12월과 1951년 4월 스탈린은 이러한 결과를 목표로 중공군
의 대규모 공격을 지지했다. 1951년 3월 중순 그는 심지어 소련 공군
부대 일부를 북한지역으로 이동시켜 중공군의 병참보급로를 더욱 안전
하게 지켜주자는 제안을 승인하기까지 했다.58) 이 제안은 실행에 옮

---

56) *MSFE*, 731~733, 756, 898, 937~938.
57) *Ibid.*, 1379, 1385, 1393, 1398~1399.
58) "Korean," 125.

겨지지 않았다. 북한의 비행장이 적의 공격으로부터 안전하지 않았기 때문이다. 그럼에도 불구하고 1개 소련 공군부대가 만주에서 북한으로 이동했다. 4월 초 한반도 북서부 지역에서 공중전이 다시 활발해졌다.[59] 스탈린은 전투병 파병이나 유엔군 혹은 적의 병참보급로를 상대로 한 소련공군의 참전을 계속 거절했다. 만약 원했다면 스탈린은 북동아시아에서 군사행동을 증가시키거나 서유럽을 침공함으로써 쉽게 전쟁을 확대할 수 있었을 것이다. 그는 왜 중국에겐 한국을 공격하라고 부추기면서 그러한 모험은 피했을까?

1950년 12월 소련 언론보도와 모스크바 관청, 폴란드 대표의 도움으로 소련 외상 안드레이 비신스키(Andrei Vishinsky)와 공산권 유엔 대표들과의 회담에 대한 미 국무부 보고서 등은 초기 중공군의 반격에 대한 소련의 생각을 분명히 보여준다.[60] 소련은 특히 미국이, 그리고 보편적으로 서방세계가 분열되고 혼란에 빠져 있어서 중국의 반격에 제대로 대응하지 못할 거라고 판단했다. 비신스키의 코멘트를 분석한 미 국무부 보고서는 이 관점을 정확히 꿰뚫어 보고 있다.

지금 당장 전쟁은 없을 것이다. 우리는 전쟁을 할 의사가 없으며 미국은 그럴 능력이 없다. … 왜냐하면 미국은 정치적·경제적 해체에 직면해 있기 때문이다. 고립주의 분위기가 급속도로 확산되고 있으며 분열이 확산되기 시작했다. 미국 국민들은 미국에게 진정한 우방이 없으며 상황을 마음대로 통제할 수 없다는 것을 더욱 확신하고 있다. … 미국은 서유럽 국가들을 지배하려고 한다. 이들은 내부의 경제적 문제 때문에 어느 정도 미국에게 기댈 수밖에 없다. … 그러나 이들은 미국의 현재 정책을 매우 반대하고 있다. 이를 끝까지 따를 경

---

59) *MMR*, 148; "Red," 148.

60) "Korean," 109~110; *KW*, 145~146; *FRUS*, *1951*, 4: 1522~1523. 국무부 비망록 작성자는 "언급된 출처는 모든 과거 대화에서 정확하다고 증명된 것"임을 지적했다.

우 오직 재앙만이 초래된다는 것을 알기 때문이다.[61]

자본주의 국가 내부와 국가간에 '내부적 모순'을 강조하는 맑스-레닌
주의적 전제의 영향을 받긴 했지만 이 분석에는 상당한 진실이 담겨
있다. 이런 상황에서 스탈린은 한반도에서 중공군과 북한군의 진격전
략이 서방진영을 화합시키기보다는 분열을 조장할 확률이 높다고 판단
했다. 분열을 막기 위해 미국이 한국문제나 타이완, 중국의 유엔대표
문제, 혹은 일본 평화조약에서 양보한다 해도 별로 소련에게 손해될
게 없었다. 만약 미국이 한국에서 군사작전을 포기하지 않거나 중국에
게 정치적·경제적으로 보다 강경한 태도를 취한다 해도 소련은 견딜
만했다. 비록 두 번째 경우가 소련에겐 더 이롭겠지만 말이다. 맥아더
가 원했던 것처럼 전쟁이 중국 본토까지 확대된다면 서방세계의 동맹
이 해체되고 유럽에서 미국이 누려왔던 정치적·군사적 지위가 약해질
게 뻔하기 때문에 이 역시 소련에게 유리했다. 가장 큰 위험은 소련에
대한 전면 핵공격이었다. 그러나 상당한 사전경고나 동맹국의 전폭적
지지 없이 미국이 독자적으로 행동을 취할 수 없기 때문에 그 가능성
은 매우 낮아 보였다.

이런 계산을 토대로 스탈린은 소련의 직접적 개입을 최소화하면서
마오쩌둥과 김일성에겐 공격을 하라고 선동했다. 동유럽 공산국 정부
들에겐 군수산업을 강화하도록 압박하고 북대서양조약기구 국가들에
겐 미국이 주창하는 서독의 재무장이 전쟁을 불러올 거라고 협박했
다.[62] 이러한 태도는 봄까지도 계속되었다.

그러나 6월 초 중공군의 공격이 실패하고 십만 명 이상의 사상자가
발생했다. 중국은 거의 무한에 가까운 인력을 보유했지만 가장 전투경
험이 풍부하고 사기가 높은 많은 부대들이 타격을 입었다. 중공군은

---

61) *FRUS, 1950*, 7: 1522~1523.
62) *KW*, 160~162.

결국 과거 국민당 밑에서 싸웠던 군인들을 불러왔는데 이들은 식량과 화약이 부족할 경우, 막강한 적의 화력 앞에 쉽게 항복하곤 했던 군인들이었다. 6월 첫째 주말까지 유엔지상군은 4월 말과 5월에 빼앗겼던 모든 영토를 회복했을 뿐만 아니라 동쪽지역은 38선에서 북쪽으로 약 40마일까지 진격했다. 임진강 동쪽의 다른 지역에선 15~25마일 정도까지 북상했다. 63)

게다가 서방세계의 동맹은 굳건했고 오히려 더욱 강화되는 모습을 보였다. 1950년 12월 트루먼은 드와이트 아이젠하워(Dwight D. Eisenhower) 장군을 초대 북대서양조약기구 사령관으로 임명했다. 1951년 초 그 위대한 군인출신 정치가가 유럽에 도착하자 동맹국들의 두려움이 상당히 진정되었다. 미국은 서독의 재무장과 미군의 유럽파병을 동시에 추진하겠다는 초기계획에서 한발 물러났다. 4월 초 미 의회가 유럽파병을 승인했고, 5월에는 1개 사단이 유럽대륙에 도착했다. 추가로 3개 미군사단과 2개 영국군사단이 유럽대륙에 파병되었고 북대서양조약기구를 그리스와 터키까지 확대하는 계획이 추진되었다. 미국과 영국, 프랑스는 소련을 따르지 않고 독자노선을 선언한 유고슬라비아의 티토 공산정권에게 군사원조를 약속했다. 대서양 양안에서 재무장 프로그램이 원활히 진행되자 유럽의 자유민주주의 국가들은 서독의 재무장을 예전만큼 우려하지 않게 되었고 그로 인해 서독의 재무장은 더욱 가능성이 높아졌다. 64)

일본과의 관대한 평화조약 협상도 진척되었다. 이 조약은 소련과 중국을 제외하고 미군이 계속 일본열도에 주둔하며 일본 자위대의 창설을 승인하는 내용을 담았다. 호주와 뉴질랜드는 미국과의 안전조약을 약속받고 이에 찬성했다. 필리핀도 마찬가지였다. 영국은 마지못해

63) Appleman, *Ridgway Duels for Korea*, 553~580.
64) *KW*, 146, 164, 199~200, 201~202.

중국 국민당을 협상과정에서 제외시키고 일본의 선박건조 권리를 제한
해 아시아 무역에서 영국에 도전하지 못하도록 한다는 미국의 동의를
조건으로 일본과의 평화조약에 서명했다. 65)

　서방의 결속력은 더욱 강화된 반면 공산권 세계에서는 갈등이 싹트
기 시작했다. 마오는 공군은 물론 지상에서조차 소련의 전쟁물자 지원
에 불만이 가득했다. 중국은 봄 공세의 실패원인을 월등한 적군의 화
력에 돌렸다. 중공군은 지상군을 지원사격할 전투기와 중화기가 절대
적으로 부족했다. 또 많은 소련제 무기가 형편없었고 심지어 고장난
것도 있었다. 게다가 이 모든 군사지원은 비록 외상이지만 유상이라는
소련의 말에 마오는 더욱 화가 났다. 기술・경제・군사 분야를 망라해
모든 소련의 고문에게 치외법권을 포함해 특별대우를 해 줄 것을 스탈
린은 요구했다. 66)

　물론 스탈린은 지엽적 시각을 가진 마오와 달리 군사문제에 관해 세
계적 시각을 갖고 있었다. 소련의 생산성은 한계가 있었고 유럽무대에
서 공산주의 세력은 집중적 근대화 과정에 몰두하고 있었다. 6월 21일
마오가 연말까지 60개 중공군 사단에 무기를 지원해 달라고 요청하자
스탈린은 "물리적으로 불가능하며 도저히 상상할 수 없다"고 일축하고
1954년 상반기 정도에나 가능할 거라고 대답했다. 67) 그는 또 중국공
군의 참전이 지연되고 있다며 불만을 표시했다. 6월 13일 그는 마오에
게 8개 공군부대를 한국전에 즉각 투입하라고 전문을 보냈다. 3일 후
스탈린은 중국에 파견된 소련의 최고군사고문에게 마오가 "조종사가

65) *Ibid.*, 200~201.
66) *MMR*, 133, 160, 177, 222~223; Zhang Shuguang, "Sino-Soviet
　　Economic Cooperation," in *Brothers in Arms: The Rise and Fall of the
　　Sino-Soviet Alliance, 1945~1953*, ed. Odd Arne Westad (Washington
　　D. C., and Stanford, Calif.: Woodrow Wilson Center Press and
　　Stanford University Press, 1998), 199.
67) "Korean," 136~137.

아닌 교수를" 육성하고 있다고 불평했다. 68) 확실히 소련과 중국은 서로 상대방의 행동이 못마땅했다.

중국과 북한 사이에도 문제가 있었다. 김일성과 펑더훼이는 1월에 공격을 계속해 38선 이남까지 내려갈지에 대해 정면충돌했다. 김일성은 남하를 고집했다. 마오와 스탈린은 결국 이 문제에서 펑더훼이를 지지했다. 69) 펑더훼이를 비롯한 중국장군들은 김일성이 단지 군사적 지도자에 지나지 않는다며 그를 멸시하는 분위기였다. 특히 김일성이 지난여름 베이징이 미국의 인천상륙작전 가능성을 경고했음에도 불구하고 사전조치를 취하지 않아 전세가 역전되자 이러한 시각은 더욱 굳어졌다. 김일성은 조선공산당의 중국세력으로 중공군 본부에서 북한군 대표를 맡은 박일우를 통한 마오의 지나친 간섭에 불평했다. 70)

김일성은 또 중공군이 북한국민을 대하는 태도에 대해서도 불만을 표시했다. 마오는 이 문제에서 중공군 사령관들에게 엄격한 명령을 내렸지만 제대로 실행되진 못했다. 그도 그럴 것이 중공군은 사실 제대로 식량이 배급되지 않아 굶주리곤 했다. 중공군은 굶주림을 채우기 위해 북한주민들로부터 식량을 갈취했고 이로 인해 마찰이 끊이지 않았다. 71) 중국 지도자들은 스탈린이 중국인을 무시했듯이 북한형제들을 동등하게 다루지 못했다.

공산권 동맹국들은 뭉쳐야만 냉전을 이길 수 있었기 때문에 공개적 분열을 인정할 수 없었고 결국 6월 한반도에서의 전술을 바꾸는 데 동의했다. 5월 말과 6월 초 중국은 중공군이 38선에서 평양-원산선까지

68) *Ibid.*, 132~133, 135~136.
69) *MMR*, 132.
70) Kathryn Weathersby, "The Soviet Role in the Early Phase of the Korean War: New Documentary Evidence," *Journal of American-East Asian Relations* 3(winter 1994): 15~16.
71) *MMR*, 205~209.

북으로 밀리자 유엔군이 북한 한복판에서 2차 수륙양면작전을 시도할
지도 모른다는 두려움에 휩싸였다. 그런 가운데 중국 내 상황이 갑자
기 악화되었다. 서부지방의 가뭄으로 목화공급이 부족해져 2주 이상
직물공장 가동이 중단되었다. 소련으로부터 중장비를 구입하기 위한
대규모의 국민헌금운동이 불가피했다. 서부와 남부 지방에서 반공산당
게릴라들의 활동이 비록 약해지긴 했지만 여전히 중국공산당이 나라
전체를 이데올로기적으로, 또 물리적으로 완전히 통제하는 데 방해가
되었다. 마오는 이제 특정전선을 집중적으로 선택 공격해 장기적으로
적군을 지치게 만드는 전략을 구사하면서 동시에 협상을 통해 휴전의
가능성을 모색하기에 이르렀다. 72)

　6월 3일, 베이징을 방문한 김일성은 처음엔 조기협상을 반대했지만
중국에 의존해 전쟁을 치르고 있었기 때문에 결국 38선을 중심으로 휴
전협상을 하는 데 동의하지 않을 수 없었다. 마오는 6월 5일 스탈린에
게 전문을 보내 모스크바에서 중국공산당 정치국의 가오강〔高崗〕과 김
일성을 만나 한국의 휴전에 대해 논의해 줄 것을 요청했다. 스탈린은
동의했다. 9일 후 가오강과 김일성을 만난 스탈린은 마오에게 휴전이
이로울 것 같다고 말했다. 73) 이때 유엔군은 북진을 중단한 상태였다.
애치슨은 상원청문회에서 미국이 38선이나 그 주변에서 전쟁을 종결
할 의사가 있음을 시사했다. 미 국무성에서 잠시 휴직상태에 있던 유
명한 외교관인 조지 케넌(George Kennan)은 소련 유엔대사 야곱 말리

---

72) *Ibid.*, 156~157; *Mao's China*, 97~98. 중국 내부상황에 대해서는 베이
　　징 주재 영국총영사였던 Leo Lamb이 1950년 6월 22일과 7월 14일 영국외
　　무성에 보낸 문서를 참조(FO371/92191 and FO371/92201, PRO); US
　　State Department, Office of Intelligence Research, "Current Public
　　Opinion in Communist China," OIR Report No. 5532, May 14, 1951,
　　Box 303, Averell Harriman Papers, Library of Congress, Washington,
　　D. C.
73) "Korean," 126~133.

크에게 유사한 내용의 메시지를 전달했다.[74]

6월 13일 스탈린의 판단에 화답하며 마오는 적이 휴전을 제안할 때까지 기다리던가 아니면 모스크바가 케넌의 제안을 토대로 휴전을 요청하는 게 좋을 것 같다고 말했다. 마오는 협상조건에 대해 유연한 태도를 보이며 "평화를 위해 한국문제를 먼저 해결하도록 하자"고 스탈린에게 전문을 보냈다. 중국의 유엔대표 문제는 무시되어도 괜찮으며 비록 타이완의 미래에 대해서는 협상안건으로 제기해야 하지만 최종적으로 양보할 수도 있다고 했다. 한국문제에서 외국군의 철수를 주장하진 않았지만 휴전선에 대해서는 단호한 입장을 보였다. 국경선이었던 38선은 반드시 회복되어야 하며 "양측에 소규모 중립지대"를 설치하자고 주장했다. "북한 측에만 중립지대를 만드는 것은 절대로 불가능하다"고 강조했다.[75] 지난 12월에 이미 밝힌 비무장지대가 38선 이북에 위치해야 한다는 미국의 공식입장과는 물론 김일성의 생각과도 궤를 달리하는 방안이었다.[76] 마오는 또 스탈린에게 "8월 적군에게 보다 강한 치명타를 안겨줄 준비를 하고 있다"고 말했다.[77] 그는 종전을 향한 중요한 첫 단계를 시도할 생각이었다. 그러나 미국이 수용가능한 조건으로 곧 휴전에 동의할지 확신할 수 없었다.

그 어떤 요소보다 전황의 변화 때문에 스탈린과 마오는 그들의 목표를 재검토하기에 이르렀다. 지난 9월과 12월 미국이 그랬듯이 말이다. 서방과 공산권이 다른 점이 있다면 서방세계의 경우 서유럽과 캐나다가 미국의 행동을 제약한 반면 공산권은 리더인 소련이 주변국을 억제시켰다. 즉, 중국과 북한은 소련의 보다 깊은 개입을 원했다. 무엇보다 지상군을 소련공군이 직접 엄호해 주길 바랐다. 소련의 엄호가 전

---

74) *KW*, 202, 205~207.
75) "Korean," 134~135.
76) *FRUS*, *1950*, 7: 1549~1550.
77) "Korean," 134; *MMR*, 156~157.

황에 미쳤을 영향은 제쳐 두더라도 그러한 지원은 감추기 불가능했을 것이다. 소련조종사가 탄 소련전투기가 적에게 공격당해 적군의 영토에 추락하면 신원이 밝혀질 가능성이 있었기 때문이다. 따라서 스탈린은 소련조종사들에게 전선으로부터 충분히 멀리 떨어진 좁은 지역에서만 작전을 수행하도록 허용함으로써 공식적으로 불개입 원칙을 지켜나갔다. 미국의 경우 동맹국의 반대가 없었다면 1950년 11월에 이미 북한에 들어온 적기를 만주기지까지 추격했을 것이다. 78) 그랬다 하더라도 소련이 대대적 반격에 나서진 않았을 것이다. 그러나 동맹국의 지속적 압력이 없었다면 아마 누구도 통제할 수 없는 상황으로 발전했을 것이다.

타이완과 남한의 지도자들은 오히려 이를 반겼을지도 모른다. 중국 국민당에게 확전은 공산당으로부터 중국 본토를 되찾을 수 있는 유일한 현실적 기회였기 때문이다. 또 이승만과 그의 지지자들에게 확전은 중공군의 개입에 맞서 한국을 통일시킬 수 있는 최선의 방안을 의미했다. 이들 모두 자신의 정치적 목적을 이루기 위해서라면 세계전쟁도 불사할 태세였다.

그러나 이들 중 어느 누구도 미국에게 영향을 미치진 못했다. 타이완의 국민당은 미국 비밀요원들의 도움을 받아 자국의 영토인 섬에서 본토의 해안을 공격하는 소규모 작전을 여러 차례 감행하기도 했다. 그러나 중국의 생존을 위협하거나 소련군을 자극하진 못했다. 79) 한편 이승만은 종전의 선결조건으로 통일을 주장하면서 유엔군의 중국공격 확대보다는 미국의 지원을 통한 남한군의 전력을 증강시키는 데 주력했다.

그러나 휴전협상이 임박하자 남한은 새로운 위협을 가했다. 5월 말

---

78) *FRUS, 1950*, 7: 1242, 1263~1265, 1279, 1308, 1312~1313, 1327~1328.

79) Frank Holober, *Raiders of the China Coast: CIA Covert Operations during the Korean War* (Annapolis, Md.: Naval Institute Press, 1999).

에서 6월 초 김일성이 조용히 38선 회복을 위한 새로운 군사공격을 감행하자고 중국을 설득하는 동안 남한정부는 압록강까지 정복하지 못한 상태에서 전쟁을 중단해서는 안 된다며 대규모 반대시위를 하도록 국내 여론을 선동했다. 이승만은 유엔이 통일을 향한 자국의 염원을 저버린다면 극단적 행동도 불사하겠다고 은근히 협박했고 내각 역시 그를 지지했다. 국회는 보기 드물게 이승만과 뜻을 같이 하고 만장일치로 '독립적 통일조국'을 건설할 때까지 전쟁을 계속한다는 내용의 결의안을 통과시켰다. 대규모 시위가 당시 전시정부가 있던 부산에서 벌어졌다. 80)

6월 말 유엔사령관과 공산군 사령관이 빠른 속도로 협상개시를 향해 움직이는 가운데 남한내각은 휴전에 동의하는 조건으로 중공군의 철수를 요구했다. 그리고 북한 공산당을 무장해제하고 어떤 나라도 북한에 군사적·재정적 지원을 제공하지 못하도록 유엔이 보장해 달라고 했다. 또 "대한민국의 자주권과 영토보전"을 인정해 달라고 요청했다. 81) 무치오 대사는 휴전협상이 시작된 날 본국에 전문을 보내 "남한정부가 심각한 행동"을 취할 것 같진 않다고 보고했다. 한편 이승만은 지금까지 워낙 휴전 자체를 반대했기 때문에 협상이 기정사실이 된 후에도 공식적으로 입장을 바꿀 수 없었다. 82) 남한군이 유엔지상군의 절반 이상을 차지하는 상황에서 이승만은 자신의 본거지를 볼모로 상당한 이간질을 할 수 있었다.

그러나 남한은 미국의 지원이 있어야만 살아남을 수 있었다. 미국과

---

80) Pusan 213 to Department of State, June 16, 1951, and Pusan 8 to Department of State, July 6, 1951, Box 4273, 795. 00. RG59, NAⅡ; Muccio to Acheson, June 6, 1951, Box 9, Selected Records Related to the Korean War, HSTL; *NYT*, 1951년 7월 2일자.

81) *NYT*, 1951년 7월 1일자; *FRUS, 1951*, 7: 601~604.

82) *FRUS, 1951*, 7: 645.

동맹국들에게 한반도의 통일은 그렇게 중대한 문제가 아니었다. 우세한 전력에도 불구하고 유엔군은 지상군을 외부로부터 보충할 능력이 없었다. 반면 중공군은 만주에 약 75만 명의 예비병력을 보유하고 있었다.[83] 과거 한반도 통일시도의 실패로 상당한 상처를 입은 미국은 이제 완전한 승리보다는 휴전을 생각하고 있었다. 소련과 중국도 같은 생각을 하고 있고 북한마저 마지못해 대세를 따르기로 결심한 상태에서 확전의 위험은 거의 사라졌다.

---

83) *USAKW*, 3: 405.

제 6 장
휴전협상의 장기화
(1951년 7월~1953년 7월)

1951년 6월 말 애치슨 국무장관은 조기휴전의 가능성이 적어도 '50 대 50'이라고 믿었다. 최근 공산당 선전문을 보면 타이완 문제와 중국의 유엔대표 문제, 한반도에서 외국군 철수 등을 요구하는 목소리가 많이 약해졌기 때문이다. 소련 외무장관은 현지사령관간의 군사회담을 희망한다는 의사를 내비쳤다. 이 제안은 과거 소련이 적어도 1개의 중립국과 공산국의 입장에 부분적으로 동의하는 미국의 동맹국, 즉 영국이 포함되어야 한다는 다자회담 형태보다 더욱 솔직하고 일관성 있는 휴전협상을 가능케 했다. 1)

7월 초 마오는 "10~14일이면 협상을 준비해 마칠 수 있다"고 추측했다. 그는 새로운 유엔군의 공격가능성에 계속 주의하라고 명령했지만 약 한 달 전 적군의 공격이 중단되고 중공군 병력보강이 재개되면서 좀 더 낙관적으로 미래를 내다보게 되었다. 회담에 참석하기 위해 한국으로 간 중국협상가들은 협상이 단기간 안에 끝날 거라 믿고 여름옷만 가

---

1) *KW*, 210, 221.

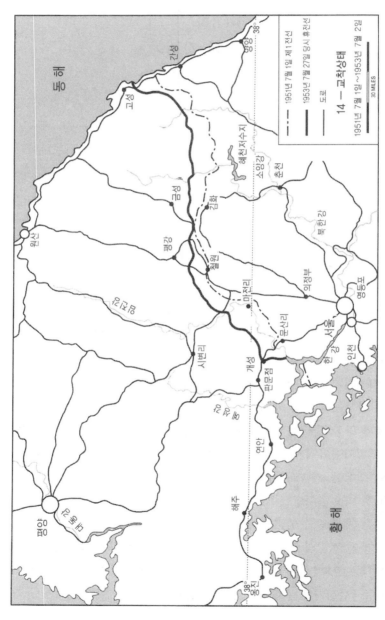

지도 6. 교착상태에 빠진 전투.

져갔다. 2)

한국전쟁이 2년 이상 더 이어지고 사상자 수가 거의 2배나 늘어날 것을 예상한 사람은 거의 없었다. 양측 모두 군사적 균형을 바꾸려고 시도하지 않았는데도 말이다. 사실 5개월 정도의 협상 끝에 1951년 11월 27일 휴전선에 대한 잠정합의가 이루어졌다. 1953년 7월 27일 휴전협정이 마침내 체결되었을 때 정해진 휴전선의 최종위치는 2년 전 합의했던 곳에서 겨우 몇 마일 거리였다.

휴전협정을 맺기까지 왜 그렇게 오랜 시간이 걸렸을까? 군사적 균형이 계속되어 양측 모두 전쟁을 중단해야 할 이유가 없었던 걸까? 아니면 교착상태가 그토록 오래 지속될 수밖에 없었던 더 심오한 상황적, 이데올로기적, 혹은 정치적 이유가 있었던 걸까? 왜 결국 전쟁은 끝이 났는가? 이러한 질문에 대한 대답은 한국전쟁의 성격과 더 나아가 냉전의 특징에 대해 많은 시사점을 제공한다.

I

심각한 이데올로기와 문화적 차이가 참전국들을 동서로 갈라놓았다. 양측 모두 서로에게 깊은 반감과 불신을 갖고 있었다. 한국전쟁이 끝나더라도 서방국가들과 공산권 간의 세계적 대결은 물론이고 지역적 대립조차 해결되지 않을 거라는 사실을 알고 있었다. 또 한국의 휴전이 냉전에 영향을 미칠 거라는 것도 깨달았다. 1951년 8월 말쯤 나타나기 시작한 현상은 휴전협상에서 다루어야 할 모든 이슈에 걸쳐 치열한 대결이 불가피함을 암시했다.

미국 지도자들은 한국의 휴전이 다른 지역에서 공산당의 도발로 이

---

2) *Mao's China*, 100.

어지진 않을까 노심초사했다. 특히 동남아시아 지역이 문제였다. 또 서방의 전시대비가 약해질까봐 걱정했다. 미 극동공군사령관 웨이랜드(O. P. Weyland) 중장은 7월 3일 리지웨이 장군에게 유엔군이 한국에서 "군사적으로 아주 양호한 상태"에 있으며 한국전쟁은 미군에게 "소중한 훈련장"일 뿐만 아니라 본국의 지속적 군비확장을 위한 이상적 환경을 제공하고 있다고 말했다.

한편 공산주의자들은 관심을 인도차이나로 돌릴 수 있기 때문에 한국의 휴전으로부터 얻을 게 많을 거라고 했다. 이미 중국은 프랑스군과 대치하고 있던 호치민 혁명군에게 필요한 지원을 제공하고 있었다. 웨이랜드는 중국의 호치민 지원이 증가할 경우 프랑스가 패배할지도 모르며 그럴 경우 공산주의는 서쪽으로 진출해 동남아시아를 거쳐 인도로, 그리고 중동까지 그 세력을 뻗치게 될 거라고 우려했다. 3)

리지웨이는 미국 재무장 프로그램의 쇠퇴를 걱정했다. 그는 7월 4일 합참본부에 보낸 보고서에서 "2차 세계대전 이후 우리 군대의 치욕적 패주(敗走)가 재현되는 것보다 미국과 자유세계에게 더 끔찍한 비극은 없을" 거라고 말했다. 4) 원자재 부족현상이 심각해져 물가가 치솟을 움직임을 보이고 많은 국회의원과 시민단체가 경제제재 완화를 요구하는 가운데 마샬 국방장관은 워싱턴 국무회의에서 이와 유사한 의견을 되풀이했다. 5)

이런 우려에도 불구하고 리지웨이는 유럽에서의 군사균형이 소련에게 유리한 상황에서 수십만 명의 미군을 한국에 묶어 두는 것은 바람

---

3) Weyland to Ridgway, July 3, 1951, Ridgway Papers, U. S. Army War College Library, Carlisle Barracks, Pa.

4) Ridgway to the Joint Chiefs, July 4, 1951, Selected Records Related to the Korean War, HST, HSTL.

5) "Notes on Cabinet Meeting, July 6, 1951," Box 1, Connelly Papers, HSTL. 재무장을 위협하는 정치적 압력에 대해선 *Truman*, 122~127.

직하지 못하다고 판단했다. 그는 협상팀에게 체면을 중요시하는 동양
의 전통을 염두에 두라고 지시했다. 즉, 적국 협상팀에게 이미 공식발
표한 입장에서 쉽게 빠져 나올 길을 마련해 주라고 했다.6)

그러나 한 달도 안 되어 리지웨이는 본국에 보낸 전문에서 적군을 맹
렬히 비난하며 중국문화의 섬세한 감정을 건드리는 전술을 제안했다.

공산당은 오직 자신이 이해하고 싶은 것만 이해한다. … 예의를 양보
로 여기고 또 양보는 약점이라 생각한다. … 자신의 중대한 의무를 마
음대로 부인하곤 한다. … 그러한 의무를 단지 최종목적을 달성하기
위한 수단으로밖에 여기지 않는다. … 잔인한 음모를 통해 권력을 얻
으며… 권좌를 지키기 위해 악랄한 짓을 서슴지 않는다.

이러한 사람들과 마주 앉아 이들을 계몽된 문명사회의 대표로 대
하다 보면 우리의 존엄성은 조롱거리가 되고 그들의 배반은 우리에
게 재앙을 가져다 줄 것이다. 유엔사령부 대표에게 이에 따라 어조
를 억제하고 치밀하게 사실적이며 적당한 언행으로 대응하며 또 불
성실하고 무례한 그들이 존중이란 게 어떤 건지 제대로 이해할 수 있
도록 언어와 방식을 선택하라고 지시하고자 한다.7)

개성에서 양측의 군사령관 대표가 초기에 가진 회담은 서로의 상반
되는 이데올로기와 문화적 차이를 분명히 보여주는 계기가 되었다.

7월 10일 회담이 시작되기 전에 그동안 '어느 누구의 땅'도 아니었
던, 유엔사령부가 협상개최지로 동의한 개성지역을 중공군이 점령하면
서 문제가 발생했다. 그 결과 공산군은 유엔군대표의 이동과 주변환경
을 자신에게 유리하게 통제할 수 있었다. 7월 10일 공산군은 유엔이
평화를 원하고 있다는 인상을 인위적으로 만들기 위해 회담장을 꾸미
느라 회담장으로 가던 유엔사령부 대표들이 탄 지프차를 한 시간 가량

6) *USAKW*, 2:19.
7) *FRUS*, *1951*, 7: 787~789.

그림 15. 개성 검문소 앞에 서 있는 유엔 차량. 1951년 7월.

그림 16. 회의장 정문에서 포즈를 취하는 유엔 휴전협정 대표단. 1951년 7월 16일.
왼쪽에서부터 알레이 버크 미 해군소장, 남한 측 백선엽 장군, 수석대표
를 맡은 터너 조이 해군중장, 로렌스 크레이기 소장과 헨리 호즈 소장.

길에 붙들어 두었다. 사절단은 시내에 들어서면서 사전에 합의한 대로
모든 차량에 흰색의 대형깃발을 달았고 공산당이 탄 세 대의 지프차가
이들을 인도했다. 이들은 전쟁으로 폐허가 된 거리를 지나갔다. 공산
당원들은 "정복자처럼 거만한 표정"을 지었다고 회담에 참가했던 한
미국인은 회고했다. 공산당 카메라맨들은 수십 장의 스냅사진을 찍어
아시아 전역에 배포했다. 8)

당시 유엔군 측 수석대표였던 터너 조이 해군제독은 헬기를 타고 개
성으로 갔다. 착륙 후 그는 "이를 악문 모습의 환영위원회"를 만났다.
그는 수석보좌관들과 함께 근처에 대기중이던 지프 호송차량에 올라
유엔사령부가 개성본부로 정한 건물로 이동했다. 언덕 위에 위치한 이
건물을 무장한 북한군들이 '빽빽하게' 포위하고 있었다. 9) 유엔군 측
대표들은 다시 지프차에 올라 공산당의 인도를 받으며 한때 최고급 식
당건물이었던 회담장소로 갔다. 조이 장군은 북한 측 수석대표인 남일
장군을 만났다.

경직된 자세로 양측은 서로에게 참석자들을 소개했다. 자리에 앉은
조이는 자신의 자리가 북쪽을 바라보고 있음을 깨달았다. 동양전통에
따르면 승자는 남쪽을 보고 앉는다. 그는 맞은편에 있는 키가 훨씬 작
은 남일 장군의 눈을 똑바로 응시했다. 공산당은 유엔군 수석대표가 앉
을 자리에 너무나 낮은 의자를 배치해 놓고 자신들은 높은 의자에 앉았
다. 조이는 곧 정상 높이의 의자를 가져다 달라고 말했다. 그러나 "공산
군 측 사진기자들이 이미 사진을 찍은 후"에야 의자는 전달되었다. 10)

유엔군 측 대표는 이동조차 엄격히 제한되었다. 잠시 쉬는 시간에

---

8) Charles Turner Joy, "My Battle Inside the Korean Truce Tent,"
  Collier's, 130 August 16, 1952, 40.

9) *Ibid.* ; *NWF*, 13~14.

10) Charles Turner Joy, *How Communists Negotiate* (New York : Macmillan,
  1955), 4~5.

조이가 21마일 정도 떨어진 문산리의 미군기지에 연락관을 보내겠다고 하자 공산당 보초병들은 지연작전을 써서 결국 본부와의 연락을 막았다. 11)

리지웨이는 즉각 조이에게 "낮 동안 임진강에서 회담장소까지 이동할 수 있는" 자유를 허용하고 유엔 측 대표단에 20명의 기자들을 추가해 줄 것을 요청하라고 지시했다. 7월 14일 밤이 되어서야 양측은 이 문제에 대해 합의했다. 공산당은 유엔 측 대표부가 기자들 없이는 협상을 계속하지 않겠다고 엄포를 놓은 후에야 두 번째 조건을 수용했다. 첫 번째 요구사항에 대해 양측은 개성 주변에 5마일의 중립지대와 회담장 주변 반경 0.5마일 지역에서 자유로운 이동에 합의했다. "헌병 임무에 필요하고 오직 이 임무만을 수행하는 무장군인"을 제외하고 어떤 군인도 5마일 중립지대에 들어오지 못하도록 했다. 회담장 주변 지역엔 어떤 무장도 허용하지 않기로 했다. 12)

교묘한 술수로 12일이나 허비한 후에야 양측은 의제에 합의했다. 이 의제가 채택되면 제2안건인 군사분계선과 비무장지대 협상으로 넘어가게 되어 있었다. 13) 38선이 명시되지 않은 것은 공산당의 양보를 의미했다. 그럼에도 불구하고 공산당은 여전히 38선만이 수용가능한 분계선임을 강조했다.

6월 26일, 애치슨은 38선이 휴전의 근거가 될 수 있음을 공식석상에서 시사한 바 있다. 그래서 공산당은 처음에 자신의 입장이 문제가 될 거라곤 예상치 못했다. 14) 그러나 7월 27일 조이 장군은 대부분의 38선 이북 지역뿐만 아니라 당시 전선에서 한참 북쪽에 위치한 지역까지 포함한 분계선을 제시했다. 그는 휴전하게 되면 지상전투뿐만 아니

---

11) *FRUS, 1951*, 7: 651.

12) *KW*, 221.

13) *Ibid.*, 225.

14) 애치슨의 성명에 대해선 *NYT*, 1951년 6월 27일자.

라 공군과 해군의 군사작전까지도 종결되는데 유엔군이 공군과 해군
전력에서 절대적 우위를 가지고 있으므로 공산당은 전쟁이 끝날 경우
유엔군보다 더 많은 것을 얻게 될 거라고 주장했다. 따라서 공산당은
유엔에게 보상해 주어야 한다고 했다. 미국협상단은 개인적으로 이 초
기입장에서 한발 물러설 계산이었지만 미군지도자들은 38선이 방어가
어려우므로 최종분계선으로 정해서는 안 된다고 주장했다. 15)

유엔 측 대표는 처음에 강경한 요구를 하면 38선에 대해 적이 쉽게
양보할 거라고 믿었다. 미국 역시 양보하게 되면 현재의 전선이 자연
스럽게 합리적 타협점으로 받아들여질 거라고 생각했다. 그러나 공산
주의자들은 분노했다. 남일은 조이의 제안이 "믿을 수 없고 순진하고
비논리적"이라고 비난했다. 현재의 전선을 유엔군이 유지할 수 있는
것은 공군력과 해군력 때문이라고 주장했다. 전선이 '항상' 38선 위아
래로 움직였기 때문에 지금의 전선은 '군사적 현실'을 반영하지 못하며
따라서 1950년 6월 25일 이전의 분계선이 휴전을 위한 논리적 지점이
라고 했다. 과장된 표현으로 말을 마친 남일은 "그렇게 거만하고 엉터
리 같은 말을 할 거면 도대체 여기 왜 왔는가?" 라고 물었다.

평화를 협상하러 온 건가, 아니면 전쟁을 확대하기 위한 구실을 찾
으러 온 건가?16)

조이는 남일의 대답이 "무례하고 세련되지 못한 행동"이라고 비난하
며 "전 세계적으로 존경받는 군사조직"의 사람이라면 어떻게 적절히
처신하는지 그에게 항의했다. 17)

그 후 1주일이나 신랄한 말을 주고받던중 협상을 중단시킬 수도 있는

15) *FRUS, 1951,* 7: 599.
16) *Ibid.,* 748~752.
17) *Ibid.,* 751~752.

196

사건이 벌어졌다. 점심시간이 끝나고 유엔대표단이 회담장으로 되돌아
가는데 일단의 중국 무장군인들이 이들을 앞질러간 것이다.[18] 회담장
주변에 무장한 사람은 들어올 수 없고 5마일 반경의 중립지대에서는 오
직 경무장한 헌병만을 허용한다는 7월 협정을 분명히 어긴 사건이었다.
화가 난 리지웨이는 당장 "이 명백한 (협정) 파기"를 설명하고, "만족할
만한 수정조치를 취하고 재발을 막기 위한 수용가능한 보장"을 요구하
고 싶어했다. 워싱턴은 어조를 좀더 부드럽게 고쳐 북한 측에 전달했
다.[19] 이 사건으로 회담은 8월 10일까지 중단되었다.

중국은 새로운 군사공격을 계획하고 있었다. 팽더훼이 장군은 7월
24일 이미 미국이 현재의 전황에서는 휴전에 동의하지 않을 거라고 판
단했다. 그러므로 중공군은 적군을 38선 이남으로 밀어내야만 했다.
마오는 이에 동의했고 9월 6차 공격을 위한 준비가 시작되었다.[20]

그러나 8월의 전황은 중공군에게 더욱 불리해졌다. 유엔군의 폭격
으로 병참보급로가 끊겼고 엎친 데 덮친 격으로 홍수까지 발생해 북한
에 있는 수백 개의 다리가 유실되고 많은 저장창고가 훼손되었다.[21]
게다가 8월 중순 유엔군은 제한적 공격을 감행해 중앙과 동부전선의
여러 지점에서 적군을 조금 더 북쪽으로 밀어냈다. 마오는 공격계획을
재고하라고 명령했다. 한편 개성에서 있던 중국 협상대표는 38선을 포
기하자고 건의했다.[22]

8월 22일쯤 양측 진영에서 유연적 태도의 움직임이 보였다. 유엔
사령부는 실무자 회담을 열어 비공식적 의견교환을 나누자고 제안했
다. 공산당은 이에 동의했다. 실무회담이 8월 16일에 열렸다. 곧 공

18) *Ibid.*, 762.
19) *Ibid.*, 781.
20) *Mao's China*, 102.
21) *KW*, 232.
22) *Mao's China*, 103; "Korean," 176~177; *MMR*, 159~165.

산당은 유엔군이 보상주장을 철회한다면 38선을 포기할 수도 있음을
시사했다. 23)

그러다가 8월 22~23일 밤 그동안의 모든 진척을 일시적으로 수포
로 되돌릴 만한 사건이 발생했다. 공산당은 유엔사령부에게 회담장이
폭격당했다며 대표단에게 당장 진상조사에 착수하라고 지시했다. 2시
간 후 비가 내리던 한밤중에 두 명의 유엔연락관이 사고현장에 도착했
다. 이들은 유엔군이 공중폭격을 했다는 쏟아지는 비난을 들었다. 제
시된 증거는 이들이 보기에 조작되었거나 결정적 단서라 할 수 없었
다. 목격자의 증언도 전혀 도움이 되지 않았다. 유엔군 소속이 아닌
다른 국적의 비행기가 사고가 일어날 당시 회담장 주변을 비행했을 가
능성은 있었지만 말이다. 공산당 수석연락관은 목격자 증언을 토대로
유엔사령부가 이 사건에 대해 책임을 질 때까지 대표급, 실무급, 연락
관급 회담을 무기한 연기하겠다고 선언했다. 그 후 공산당 측은 주간
(晝間) 진상조사 허가를 거부했다. 24) 그리곤 유엔군이 회담장 주변과
중립지대에 대한 협정을 어겼다며 비난을 퍼부었다.

중국 지도자들은 회담이 지연되거나 결렬될 가능성을 인지하고 회
담을 일시 중단하기로 결정했다. 25) 8월 26일에 9월의 대규모 군사공
격 계획을 취소할 정도로 상대적으로 전선에서 열세에 몰린 상황에서
왜 중국은 회담을 일시 중단했을까? 26)

이는 약한 모습을 극복하려고 애쓰는 사람이 이용하는 고도의 심리
적 전술 중 하나였다. 중국과 북한의 새 정부는 세계에서 가장 강력하
고 선진화된 미국으로부터 인정받지 못한 상태였다. 이들 국가의 국민

---

23) *FRUS, 1951,* 7: 847~848.

24) *NWF,* 33~34; *FRUS, 1951,* 7: 848~849; *USAKW,* 2: 42~44.

25) *Mao's China,* 104. 1951년 8월 23일 베이징에서 중공군 사령관에게 보
    낸 전문.

26) *MZM,* 2: 433.

은 수세기에 걸쳐 외세로부터 착취당했다. 이들의 이데올로기와 정권
은 이러한 착취에 대한 도전이자 저항이었다. 이제 자본주의 압제자의
리더인 미국과 동등한 입장에서 협상테이블에 나란히 마주 앉아 있다
는 사실만으로도 이들에겐 대단한 성취였다. 그러나 본질적인 면에서
이 대결은 결코 대등하지 않았다. 사실 중공군의 춘계공세가 패배로
끝난 후 6월 마오는 스탈린에게 협상과정을 주도하고 북한원조를 증가
시켜 달라고 요청했으나 거절당하고 말았다.[27] 휴전협상이 시작되면
서 공산군이 보여 준 교묘한 술책들은 적국의 외교적 점잖음과 의지를
경멸하는 동시에 불리한 상황에서 모든 가능한 우위를 차지하기 위해
안간힘을 쓰는 혁명론가들의 행동이었다.[28]

　이러한 전술에 유엔이 민감하게 대응하고 또 이에 대해 공산군이 무
능하게 대처하면서 베이징과 평양은 더욱 위기감에 사로잡혔다. 처음
에 마오는 절차적 문제에 관한 유엔의 요구에 완강히 버틸 생각이었
다. 7월 13일 그는 스탈린에게 보낸 전문에서 "회담장에 기자를 참석
시키겠다는" 미국의 주장은 "멍청한 책략"으로 "우리는 이를 바로 거부
할 것"이라고 말했다.[29] 그러나 그는 곧 이를 양보했다. 또 유엔사령
부가 의제에 외국군 철수를 포함시키자는 중국의 요구를 거절했을 때
도 마찬가지였다.[30] 미국의 유력주간지 《타임》지는 당시 일련의 상황
을 "공산주의자의 항복"(Red Backdown)이라는 제목으로 보도했다.[31]
8월 초 《뉴욕타임스》지는 미국협상단이 "공산군이 휴전을 얻기 위해

---

27) "Korean," 136~140.
28) 2000년 6월 헝가리 기자인 Tibor Meray에게 도움을 받았다. 그는 휴전
　　회담 보도를 위해 1951년 8월 개성에 도착했다. 중국은 미국이 정치적으
　　로나 심리적으로 한국에서 전쟁을 영원히 계속할 의지가 없다고 믿었다.
　　MMR, 220~221.
29) "Korean," 153.
30) *Ibid.*, 157~158.
31) *Time*, 1951년 7월 23일자, 14면.

상당한 대가를 치를 것"으로 믿고 있다며 유엔사령부는 그동안 전투에서 승리해 얻은 지역보다 훨씬 북쪽에서 휴전선을 정하자고 요구하고 있다고 보도했다.[32]

8월 4일 공산군이 중립지대 협정을 위반한 사건은 겉으로는 거만해 보이지만 속은 여린 적에 대해 힘을 과시하고 싶어 일어난 일이었다. 이미 공산당은 유엔사령부가 중립지대 규정을 어기고 북한에서 공산군 측 협상대표를 호송하는 차량에 대한 공습을 금지한다는 협정을 위반했다고 비난한 바 있다. 이러한 비난은 8월 10일 회담이 재개된 후에도 계속되었다. 유엔사령부는 적이 주장하는 중립지대의 그 어떤 사건과도 관련이 없다면서 공습당한 호송단은 합의된 절차의 보호를 받지 못한다고 주장했다. 유엔의 부정은 8월 19일 중립지대를 순찰하던 중공군 헌병소대가 매복공격을 당하고 소대장이 살해된 후에도 계속되었다. 유엔사령부 조사단은 공격이 일어났을 당시 어떤 유엔군 부대도 그 장소에 없었다고 결론 내렸다. 그 공격은 유엔사령부의 관할소관이 아닌 남한의 비정규군이 했을지도 모른다며 곧바로 수사를 종결했다.[33]

3일 후 맹폭격이 가해지자 공산당 측은 가만히 있지 않았다. 더 이상 중립지대에서 게릴리군의 공격에 전혀 책임이 없다는 유엔사령부의 주장을 참을 수 없었다. 모든 것이 수포로 돌아갈지도 몰랐다. 음모론적 사고방식을 가진 공산당은 남한인들이 미국의 뜻을 무시하고 독자적으로 행동할 수 없다고 생각했다. 따라서 국적불명의 비행기가 남쪽으로부터 날아와 중립지대에 들어서서 폭탄을 투하하자 공산당 측은 재빨리 맹렬히 대응했다.[34]

미국은 사실로 증명되지 않은 적의 주장은 그 어떤 것도 수용하지 않았다. 공산주의자는 원래 신뢰할 수 없다고 보았기 때문에 이들의

32) *NYT*, 1951년 8월 4일자.
33) *USAKW*, 2: 40~43.
34) "Korean," 164~165, 마오가 1951년 8월 27일 스탈린에게 보낸 전문.

200

주장을 받아들인다면 그들의 세계적 선전을 도와주게 되므로 바람직하지 않다고 생각했다. 문화적 배경은 이러한 생각을 뒷받침해 주었다. 미국은 법치와 무죄추정의 제도 속에 살고 있었다. 항상 사실은 아니겠지만 어쨌든 이론적으로 누군가 혐의가 있으면 그는 신중하고 공정한 조사를 받을 권리가 있었다. 유죄의 확증이 나타나지 않는다면 혐의는 취소되어야 했다. 중국과 북한은 이러한 관습에 익숙하지 않았기 때문에 유엔사령부가 의도적으로 일련의 사건에 대해 책임을 거부했다고 믿었다. 계속 압력과 위협에 시달리고 공산군이 증거를 조작했다는 의심을 버리지 못한 유엔사령부는 한 치도 양보하지 않았다.

국내상황이 양측간 이데올로기와 문화적 차이를 더욱 심화시켰다면 한반도 밖에서 벌어진 일련의 사건들은 협상에 대한 공산권의 의심을 부추겼다. 일본과 평화조약을 위한 회담이 9월 4일 열릴 예정이었다. 이 조약이 체결되면 미·일 군사동맹이 뒤따를 가능성이 높았다. 미국은 중국을 제외시킨 이 조약을 통해 비공산국가들로 구성된 광범위한 연합을 결성할 계획을 세웠고 이 계획은 거의 실행 막바지단계에 이르렀다. 미국은 타이완 문제를 해결하지 않고 그대로 내버려두었으며 전쟁피해국이 배상을 받을 수 있는 길을 막았다. 또 태평양 연안에서 미군의 무기한 주둔과 일본의 재무장을 위한 발판을 마련했다.

그러나 공산권 밖의 많은 국가들이 미국의 계획에 미온적이거나 심지어 적대적 태도를 보이고 있었다. 영국재계는 이미 한국전쟁으로 촉발된 완제품 수요의 증가로 경제가 되살아난 일본과의 경쟁을 걱정했다. 필리핀, 미얀마, 인도네시아에서 전쟁배상 문제는 국민적 감정을 건드렸다. 일본에 있는 미군기지를 계속 유지한다는 계획은 일본과의 평화조약 내용의 대부분이 미국과 영국에 의해 작성되었다는 사실과 더불어 '아시아는 아시아인에게' 맡겨야 한다는 지역주의 감정을 부추겼다. 8월 중순 미얀마는 회담참석을 거부했고, 인도 역시 거부의사를 보였으며 인도네시아만이 오직 일시적으로 수용했다. 35)

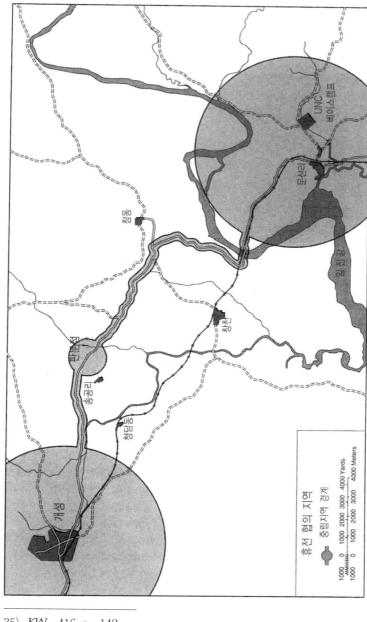

지도 7. 새로운 협상지역과 중립지역, 1951년 10월 25일.

조약체결의 마지막 단계에 내재된 위험과 기회를 계산한 공산권은 방해공작을 폈다. 먼저 8월 11일 소련은 샌프란시스코 회담에 참석하겠다고 발표했다. 그리고 나서 모스크바와 베이징은 이 조약을 지지하는 세력을 와해시키기 위한 선전활동을 강화했다.[36] 한국전 휴전협상의 파기는 미국의 동맹국과 아시아 중립국들은 놀라게 해 미국에게 아시아의 주요 현안을 해결하기 위해 강대국간 회담을 개최하도록 압력을 넣게 하려는 일종의 술책이었다.[37]

Ⅱ

10월 25일까지 회담은 재개되지 않았고 이는 유엔 측에게 유리한 결과를 안겨다 주었다. 리지웨이는 협상재개를 빌미로 회담장소를 변경하고 회담장소의 안전을 양측이 공동으로 책임지고, 개성 주변의 중립지대를 축소하고, 남한 비정규군의 행동에 대해 유엔사령부가 아무런 책임이 없음을 인정하라고 요구했다. 그는 비록 구체적 사안에 대해서는 일부 양보했지만 어쨌든 4가지 요구사항을 모두 얻었다. 한편 인도네시아와 5개의 다른 아시아 및 아랍국가를 포함한 총 49개국이 일본과의 평화조약에 서명했다.

9월부터 시작해 10월 첫째 주까지 계속된 제한적 군사공격에서 유엔군은 전선을 북쪽으로 약간 밀어내는 데 성공했고 적군에게 수만 명

---

36) *NYT*, 1951년 8월 19일자, 4면; Acheson to certain diplomatic and consular officers, August 24, 1951, Moscow Embassy Files, RG84, NAⅡ.

37) U. S. State Department study, "Estimate No. 27," attached to W. Park Armstrong, Jr., to Acheson, August 22, 1951, Box 4275, 790. 00, RG59, NAⅡ.

의 인명피해를 입혔다. 9월 중순, 유엔사령부가 며칠 전 일어났던 미
군제트기의 회담지역 공습과 여러 건물의 폭격에 대해 유감을 표시하
자 공산군 측은 체면을 차릴 수 있었다. 한 달 후 비슷한 사건이 발생
해 12살 난 소년이 목숨을 잃었다. 유엔사령부는 또다시 책임을 인정
하고 유감을 표시했다. 38)

회담은 개성에서 동쪽으로 몇 마일 떨어진 판문점이란 작은 마을 외
곽에 세워진 텐트에서 재개되었다. 협상단은 여전히 날카로운 신경전
을 계속했지만 약 한 달 후 휴전선에 대해 잠정 합의하는 데 성공했
다. 합의된 휴전선은 폭이 4㎞인 비무장지대의 중간지점인 '접촉선'
(line of contact)을 기준으로 했다. 양측이 30일 안에 다른 사안에 대해
서도 합의에 이를 경우 이 휴전선은 효력이 발생하게 되어 있었다. 39)

11월 말 유엔사령부의 우위는 거의 사라져 유엔군은 겨우 전선을 따

그림 17. 두 번째 협상장소인 판문점 주변의 텐트와 초가집들, 1952년 3월.

---

38) *USAKW*, 2: 44~51; *KW*, 234~237.
39) *Ibid.*, 119.

라 약간의 영토만을 점령했을 뿐이었다. 워싱턴의 명령에 따라, 전쟁물자를 더 보내달라는 요청에도 불구하고 리지웨이는 개성을 적에게 양보하고 30일 준비기간을 주었다. 그동안 혹은 더 오래 걸리더라도 공산군 측의 군사적 압력을 덜어줄 수 있을 거라고 기대했다. 당시 미국여론은 후에 되돌려주어야 할지도 모를 영토를 얻기 위해 더 이상의 미군희생을 용인할 수 없다는 게 지배적이었다. 게다가 협상이 한 달 안에 끝나지 않을 경우 30일의 준비기간을 연장시켜 주어야 할 분위기였다. 공산군 측은 그동안 진용을 가다듬어 향후 유엔군의 공격을 더욱 어렵게 만들고 더 많은 희생을 치르게 할 수도 있었다. 40)

트루먼 행정부는 리지웨이가 국내·국제 정치상의 이유로 양보해야 한다고 주장했다. 미군은 한국에서 십만 명이 넘는 사상자를 냈으며 본국에서 '비기기 위한 희생'(*die for a tie*)이라는 전략은 설자리를 잃어갔다. 서유럽은 재무장의 경제적 여파에 대해 더욱 인내심을 잃었다. 또 양 강대국이 핵무기를 실험하고 미국언론에서 3차 세계대전 가능성이 심심찮게 보도되자 유럽사람들은 더욱 신경이 곤두섰다. 이들은 냉전의 긴장을 완화시키기 위해선 무엇보다 한국전쟁이 중단되어야 한다고 생각했다. 그러나 이에 대한 미국의 약속은 믿기 어려웠다.

11월 초 공산당 세계평화대회가 비엔나에서 개최되고 또 동시에 유엔총회가 파리에서 열리자 워싱턴에서는 소련의 선전이 모스크바와 대치하고 있는 주요 지역에서 우위를 차지할지도 모른다는 우려가 확산되기 시작했다. 41)

서방진영의 갈등을 감지한 스탈린은 마오에게 한국에서 휴전협상을 서두르지 말라고 조언했다. 11월 19일 스탈린은 마오에게 보낸 전문에서 '전반적 국제상황'이 바뀌어 공산권보다 미국이 종전을 더욱 원하

---

40) *KW*, 240~241.
41) *Ibid*., 239~240.

게 되었다며 따라서 협상에서 '하드라인'을 선택하는 게 적절해 보인다고 말했다.[42]

마오는 스탈린의 의견에 반대하진 않았지만 중국과 북한이 견뎌야 하는 무거운 부담 때문에 평화의 장점을 강조하지 않을 수 없었다. 그는 스탈린에게 중국의 예산 중 거의 1/3이 한국에 투입되고 있으며 흉작으로 중국 북부지방에 기근이 확산되고 있고 전국의 국민들이 한국에 원조를 제공하고 미국의 제국주의에 저항하는 데 필요한 비용을 충당하기 위한 막대한 세금으로 휘청거리고 있다고 말했다.

미국이 휴전선을 일부 양보한 상태에서 연말까지 나머지 문제를 해결하고 휴전을 할 수 있을 거라고 마오는 기대했다. 그러나 그는 전쟁이 "반년이나 1년 더 질질 끌릴" 수도 있는 가능성을 배제하진 않았다. 그래서 그는 현재의 위치를 지키고 "상대에게 더 많은 인명피해를 초래할 수 있는 장기적이고 적극적인 방어전술"을 통해 한국에서의 군사작전을 '경제화'하고 있다고 했다. 그는 또 긴축재정을 실시해 군대를 재편하고 공무원을 감원하고 생산을 증대하고 북한을 돕기 위한 대규모 동원 캠페인(*mobilization campaign*)을 강화했다.[43] 마오는 "외국 제국주의자들의 어떤 협박"에도 저항할 태세가 되어 있었다.[44]

11월 말 마오는 적의 협박에 어느 정도 걱정을 덜었다. 리지웨이의 후임으로 미 8군 사령관을 맡은 제임스 반 플리트(James Van Fleet) 장군이 유엔의 군사작전을 "현재 위치를 유지하는 데 필요한 최소한의 수준"으로 줄이도록 명령했기 때문이다. '공격적 행동'은 오직 "앞으로 적이 공격해 주요 영토를 잃을 경우 이를 회복하기 위해서"만 허용되었다. 이 명령은 언론에 새어 나갔다. 사실상 휴전이 시행된 것은 아니라고 워싱턴은 부인했지만 공산당은 적의 압력으로부터 잠시 유예를

---

42) *CWIHPB* 6~7(winter 1995~1996) : 72.

43) *Ibid.*, 71 ; *KW*, 247~248.

44) Mao, *Selected Works*, 4 : 61~62.

얻었다. 먼저 공격하지 않는 한 말이다. 반 플리트 장군은 리지웨이에게 사전허가를 얻지 않고 일방적으로 이 명령을 내렸다. 둘 사이가 그리 이상적 관계는 아니었다는 것을 반증하는 대목이다. 45)

이 명령의 중요성을 지나치게 과대평가해서는 안 된다. 보충병력이 부족한 상황에서 유엔사령부는 대규모 북진을 추진하기 어려웠다. 미국과 유럽동맹국들의 우선순위는 한국에서의 전력증강을 불가능하게 만들었다. 더구나 유엔총회의 분위기상 중국에 경제적으로나 군사적으로 제재를 확대하기는 어려웠다. 마지막으로 중국은 한국에서의 지상군을 보강할 수 있었고 또 소련이 중공군 지원을 강화할 수도 있었다. 이미 중국공군이 소련전투기 조종훈련을 마쳤기 때문에 중공군은 북한에서 유엔군의 공습에 대응할 능력이 상당히 향상되었다. 기껏해야 유엔지상군은 북쪽으로 겨우 조금 진격하여 적군에게 수천 명의 인명피해를 입히고 적군이 교착상태의 전선에 완강히 매달리는 것을 막을 수 있을 뿐이었다. 그러나 이러한 공격은 유엔군에 더 많은 사상자를 초래하게 되고 결국 미국여론은 전쟁을 조기에 종결하거나 아예 완전한 승리를 거두라고 요구할지도 몰랐다. 계속되는 국제관계의 위험한 긴장감은 북대서양조약기구 동맹국들 사이에 미국 리더십의 현명함에 대한 의심을 더욱 부추길 수도 있었다. 46)

양측 모두 한반도에서 군사적 균형을 근본적으로 바꿀 능력과 의지가 없었기 때문에 조기휴전의 가능성은 판문점에서 미해결 문제를 어떻게 다루느냐에 달려 있었다. 이를 염두에 두고 세 가지 주요 안건에 대해 살펴보자.

45) Blair, *Forgotten War*, 802.
46) *KW*, 242~243.

Ⅲ

안건 3, 4, 5는 다음과 같다.

3. 종전과 휴전의 실현을 위한 구체적 협의. 휴전조건 실행을 감독
   하는 조직의 구성과 권한 및 역할
4. 전쟁포로에 관한 협의
5. 양측과 관련된 국가들의 정부에 대한 권고[47]

마지막 조항은 "모든 무장한 외국군대의 한국철수"를 포함시키고 싶
어했던 공산당의 비위를 맞추기 위한 것이었다. 미국은 전쟁이 끝날
때까지 이 문제에 대한 협상은 하지 않겠다고 버텼다. 그러나 휴전 후
의 회담에서 이를 포함시키는 데는 동의했다.[48] 나중에 협상해야 할
의제였기 때문에 5항이 휴전을 지연시킬 가능성은 낮았다. 그러나 3항
과 4항은 달랐다.

미국은 중국의 의도에 대해 확신이 없었기 때문에 방어가능한 휴전
선을 주장했다. 또 한반도에서 힘의 균형을 유지할 경우 또 다른 적대
행위를 막을 수 있다고 믿었기 때문에 양측의 전력증강을 철저히 통제
하자고 했다. 그러려면 미국공군의 지속적 우위와 상대편의 군사시설
에 대한 사찰이 필수적이었다. 미국관료들은 공산권이 이에 반대할 거
라고 예상했다. 뿐만 아니라 남한정부 역시 공산군 측 사찰단이 자신
의 영토에 자유롭게 들어오는 것을 탐탁지 않아 할 게 분명했다.[49]

광범위한 사찰의 가능한 대안으로 만약 공산당이 적대행위를 재개

---

47) *FRUS, 1951,* 7: 735.
48) *Ibid.*, 727~728.
49) *Ibid.*, 599~600, 1149, 1175.

할 경우 미국의 군사대응은 한반도에 제한되지 않을 거라는 내용을 휴전협정에 포함시키는 거라고 미국은 생각했다. 이 '확대된 제재'조치가 제대로 효력을 발생하려면 무엇보다 주요 동맹국의 지지가 필요했다. 미 국무성은 11월 21일이 되어서야 영국에 접촉을 시도했다. 이는 중국이 휴전협정을 파기할 경우 중국 본토의 폭격과 해상봉쇄까지 의미했기 때문에 합의에 이를 가능성은 매우 낮았다.[50] 판문점에 있던 공산군 측 기자들은 중국이 38선 이북지역의 주요 시설에 대한 사찰을 거부할 것 같다고 보도했다. 3항에 대한 조기합의는 요원해 보였다.

전쟁포로 조항 역시 문제의 소지가 있었다. 마오는 지난 7월 미국이 1 : 1 포로교환을 요구할 거라고 예상했지만 그는 모든 포로의 일괄적 교환을 주장했다. 국제법 규정도 그에게 유리했다. 1949년 제네바 협정은 미국이 서명한 바 있으며 유엔사령부와 공산군 모두 이를 존중하겠다고 선언했다. 이 협정에 따르면 "전쟁포로는 적대행위가 그친 후 한시도 지체하지 않고 바로 석방하고 본국으로 송환"해야 했다.[51] 그러나 미 정책결정자들 대부분은 중국의 주장이 한국상황에서는 부당하고 모순된다고 보았다. 사실 공산군은 제네바 협정을 준수하지 않았으며 자신이 보유한 포로명단을 국제적십자위원회에 제출하지 않았다. 또 이 국제단체의 전쟁포로 수용소 방문을 허용하지 않았으며 심지어 수용소 위치조차 밝히지 않았다.[52] 공산군이 유엔 전쟁포로들에게 수많은 잔학행위를 일삼았을 거라고 미국은 믿었다.[53]

---

50) *Ibid.*, 754~756.

51) *USAKW*, 2: 235.

52) *FRUS, 1951*, 7: 666~667; General Headquarters, FEC, Jiont Strategic Plans and Operations Group, "Location of and Authority 1 to Visit Prisoner of War Camps," July 8, 1951, Box 8, RG338, NAⅡ.

53) Ridgway to Collins, November 16 and 19, 1951, Ridgway Papers. 추정에 따르면 반미전쟁포로가 6천 명이 넘었으나 실제로 400명 미만만이 증명되었다.

게다가 일괄적으로 포로를 교환할 경우 유엔보다 적이 더 많은 병력을 얻게 되어 있었다. 남측은 15만 명이 넘는 포로를 수용하고 있었는데 이는 북측에 있는 포로보다 훨씬 많은 수였다. 이러한 차이는 한반도에서 군사적 힘의 균형에 위협요소가 될 수 있었다.[54] 유엔사령부는 남한수용소에 있던 일부 한국포로들을 재분류해 이러한 위험을 줄일 수 있었다. 약 4만 명이 넘는 전쟁포로들은 1950년 6월 전쟁발발 당시 남한에 살고 있었으며 전쟁 중에 북한군에게 강제로 끌려가거나 한국군이었다가 공산군에게 잡혀 적군이 되기도 했다.[55] 유엔사령부는 또 중국인 전쟁포로들에게 본국으로 돌아가거나 남한에 남을 수 있는 선택권을 주기로 했다. 많은 이들이 중국 내전 당시 국민당 군대로 자신의 의지에 반해 공산군에 강제징용된 것이다. 약 절반 이상이 본국송환을 원하지 않는 것으로 추정되었다.[56]

마지막으로 본국송환을 강제하지 않는다는 유엔사령부의 원칙은 냉전시대 서방세계에 심리적 승리를 가져다주었다. 미국은 미래의 전쟁에서 강제송환되지 않을 거란 확신이 있다면 적군이 보다 쉽게 항복할 수 있기 때문에 자국에게 유리할 거라고 추론했다.[57] 한국전쟁의 내전적 성격과 중국에서의 최근 충돌은 이 원칙이 당장 서방에게 유리하게 적용될 수 있는 배경을 제공했다. 한편 유럽에서 다시 전쟁이 일어날 경우 소연방을 상대로 북대서양조약기구 군대가 맞설 때 유용한 전례가 될 수 있다고 보았다.[58]

---

54) *FRUS, 1951*, 7: 626~627.

55) *Ibid.*, 622.

56) Headquarters, Eight Army(Korea), Staff Study, "Arrangements Pertaining to Prisoners of War," n. d. but clearly summer 1951, Box 8, RG338, NAII.

57) *USAKW*, 2: 136~137.

58) *FRUS, 1951*, 7: 792~793. 이 주장은 미 국방부에서 그해 여름에 제기되었지만 후에 리지웨이는 유엔사령부가 주도면밀하게 어떤 망명도 약속해서

1951년 11월 중순에 이르기까지 워싱턴과 도쿄는 일괄 포로교환을 수용하는 쪽으로 기울었다. 단 "민간인 피억류자"로 재분류될 4만 명의 남한포로들은 예외로 하기로 했다. 공산군이 억류한 유엔포로들의 귀환이 위험해질 수도 있었기 때문이다.[59] 트루먼은 와일드카드를 꺼내들었다. 그는 공산군 측이 포로의 강제송환을 쉽게 포기할지 의심스럽다며 적어도 유엔사령부는 일괄적 포로교환을 대가로 "상당한 양보"를 받아야 한다고 믿었다.[60]

사실 공산군 측이나 미국 모두 제3항과 4항에 대해서는 입장을 완전히 정하진 않았다. 판문점 결의안 도출은 상당한 난항이 예상되었다. 얼마만큼 어렵고 이를 해결하는 데 얼마나 오래 걸리고 또 어떻게 해결될지는 아직 누구도 알 수 없었다.

양측은 11월 27일 휴전선에 합의한 후 나머지 쟁점에 대해 심각한 논의를 시작했다. 12월 19일까지 3항에 대해 상당한 진전이 이루어졌다. 양측은 휴전 후 병력을 보강하지 않기로 합의했다. 그러나 기존 병력의 교체는 허용하기로 했다. 전쟁물자 보급과 사찰의 정도 및 성격에 대한 견해 차이는 아직 남아 있었다. 그러나 조이 장군은 추가협상을 통해 충분히 해결될 거라고 믿었다. 북한의 낡은 비행장의 보수와 새 비행장 건축이 주요 쟁점 중 하나였다. 이것이 "휴전의 핵심이슈"라며 조이는 리지웨이에게 만약 미국과 동맹국이 보다 광범위한 제재조치에 합의할 경우 해결될 수 있을 거라고 얘기했다.[61]

조이가 이런 판단을 내린 후 양측은 12월 18일 서로의 전쟁포로 명단을 교환해 검토하기로 했다.[62] 공산군의 리스트에는 겨우 11,559명

는 안 된다고 주장했다.

59) *Ibid.*, 1157~1170.

60) *Ibid.*, 1073.

61) Joy의 성명에 관해서는 *Ibid.*, 1382.

62) *Ibid.*, 1374; *USAKW*, 2: 141~143.

의 포로만이 포함되었다. 이는 유엔사령부가 전쟁수행중 실종자로 분류한 군인의 약 1/9에 불과했으며 공산당이 보도자료나 라디오 방송에서 주장했던 포로 수의 1/6밖에 안 되었다. 유엔사령부가 작성한 리스트는 13만 2천 명의 포로와 3만 7천 명의 민간인 피억류자들이 포함되어 있었다. 한편 공산당은 18만 8천 명의 군인이 실종되었다고 주장했다. 12월 22일 유엔사령부 협상단은 명단에 있는 1만 6천 명이 추가로 남한의 민간인임이 밝혀졌다며 이들을 북한에 송환하지 않겠다고 말했다. 유엔사령부는 적이 결국 이 재분류를 수용하길 희망했다. 북한이 수만 명의 남한 민간인과 군인을 강제로 북한군으로 징발했기 때문이다. 이는 국제법 관례에 어긋난 행위로 계속되는 선전전에서 공산권을 공격할 좋은 빌미가 되었다. 63)

5만 3천 명의 포로가 재분류되었지만 유엔사령부가 돌려보낼 적군포로의 수는 상대편보다 10배 이상이 많았다. 일괄적 포로교환이 불공평하다는 여론이 들끓기 시작했다. 또 한반도에서 힘의 균형에 대한 우려와 적이 전쟁포로를 학대했다는 의심으로 언론이 시끄러웠다. 트루먼 대통령은 계속해서 일괄적 포로교환을 반대했다. 그는 조기휴전이 미국의 재무장 프로그램을 망칠지도 모른다는 두려움을 가지고 있었다. 64)

12월 말 휴전선 협정이 명시한 30일간의 준비기간이 끝나가자 판문점의 협상단은 15일간 더 연장하기로 했다. 그러나 민감한 쟁점은 여전히 미궁 속에 있었다. 트루먼은 전쟁포로 문제에서 이미 교착상태로 빠질 수밖에 없는 방향으로 기울어 있었다.

1952년 1월, 유엔사령부가 판문점에서 자발적 송환원칙을 제안하면서 교착상태의 가능성은 더욱 높아졌다. 공산당은 "어처구니없고 쓸모

---

63) *FRUS, 1951,* 7: 1373∼1374; *USAKW,* 2: 141∼143.

64) *FRUS, 1951,* 7:1244 n, 1290∼1296. 트루먼의 두려움에 대해선 *Truman,* 119∼159; Frieberg, *In the Shadow of the Garrison State,* 122∼123.

없고 말도 안 되는" 소리라며 일축했다. 65)

개인의 선택의 자유라는 문제를 제기함으로써 자발적 송환은 동서양 간의 이데올로기적·문화적 충돌의 핵심주제가 되었다. 로크주의적 (Lockean) 전통에서 자란 미국인에게 개인의 권리는 국가보다 우선했으며 따라서 국가가 이를 무시할 수 없었다. 한편 유교주의적 전통은 그러한 개인의 권리를 인정하지 않았으며 이는 맑스-레닌주의 역시 마찬가지였다.

포로송환 문제는 또 중국과 한반도에서 치러지던 내전에 중대한 시사점을 함축하고 있었다. 상당수의 공산군 포로들이 북한이나 중국 본토로 돌아가지 않겠다고 할 경우 베이징과 평양은 자국정부의 정통성에 치명타를 입을 게 뻔했다. 중국은 특히 이 문제에 대해 매우 민감한 반응을 보였다. 유엔사령부가 1월 15일 중국인 포로들에게 타이완으로도 갈 수 있는 선택권을 주어야 한다고 말하자 중국협상단은 "상대방에게 포로로 잡힌 중공군 중 단 한 명이라도 용서할 수 없는 중국 국민의 적(즉, 국민당)에게 넘겨진다면 중국 국민은 이를 용납하지 않을 것이며 끝까지 싸울 것"이라고 응답했다. 66)

스탈린은 이 문제에 개입하지 않으려 했다. 2차 세계대전이 발발하기 전에 소련은 자발적 송환원칙에 근거한 조약들을 체결했지만 세계대전이 끝난 후엔 모든 포로와 강제이주된 주민의 송환을 주장했다. 1945년 초 5백만 명이 넘는 소련인이 외세치하에 있었는데 이 중 일부는 소련군대를 탈영하거나 소련영토를 빠져나와 적군이었던 독일에 협력했다. 스탈린 정권이 일부 소연방 지역에서 얼마나 인기가 없었는지를 보여주는 사례이다. 그러나 스탈린은 이 모든 사람을 본국으로 송환하기로 결심했다. 미국의 도움을 받아 5백만 명이 넘는 사람들이 소

65) NWF, 184; NYT, 1952년 1월 3일자.
66) NWF, 199.

련으로 돌아왔다. 많은 이들이 본인의 의지에 반해 강제송환되었다. 67) 한국에서 자발적 송환원칙을 적용할 경우 위험한 전례를 남길 수 있었다. 미래에 소련군인과 민간인들의 충성에 영향을 미칠 수 있었으며 또한 동유럽의 위성국가에도 바람직하지 못했다. 미국은 이들 국가의 반대파 단체들을 자극하고 지원을 아끼지 않았으며 계속되는 숙청은 소련의 우려가 사라지지 않았음을 시사했다. 68)

판문점에서 전쟁포로 이슈가 교착상태에 빠졌지만 3항은 순조롭게 진행되었다. 1월 9일 공산당은 군사장비의 보충에 동의했다. 이틀 후 미 합참본부는 리지웨이에게 유엔사령부가 다른 문제들이 해결될 경우 북한의 비행장 보수와 건설에 대한 반대를 철회할 계획이라고 알렸다. 워싱턴은 자신의 제재조치 방안이 그만큼 효과가 있고 또 동맹국들이 결국 동의할 거라고 믿었다. 1월 중순경 미 국방부는 유엔사령부가 비행장을 양보하고 공산당이 전쟁포로 문제를 양보하는 내용의 '대타협안'(*package proposal*)을 고려했다. 69) 애치슨 국무장관은 1월 말쯤이면 휴전이 가능할 걸로 내다보았다. 70)

미 행정부 관료들은 전쟁포로 이슈가 휴전협상의 분수령이 될 거라고 판단하고 이에 대해 최종입장을 정리했다. 국무성 분석가들은 강요할 수 없는 송환을 고집하는 태도에 문제를 제기했다. 먼저 동맹국은

---

67) Mark R. Elliott, *Pawns of Yalta*: *Soviet Refugees and America's Role in Their Repatriation*(Urbana: University of Illinois Press, 1982).

68) 1951년 10월 미 의회는 냉전전략의 일환으로 공산진영으로부터 망명한 사람이나 그곳에 살고 있는 반대파를 지원하기 위해 1억 달러의 예산을 책정했다. John Joseph Yurchenko, "From Containment to Counteroffensive: Soviet Vulnerabilities and American Policy Planning, 1946~1953"(박사학위논문, University of California, Berkeley, 1980), 2장.

69) *FRUS*, *1952~1954*, 15: 13~14; *USAKW*, 2: 146, 154~155.

70) "Memorandum of Conversation at Dinner at British Embassy, Sunday, January 6, 1952," January 7, 1952, Dean Acheson Papers, HSTL.

물론이고 국내에서도 확실한 지지를 얻을 수 없다고 보았다. 또 다른 우려는 유엔사령부의 전쟁포로 수용소 상태에서 비롯되었다. 유엔사령부는 수용소 감독인원을 대폭 감원했기 때문에 수용소 내부상황을 제대로 통제하지 못했다. 포로들은 스스로 대부분의 막사를 장악했고 심지어 갱단을 만들어 동료들을 처벌하기도 했다. 중공군에 강제징용되었다가 한국에서 포로로 잡힌 친국민당 군인들은 일부 막사를 차지하고는 반대파로 여겨지는 포로들을 위협하고 폭행하여 자유롭게 자신의 의견을 말할 수 없도록 철저히 입막음했다. 공산군이 통제하는 막사들 역시 비슷한 상황이었다. 71)

이러한 걱정과 다른 우려에도 불구하고 2월 8일 트루먼은 전쟁포로에 대한 유엔사령부의 입장을 최종 승인했다. 72) 그는 관련부서에 이 문제를 교묘히 처리할 수 있는 방안을 모색하라고 지시했다. 그러나 유엔사령부는 기껏해야 포로들을 심사하고 강제송환을 거부하는 사람들을 명단에서 지우자는 제안밖에 할 수 없었다. 이렇게 수정된 명단을 일괄인도 제안과 함께 공산당에 제시하기로 했다. 73)

왜 트루먼은 그토록 이 문제에 집착했을까? 먼저 그는 수용소 상황에 대해 제대로 보고받지 않았을지도 모른다. 또 어쩌면 전쟁포로들의 진심을 파악하는 것이 얼마나 어려운지, 그리고 최근 몇 달간 수용소 내부의 불안이 얼마나 심각한 상태였는지 몰랐을 수도 있다. 한편 트루먼은 세계에서 공산국 지도자들이 보인 행동 때문에 기분이 상당히 안 좋았다. 그는 애치슨으로부터 전쟁포로들을 그들의 의지에 반해 공산권으로 강제로 돌려보내는 것에 대한 도덕적·현실적 반대의견에 대

---

71) KW, 259~261.
72) Edward W. Barrett to H. Freeman Matthews, February 5, 1952, Box 2, Records of the Bureau of Far Eastern Affairs, Lot 55D128, RG59, NAⅡ.
73) KW, 260, 262~263.

해서 충분히 보고받았을 것이다.

1월 27일 트루먼의 일기는 곧 전쟁포로에 대해 최종결정을 내려야 할 그의 심리상태를 잘 보여 준다. "공산정권은 명예심이나 도덕심이 전혀 없다"고 그는 적었다. 중국은 지난여름 단지 "전쟁물자를 수입하고 최전선에 병력을 보충할" 기회를 얻기 위해 휴전을 요청했다면서 이제 "10일간의 말미를 주고 최후통첩을 할 때"라고 했다.

> 모스크바에 한국국경에서부터 인도차이나에 이르기까지 중국해안선을 봉쇄하고 만주의 모든 군사기지를 폭격하고 만약 중국이 더 깊이 개입한다면 우리의 평화로운 목적을 달성하기 위해 필요한 모든 항구와 도시를 초토화시키겠다는 의도를 알려야 한다. 이를 막으려면 중국은 중공군을 한반도에서 철수하고 소련은 중국에 전쟁물자 제공을 중단해야 한다.

흥분한 트루먼은 최후통첩의 범위를 확대해 소련에게 동유럽으로부터 철수하고 "자유세계를 공격하고 있는 도당"에게 원조를 중단할 것을 요구하는 내용까지 포함시킬 생각이었다. 그렇지 않으면 "전면전이다"라고 그는 선언했다. "모스크바, 상트페테르부르크(레닌그라드), 무크덴, 블라디보스토크, 베이징, 상하이, 뤼순항, 대련, 오데사, 스탈린그라드(현 볼고그라드 — 역주)는 물론이고 중국과 소련의 모든 제조공장을 없애버리겠다"고 경고했다. [74] 트루먼은 이런 생각을 자신의 정책보좌관들에게 얘기하진 않았다. 그러나 이를 일기에 적었다는 사실만으로도 공산주의자들에 대한 그의 분노와 좌절을 충분히 가늠할 수 있다. 이러한 감정상태는 확실히 전쟁포로 문제에 대한 그의 입장에 영향을 미쳤다.

애치슨은 "송환될 경우 처형당할지도 모르는 공산군 포로들을 (미군

---

74) Truman's journal, Box 333, President's Secretary's Files, HSTL.

216

이) 무력으로 돌려보내도록 하는"협정은 "개인의 존엄성을 중시하는 우리의 가장 근본적인 도덕적·인도주의적 원칙에 위배되며 공산주의 전제정치에 대항하는 심리전에서 미국의 위치를 심각하게 위협할"거라는 보고서로 트루먼을 더욱 확신시켰다.[75] 이데올로기와 상황적 이점이 결합되어 더욱 단호한 입장이 견지되었다.

그럼에도 불구하고 4월 초에 이르러 양측은 입장차를 상당히 좁혀 3항과 4항에 대한 타결이 가능해 보였다. 3항의 경우 비행장의 보수와 건설, 그리고 중립국 감독기구의 회원국 문제만 해결되지 않았다. 유엔사령부는 비행장 문제를 양보하고 공산당은 감독기구에 소련을 중립국 회원으로 포함시켜야 한다는 주장을 철회할 생각이었다. 4항의 경우 공산당은 전술적으로 민간인 피억류자에 대한 유엔사령부의 입장을 수용했다. 또 전쟁발발 전 남한에 거주했던 기록을 토대로 추가로 명단에서 포로를 제외해도 좋다고 시사했다. 즉, 비강제적 송환 원칙이 수용되지 않을 경우 지난 12월에 제출된 명단을 수정함으로써 사실상 이 원칙을 실행에 옮길 수 있도록 한 것이다. 열쇠는 유엔사령부의 최종리스트 규모와 여기에 포함된 중국인의 수였다. 미 협상단은 유엔명단이 약 11만 6천 명에 이르며 남해안에 있는 거제수용소의 포로들을 심사하기 전까지 확정할 수 없다고 말했다. 공산군 측은 양측이 최종명단을 검토할 시간을 갖자며 정회를 제안했다. 당시 전선이 2항에서 합의한 휴전선과 별로 차이가 없는데다가 양측이 기본적으로 5항에 대해서는 동의한 상태였기 때문에 조기 휴전협정 타결의 전망은 그 어느 때보다 밝았다.[76]

그러나 1952년 4월 19일 미 협상단이 약 7만 명의 송환자 명단을 발표하면서 그 가능성은 무너지고 말았다. 이 중 약 25%인 2만 명만이

75) *FRUS*, 1952~1954, 15: 44.
76) *KW*, 264~267.

중공군이었다. 놀라고 화가 난 공산당 협상대표는 이 숫자가 "절대로 협상의 토대가 될 수는 없다"면서 다시 최초명단을 기준으로 하겠다고 위협했다. 77) 다음 2주 동안 양측은 포괄적 제안을 서로 주고 받았지만 합의에 이르지 못했다. 중국포로 문제는 가장 큰 장벽이 되었고 양측 모두 양보할 생각이 전혀 없었다. 78)

미국이 추정한 11만 6천 명과 7만 명이라는 숫자 모두 오류가 있었다. 뒤의 숫자는 전쟁포로 중 겨우 절반만을 심사한 결과였다. 5월 초 심사를 거부한 모든 북한군을 포함시킨 결과 명단은 8만~8만 5천 명으로 늘었다. 그러나 이 새 명단은 바로 공산당에게 전달되지 않았다. 79) 게다가 유엔사령부가 가능한 한 송환자 수를 늘리는 방향으로 심사절차를 고안했지만 친국민당 중공군이 지배하는 막사의 포로들은 협박 때문에 오직 '타이완'이란 말밖에 하지 못했다. 80)

리지웨이는 즉각적 재심사를 거부했다. 지연도 문제였지만 그 과정에서 이미 수백 명의 사상자가 발생했기 때문이다. 게다가 재심사할 경우 더 많은 유엔군을 전선에서 포로수용소로 재배치해야만 했다. 81) 2월 이후 미국이 감염된 곤충을 비행기로 뿌려 북한과 만주에서 박테리아 전쟁을 하고 있다는 공산당의 선전에 화가 난 그는 계속되는 적의 어처구니없는 행동에 질려 있었다. 82) 리지웨이는 이러한 비난이 새빨간 거짓말이라고 여겼다. 그는 결국 공산군 측에게 협상에서 최종적이며 강경한 입장만을 전달해야 한다고 계속 주장하게 되었다. 83)

---

77) *NWF*, 367~368.

78) *USAKW*, 2: 868~874.

79) *NWF*, 401.

80) *Ibid.*, 355

81) *USAKW*, 2: 170~171.

82) 세균전에 대해서는 Ryan, *Chinese Attitudes toward Nuclear Weapons*, 4장.

83) *KW*, 271~272.

218

그러나 설사 재심사를 했다 하더라도 공산군 측에게 만족스런 숫자
는 나오지 않았을 것이다. 1952년 6월 저우언라이는 중국을 방문한 한
인도 외교관에게 십만 명 정도면 수용할 수 있다고 암시했다. 그러나
이는 수정된 유엔사령부의 명단과 너무나 거리가 멀었다. 저우언라이
를 비롯해 그 어떤 중국관료도 중국인 포로에 대해서는 전혀 유연성을
보이지 않았다. 84) 미국의 지원을 받은 타이완이 3월에 다시 섬에서
본토를 공격하기 시작하자 중국은 내전이 계속되고 있음을 상기했
다. 85) 마오는 수천 명의 중국인 포로가 타이완으로 돌아가는 것을 허
용함으로써 자신의 영원한 숙적인 장제스에게 단 한 번의 승리라도 안
겨줄 생각이 전혀 없었다.

마오는 지난 가을보다 더 유리한 위치에 있었다. 한반도 주둔 중공
군은 70만 명 이상으로 증가했고 소련제 무기가 공급되어 전력이 더욱
강화되었다. 남한군 역시 늘어났지만 유엔군 수는 그대로였다. 86) 게
다가 뜸해진 적의 지상공격을 틈타 참호와 터널을 뚫어 유엔군의 공습
과 중무기로부터의 취약점을 상당히 줄였다. 87) 3월에 중국은 대부분
의 군인들에게 흑사병, 장티푸스, 천연두 예방주사를 맞혀 전염병으
로 군사력이 약화될 위험을 줄일 수 있었다. 88) 선전선동에서 공산당
은 전쟁포로에 대한 미국의 입장에 대응할 좋은 위치를 차지하고 있었
다. 이미 느슨한 유엔사령부의 거제도 포로수용소 감시를 이용해 자국
에 우호적이며 잘 조직된 포로들과 커뮤니케이션 네트워크를 유지했

---

84) *FRUS, 1952~1954*, 15: 192, 204, 207, 248~249.
85) William M. Leary, *Perilous Missions: Civil Air Transport and CIA Covert Operations in Asia* (Tuscaloosa: University of Alabama Press, 1984), 132~142.
86) *USAKW*, , 2: 199~200.
87) *Ibid.*, 180; *MMR*, 160~165.
88) *MMR*, 184~185.

다. 2월에는 심지어 폭동을 주동해 유엔의 초기 심사과정을 방해하기도 했다. 이때 77명의 포로들이 목숨을 잃었다. 89)

거제도의 소요는 전쟁포로에 대한 유엔사령부의 도덕적 근거를 무너뜨리는 수단으로 활용되었다. 박테리아 전쟁 선전 역시 마찬가지였다. 3월 중순에 외국시청자를 상대로 한 중국방송들은 20%가 이에 관한 소식이었다. 90) 마오는 아마도 1952년 봄에 한국의 휴전을 원했던 것 같다. 그러나 그렇게 절실하지는 않았다.

만약 유엔사령부가 지난 가을처럼 군사적 압박을 계속했다면 마오는 곧바로 휴전을 선택했을지도 모른다. 유엔사령부는 사상자를 줄이고 싶었고 또 국내와 동맹국에서 반대의견이 더 커질까봐 두려워 제한적 전투만을 허용했다. 워싱턴의 미 합참본부와 도쿄의 유엔사령부가 전쟁포로에 대한 미국의 최종입장과 그로 인한 협상의 어려움을 예측했더라면 아마도 1951~1952년 겨울에 보다 공격적인 전투를 명령했을 것이다. 그러나 유엔사령부는 북한에서 공중폭격에만 집중했다. 이는 적군의 병참로를 방해하고 북한과 중국 지도자들에게 계속되는 전쟁의 비용을 상기시켜 주는 효과가 있었지만 당시의 군사적 현상을 위협할 정도는 아니었다. 91) 1952년 4월 지상군의 상당한 증가 없이, 또 한반도 국경 너머로 전쟁이 확대되지 않은 상태에서 유엔사령부는 기껏해야 예전의 제안을 되풀이할 수밖에 없었다.

---

89) *USAKW*, 2: 239.
90) "Briefing of Ambassadors on Korea, by Hickerson," March 18, 1952, Box 3, Selected Records Relating to the Korean War, Truman Papers, HSTL.
91) *USAKW*, 2: 175~205.

IV

약 1년이 흐른 후에야 판문점에서 다시 회담의 움직임이 시작되었다. 중국은 계속해서 중공군을 늘려나가 1953년 초에는 그 수가 135만 명에 이르렀다. 또 거제도 수용소의 선동운동도 강화했다. 1952년 5월 중국포로들은 미국인 수용소장을 감금하고 그의 후임자를 협박해 유엔사령부가 포로들을 인간적으로 대우하지 않고 국제법을 준수하지 않았다는 내용의 문서에 서명하도록 했다. 92) 유엔사령부는 곧 이 성명서를 부인하고 폭도나 다름없는 이들 포로들을 철저히 통제하고 질서를 바로 잡을 수 있는 지휘관을 임명했다. 그 과정에서 상당한 폭력이 발생해 수백 명의 사상자가 발생했다. 이 사건은 중국에게 유엔사령부의 포로심사와 전쟁포로에 대한 전반적 입장을 문제삼을 수 있는 빌미를 제공하고 말았다.

워싱턴은 먼저 휴전협정을 체결한 후 중립국의 포로재심사를 제안했다고 지적했지만 동맹국 정부로부터 비난을 피할 수 없었다. 그들은 미국의 진의를 의심하기 시작했다. 이승만의 재선시도로 불거진 남한의 정치위기는 한반도에서 전쟁을 계속 수행하는 것이 과연 현명한 일인지에 대한 의심을 가중시켰다. 이승만의 독재적 행동과 이를 용인한 워싱턴의 태도는 한국전쟁을 자유와 민주주의가 봉건주의와 전제주의에 맞서는 대결로 정의하려는 미국의 노력에 찬물을 끼얹었다. 93)

그러나 트루먼 행정부는 전쟁포로 문제에 관해선 단 한 발짝도 양보할 생각이 없었다. 11월 선거에서 민주당이 한국전쟁의 지속으로 타격을 입었음에도 불구하고 말이다. 5월 유엔공군은 북한에서 적의 병참

---

92) *Ibid.*, 243~255.
93) *KW*, 276~278; 남한의 정치위기와 미국에 대해서는 7장 참조.

보급로와 전쟁물자 보관창고 등을 집중적으로 폭격을 더욱 확대했다. 마크 클라크(Mark W. Clark) 장군이 리지웨이 후임으로 유엔사령관이 되었다. 그는 전선의 북쪽에 있는 새로운 공격타깃을 찾으라고 명령했다. 6월 말 워싱턴의 승인을 받은 후 미 공군은 이제까지 손대지 않았던 압록강의 댐과 발전소를 폭격했다. 이 공격으로 북한은 2주나 정전사태를 겪어야 했다. 7월 중순에서 8월 말까지 유엔사령부는 평양과 그 주변지역에 세 차례의 대대적 공격을 감행했다. 기존의 병참보급로 차단작전보다 훨씬 확대된 가장 적극적인 공격이었다. 94)

7월 중순에 공산군 측 협상대표는 판문점에서 최근 유엔사령부가 제출한 8만 3천 명의 송환자 명단을 토대로 포로문제에 양보할 의사가 있음을 시사했다. 마오는 반대했다. 그는 정부와 당 간부들에게 정치적·군사적 압력에 밀려 타협해서는 안 된다고 말했다. 95) 사실 그는 예전에 비슷한 상황에서 타협한 적이 있으며 또다시 그럴 생각도 있었다. 그러나 당면한 현안은 워낙 결정적으로 중요했고 또 압력이 그의 뜻을 꺾을 정도로 강하진 않았다.

미국은 그해 여름과 초가을에 2차원적인 외교적 노력을 시도했다. 판문점에선 공산당이 받아들일 만한 비강제적 송환을 실현할 수 있는 방안을 마련하느라 고심했다. 북대서양조약기구 동맹국들과 함께 10월에 열릴 예정인 유엔총회에서는 중국의 경제제재를 강화할 방법을 연구했다. 그러나 어떤 것도 현실화되지 않았다. 공산군 측은 전쟁포로 문제를 해결하는 데 별로 관심을 보이지 않았다. 별다른 진전이 없자 유엔사령부는 10월 8일 회담을 정회했다. 이미 포로교환과 폭격 문제에서 미국의 미숙한 처리에 실망한 동맹국은 중국에 새로운 제재조치를 가하자는 제안에 냉담한 반응을 보였다. 96)

94) Robert Frank Futrell, *The United States Air Force in Korea*(New York: Duell, Sloan, and Pearce, 1961), 475~521.
95) *Mao's China*, 109.

1952년 가을, 한반도 문제는 뉴욕에서 열린 유엔총회의 핵심쟁점이 되었다. 미국으로선 그다지 유쾌한 일이 아니었다. 애치슨은 곧 판문점에서의 미국 입장을 지지하는 단순한 결의안의 통과마저 어려움을 겪었다. 11월 4일 아이젠하워 장군이 미국 대통령에 당선되자 타협적 결의안을 고려해야 한다는 압력이 더욱 거세졌다. 2차 세계대전이 끝난 후에도 유럽에서 연합군사령관을 맡았던 아이젠하워는 정치인으로서 강력한 지지기반을 얻었으나 그는 트루먼 행정부의 외교정책을 공격하는 공화당 후보였다. 게다가 상하원 모두 공화당이 다수당이 되었다. 그는 일부 공화당 지지자보다 온건했지만 종종 동유럽을 공산주의로부터 해방시켜야 한다고 말하곤 했다. 그가 국무장관으로 마음에 두고 있던 존 포스터 덜레스(John Foster Dulles)는 신랄한 비판세력의 리더였다. 아이젠하워는 한국에 대해서는 모호한 입장을 취했다. 그러나 여론조사에서 종전을 위한 공격적 전략에 찬성하는 유권자들에게 인기가 있는 것으로 나타났다. 미국의 동맹국과 중립국은 모두 한국의 평화적 해결책을 향한 문이 곧 닫힐 것 같다는 긴박감을 느끼고 있었다. 97)

전쟁포로 이슈에 대해 수많은 제안이 나왔지만 인도사람인 크리쉬나 메논(V. K. Krishna Menon)의 제안에 관심이 집중되었다. 그의 제안에 따르면 스웨덴, 스위스, 폴란드, 체코슬로바키아로 구성된 '중립국' 송환위원회를 설치해 비무장지대로 호송된 포로들을 보호하도록 하고, 위원회는 포로들을 심사하고 다수결로 그들의 운명을 정하며 만약 의견이 엇갈릴 경우 '심판'이 개별 경우를 결정한다는 것이다. 11월 중순 메논은 자신의 제안을 가다듬어 발표했다. 그러나 애치슨은 여전히 이 계획이 실행될 경우 송환을 거부하는 포로들이 영원히 구류될지

---

96) *KW*, 283~292.
97) *Ibid.*, 292~298.

도 모른다는 두려움을 떨쳐버리지 못했다.[98]

인도의 결의안을 작성하고 수정하는 과정에서 애치슨은 영국과 캐나다의 외무장관과 공방을 벌였다. 그러나 소련이 이 방안을 비난하는 바람에 동맹국들은 합의에 이를 수 있었다. 결국 미국은 비록 포로의 최종처리가 모호했지만 이를 수용하기로 했다. 이 결의안은 또한 포로들을 중립국 위원회의 감독하에 둠으로써 판문점에서 미국이 고집했던 기존의 입장을 훨씬 뛰어넘었다. 아마도 이 결의안의 가장 중요한 결과는 중국에 추가적 제재조치를 가하려는 미국의 노력을 차단했다는 것이다. 아랍-아시아권 국가들과 라틴아메리카, 그리고 주요 북대서양조약기구 동맹국들은 유엔총회에서 그러한 움직임에 반대할 기세였다.

이러한 현실은 두 가지 결과를 낳았다. 트루먼 행정부를 확전에 나서지 못하도록 했으며 공산당으로 하여금 서방의 인내심을 계속 시험할 수 있도록 했다. 워싱턴의 새로운 지도자들은 곧 유엔, 보다 정확히는 북대서양조약기구 동맹국들의 반대가 계속해서 한국에서 적에 대한 새로운 압력을 방해하도록 놔둘 것인지 결정해야 했다.

V

북대서양조약기구 동맹국들은 물론이고 중국 역시 아이젠하워의 한국전쟁 접근방식에 대해 우려했다. 지난여름 마오는 전쟁을 계속할 경우 중국에 유리한 몇 가지 이점을 분석해 보았다. 미국과의 전쟁에서 교착상태에 있다는 사실은 중국의 국제적 위상을 더욱 높여줄 수 있었다. 또 국론의 화합을 촉진하고 중국군대에 소중한 전투경험을 제공했다. 한편 미국은 중국처럼 보충병력이 충분하지 않았고 유럽

---

98) *KW*, 298~306.

우선주의 정책 때문에 한국전의 지속은 미국에 불리했다. 99) 모스크바에서 스탈린을 만난 저우언라이는 전쟁포로 문제에서 가능한 양보를 모색하기 시작했지만 이는 매우 인색한 스탈린을 설득해 외국원조 예산을 더 늘려 북한을 지원하고 중국의 1차 5개년 계획을 도와 달라고 하기 위한 술책이었다.

두 번째 제안이 어느 정도 진전을 보이고 스탈린이 전쟁포로 문제에 대해 강경한 대응을 권고하자 마오는 반대하지 않았다. 100) 하지만 그는 아이젠하워의 한국에 대한 논평을 연구하고 대통령에 당선될 경우 어떤 정책방향을 취할지 예측해 보고서를 올리라고 지시했다. 보고서는 군인출신 정치인인 아이젠하워가 한국전쟁을 군사적으로 확대할 것 같다고 결론 내렸다. 101) 아이젠하워가 취임하기 전에 보였던 행동들―12월에 한국을 방문하고 교착상태를 "말보다는 행동으로" 해결하겠다고 말하고 기자들을 대동하고 맥아더와 만나 종전에 대한 그의 계획을 들었다―은 이러한 추측을 더욱 부채질했다. 북한과 중국 해안지역에서 수륙양면 군사훈련이 강화되고 국민당이 중국 본토가 육안으로 보일 정도로 가까운 섬에서 중국영토를 포격하는 가운데 중국은 미 공화당 내부에서 친장제스 감정이 강하다는 것을 파악하고는 걱정에 빠졌다. 102)

마오는 세계의 여론과 소련의 보복능력 때문에 미국이 한반도나 그

---

99) *Mao's China*, 111.

100) 스탈린과 저우언라이의 대화에 관해서는 CWIHPB 6~7(winter 1995~1996) : 10~19.

101) *MMR*, 233; *MZM*, 632, 638, 656~658, 667~668.

102) 아이젠하워의 활동에 대해서는 Stephen Ambrose, *Eisenhower*(New York: Simon and Schuster, 1984), 2: 30~35; *NYT*, 1952년 12월 7, 8일자. 해군공격에 대해서는 James Field Jr., *History of United States Naval Operations*: *Korea*(Washington, D. C. : Government Printing Office, 1962), 442.

외의 지역에서 핵무기를 사용하지는 않을 거라고 보았다. 또 지상요새
를 튼튼히 구축한 중공군을 집중공격하지는 않을 것 같다고 판단했다.
그보다는 한반도의 서해안과 동해안에서 수륙양면작전을 시도하고 중
국해안을 견제하는 양동작전을 펼칠 거라고 생각했다. 이러한 공격이
1953년 봄쯤 개시될 거라 예상하고 이에 대응해 준비하라고 군에 지시
했다. 유엔군이 많은 사상자를 내고 퇴각한다면 한반도의 상황은 “우
리에게 훨씬 유리하게 안정화될 것”이라고 마오는 믿었다. 103)

마오는 새해 들어 미국의 군사행동이 강화될 조짐이 계속 보이는 와
중에도 이러한 믿음을 버리지 않았다. 1월 20일 취임한 지 2주 후 아
이젠하워 대통령은 미 7함대가 더 이상 타이완 해협에서 국민당의 본
토 공격을 막지 않을 거라고 선언했다. 장제스는 바로 뒤이어 본토를
되찾겠다는 결의를 재확인했고 타이완의 미 군사고문지원단장이었던
윌리엄 체이스 소장은 국민당의 전투능력이 지난 1년간 배로 증가했다
고 자랑했다. 워싱턴에선 공화당 정책위원회 의장을 맡은 윌리엄 노랜
드(William Knowland) 상원의원이 중국의 해상봉쇄를 주장했다. 신임
대통령은 남한군을 14개 사단에서 16개 사단으로 늘리자는 제안을 승
인했으며 곧 20개 사단으로 병력을 증강할 예정이었다. 5월 초 아이젠
하워는 수석고문들과 의회지도자들을 백악관으로 불러 퇴역하는 8군
사령관 반 플리트 장군의 보고를 받았다. 반 플리트는 한국전쟁은 군
사적 확대를 통해서만 해결 가능하다는 주장을 되풀이했다. 104)

그러나 2월 8일 중국공산당 일간지에 보도된 연설문에서 마오는 “우
리는 평화를 원한다. 그러나 미 제국주의가 야만적이고 비이성적인 요
구를 버리지 않고 침략을 확대하려 한다면 중국 국민은 오직 북한동지
들과 함께 계속해서 끝까지 싸울 결심”이라고 말했다. 105) 그달 말 마

103) *MMR*, 233~236; *MZM*, 3: 632, 638, 656~658.
104) *NYT*, 1953년 2월 3, 4, 8일자; *USAKW*, 2: 357~361.
105) *MMR*, 239.

226

오는 중국이 판문점에서 회담을 재개하기 전에 상대방이 먼저 움직일 때까지 기다리기로 결심했다. 106)

2월 22일, 클라크 장군은 김일성과 팽더훼이에게 편지를 보냈다. 12월 제네바의 국제적십자사연맹의 집행위원회는 양측에게 병에 걸리거나 부상당한 전쟁포로를 본국에 송환할 것을 요청했다. 어느 누구도 바로 응답하지 않았다. 그러나 미 국무부는 이 문제가 2월 말로 예정된 유엔총회에서 제기될 걸로 예상했다. 유엔에서 압력이 가해지기 전에 먼저 움직여야 한다고 판단한 미 외교관들은 클라크에게 직접 공산군 측에게 제안하도록 강요했다. 결국 클라크는 이들의 요청을 받아들였다. 107) 공산군 측은 응답을 서두르지 않았다.

그러나 1953년 3월 5일 공산세계를 폭풍 속에 몰아넣을 사건이 발생했다. 스탈린이 쿤트세보 저택에서 갑자기 사망한 것이다.

VI

스탈린은 계속해서 마오에게 휴전협상에서 강경한 입장을 취하라고 권고했다. 그러나 한편으로 한국문제에서 소련이 미국과 직접 대결하는 것은 피하겠다는 일관된 의지를 보였다. 아이젠하워 행정부가 한국과 중국에서 군사공격을 확대할 준비를 하는 것처럼 보이자 스탈린이 중국에게 전쟁을 끝내라고 말했을 가능성을 배제할 순 없지만 이를 증명할 수 있는 신뢰할 만한 자료는 없다. 108) 확실한 것은 스탈린의 후임자들이 재빨리 종전을 주장하고 나섰다는 것이다. 중국은 이에 저항

106) *Mao's China*, 114~115.
107) *FRUS, 1952~1954*, 15: 716~717, 785~786, 788~790.
108) Dimitri Volkogonov, *Stalin: Triumph and Tragedy* (New York: Grove Weidenfeld, 1988), 570.

하지 않았다. 109) 중국은 물론이고 북한도 소련의 결정에 기뻐했던 것 같다.

종전을 위한 새로운 움직임은 중국과 북한 대표가 스탈린의 장례식에 참석하기 위해 모스크바를 방문했을 때 이루어졌다. 3월 19일 소련 국무위원회는 마오와 김일성에게 보낼 생각으로 2월 22일 클라크의 제안에 대한 긍정적 답변을 요구하는 내용의 결의안을 통과시켰다. 이 결의안은 "포로문제를 해결하고 이에 따라 한국전쟁을 중단하고 휴전협정을 체결할 때가 왔다"는 고위관료의 성명이 뒤따를 예정이었다. 이 성명도 저우언라이가 발표할 가능성이 높았다. 협상단이 판문점에 다시 모이면 공산군 측은 즉각 송환을 원하는 모든 포로를 교환하고 나머지 포로들은 "중립국에 넘겨 송환문제를 공정하게 해결하자"고 제안할 생각이었다. 결의안은 "우리는 미국, 중국, 북한 정부가 휴전을 위해 어떤 조치와 단계를 취해야 할지 알 수 없다"는 코멘트로 끝을 맺었다. 110) 분명한 것은 공산군 측이 전쟁을 끝내기 위해 노력해야만 한다는 메시지였다.

그러나 휴전을 하기까지 4개월 이상이 더 걸렸다. 이 중 3개월은 전쟁포로와 휴전선의 자세한 위치에 대한 합의를 도출하는 데 소비되었다. 저우언라이는 3월 30일이 되어서야 유엔에 대해 전쟁포로에 대한 중국의 입장을 전달했다. 판문점에서의 공식회담은 4월 26일까지 재개되지 않았다. 6월 4일 공산군 측은 마침내 휴전 후 120일 이내에 송환되지 않은 전쟁포로들을 석방하고 이들을 제3국으로 보내지 않는다는 유엔사령부의 요구에 동의했다. 또 5개국 중립국 본국송환위원회의 설치에도 동의했다. 이 위원회는 심사 후 다수결로 개별포로들의 본국송환 여부를 결정하기로 되어 있었다.

---

109) Weathersby, "Soviet Role in the Early Phase of the Korean War," 17.
110) *CWIHPB* 6~7(winter 1995~1996) : 80~82.

공산군 측은 5월 25일 유엔사령부가 동맹국의 반대에도 불구하고 자신의 제안을 받아들이지 않으면 휴전회담을 파기하고 판문점, 개성, 문산 주변의 중립지역에 대한 합의도 무효화시키겠다고 하자 비로소 수용의사를 밝혔다. 두 번째 협박은 공산군의 주요 물자보관지로 추정되는 개성지역을 유엔이 폭격할 수 있음을 의미했다. 5월 13일부터 북한의 여러 관개용 댐에 대한 공중폭격이 시작되어 수천 에이커의 논밭이 물에 잠겼고 평양 북쪽의 철로가 유실되자 공산군 측은 더욱 부담을 느꼈다.

5월 말과 6월 초 공산군 측은 전체 전선에서 전술적 공격을 단행해 약간의 영토를 빼앗는 데 성공함으로써 협상테이블에서 수용해야 할 양보의 충격을 줄일 수 있었다. 3월 공산군 측은 이미 종전을 거의 결

그림 18. 북한의 협상대표인 남일 장군이 재개된 회담에서 걸어나오는 모습, 1953년 5월 8일.

정한 상태였으나 양측의 군사적 압력을 포함해 밀고 당기는 협상을 거
듭한 끝에 그 시기와 조건이 모습을 드러내기 시작했다. 111)

유엔군의 전쟁확대 능력이 훨씬 우월했기 때문에 심리적 부담은 공
산군 측이 더욱 컸다. 미군 지도자들은 평양-원산 전선의 공격에 성공
하려면 지상군의 상당한 병력증가가 필요할 뿐만 아니라 만주에 핵공격
을 해야 한다고 생각했다. 이러한 공격은 미국의 핵무기 재고와 미사일
함대의 수를 줄여 북대서양조약기구 동맹을 위협하고 어쩌면 이에 자극
을 받은 소련이 부산과 인천뿐만 아니라 주요 일본 항구도시까지 폭격
할지 모른다고 우려했다. 최악의 시나리오는 소련이 미국에게 핵공격
을 가하는 것으로 만약 그럴 경우 9백만 명에 이르는 민간인 사상자가
발생하고 전략공군(*Strategic Air Command*)의 출격률이 절반으로 떨어
질 것으로 추정되었다. 112) 그러나 미국은 당시 천 개가 넘는 핵무기를
보유하고 있었고 이미 지난 가을 1945년 일본을 공격하는 데 사용했던
원자폭탄보다 파괴력이 수백 배나 높은 수소폭탄 실험에 성공했다. 또
미국이 북한의 관개 댐을 계속 폭격하고 공격대상에 개성의 중립지역을
포함시킬 경우 공산군의 병참보급 네트워크는 더욱 타격을 입을 수밖에
없었다.

중국이 5개년 경제개발계획의 실행에 초조해하고 스탈린의 사망으로
소련의 리더십이 흔들리고 있는데다가 소련과 동유럽 경제가 장기화된
군비증강의 부작용과 씨름하는 상황에서 공산진영이 전쟁확대의 위험
을 피하기로 한 것은 현명한 결정이었다. 113)

그러나 이들의 신중함은 곧 시험을 받았다. 6월 18일 새벽 휴전협
정 체결을 바로 눈앞에 두고 이승만 대통령은 독단적으로 공산군 측으

---

111) *KW*, 313～326.

112) *FRUS, 1952～1954*, 15: 1053, 1059～1063, 1064～1068. 공산군 측의
      공군력에 대해서는 Futrell, *U. S. Air Force in Korea*, 374～380.

113) *KW*, 326～330.

로 송환을 거부한 2만 5천 명의 한국인 전쟁포로를 석방했다. 통일이 전제되지 않은 휴전에 계속해서 반대했던 이승만은 결국 마음속의 불만을 구체적 행동으로 옮겼다.[114]

공산군 측은 바로 클라크에게 편지를 보냈다. 이들 전쟁포로가 "당신 측의 직접적 통제를 받는 남한 정부와 군"의 강압에 못 이겨 포로수용소를 나왔다면서 3가지 질문을 던지며 험악한 어조로 끝을 맺었다.

> 유엔사령부는 남한정부와 군을 통제할 능력이 있는가? 그렇지 않다면 휴전은 이승만 도당을 포함하는가? 만약 포함되지 않는다면 도대체 남측에서 휴전협정을 실행할 거라는 보장이 어디에 있는가?

그림 19. 이승만 대통령이 초기 휴전협정의 협박을 받고 있던 북한포로들을 풀어주기 직전인 1953년 6월 13일에 서울 관저에서 열린 미국과 남한 관료들의 회담 모습. 왼쪽에서부터 미 합참의장 아서 래드포드 제독, 이승만, 엘리스 브릭스 미 대사, 변영태 외무장관, 미 8군사령관 맥스웰 중장 순이다.

---

114) 배경설명에 대해선 7장을 참조.

만약 남한이 포함된다면 유엔사령부는 책임지고 강제로 석방되어 남한군에 편입된 25,952명의 포로 전원을 원래상태로 되돌리고 비슷한 사건이 앞으로 절대로 일어나지 않도록 보장해야 한다. 115)

유엔사령부는 즉각 포로수용소에 미군을 더 투입했다. 미군은 수백명의 탈주자를 붙잡았고 약 200명의 사상자를 내면서까지 더 이상의 탈주를 막기 위해 노력했다. 그러나 이미 도망친 포로들을 거의 모두 붙잡기엔 역부족이었다. 116)

하지만 공산군 측은 1951년 8월과 달리 협상결렬을 위협하지 않았다. 대신 중국의 선전선동은 미국보다 이승만과 남한정권에 집중되었다. 117) 소련은 미국에게 석방된 전쟁포로를 모두 잡아오라는 요구를 "말 그대로 받아들일 필요가 없다"는 암시를 주었다. 118)

한국의 상황과는 별도로 6월 소련과 동유럽이 경험한 일련의 사태로 공산군 측은 전쟁을 계속하는 게 훨씬 부담스러워졌다. 모스크바에서는 스탈린의 뒤를 이은 라브렌티 베리아, 게오르기 말렌코프, 니키타 흐루시초프 등으로 이루어진 3인방의 권력다툼이 한창 진행중이었다. 6월 말 베리아는 더 이상 공식석상에 모습을 나타내지 않았고 곧 체포되어 모든 직위를 박탈당했다. 119) 몇 주 전에는 체코슬로바키아와 동독에서 소요가 발생했다. 폴란드와 헝가리 역시 어수선한 분위기였

---

115) *DSB* 28 (June 29, 1953) : 906~907.

116) *USAKW*, 2: 451; *FRUS*, *1952~1954*, 15: 1210~1211, 1223~1224.

117) Mark Clark, *From the Danube to the Yalu* (New York: Harper and Brothers, 1954), 284.

118) Memorandum of Conversation, Soviet Communication Concerning Truce Negotiations (plus attachment), June 29, 1953, 795. 00/6-2953, RG59, NAⅡ.

119) Amy Knight, *Beria* (Princeton, N. J. : Princeton University Press, 1994), 194~200.

다. 120) 한반도를 차지하기 위한 장기간의 힘겨루기는 이제 더 이상 불가능해졌다.

6월 29일, 공산군 측 사령관에게 미국의 입장을 정리한 편지를 보낸 클라크 장군은 한참 후에 매우 신중한 답변을 받았다. 클라크는 탈주한 모든 포로를 원상태로 복귀시키는 게 불가능하다는 입장을 다시 밝혔고 또 남한이 휴전협정을 수용하도록 보장할 수는 없다고 말했다. 그러나 유엔사령부가 남한정부의 협력을 얻기 위해 노력하겠다고 약속했다. 미국은 이미 그런 노력을 시작하고 있었다. 한국인 전쟁포로가 석방되자 월터 로버트슨(Walter S. Robertson) 국무성 극동아시아담당 차관보가 한반도로 달려왔다. 공산군 측은 여전히 시비를 걸었지만 판문점에서 중단된 회담을 재개하는 데 합의했다. 121)

공산군 측은 중부전선에서 6개 중공군 사단이 공격을 받은 후에야 협상테이블에서 진지한 태도를 보였다. 5월 말과 6월 초의 제한적 공세 때와 마찬가지로 이번에도 남한군 부대가 주요 타깃이었다. 남한군은 6마일이나 밀렸으나 미군보충병력이 투입되어 적의 진격을 막고 빼앗긴 영토를 거의 되찾았다. 타격을 입은 공산군은 7월 19일 판문점에서 협상을 시작했다. 122)

이승만은 "국가의 존립에 위협이 되는 조치가 취해지지 않는다면" 휴전을 더 이상 방해하지 않기로 약속했다. 이승만은 만약 휴전 후의 정치협상에서 통일을 확보하지 못할 경우 무력을 사용할 의사가 있음을 내비쳤지만 워싱턴은 미국이 이를 지지하지 않을 거라고 확실히 못박았다. 123) 종전을 가로막던 마지막 방해물이 마침내 해결되었다.

1953년 7월 27일, 판문점에서 양측은 휴전협정 서명식을 가졌다.

---

120) *KW*, 341.

121) *DSB* 29(July 20, 1953) : 73~74.

122) *USAKW*, 2: 474~476.

123) *FRUS*, *1952~1954*, 15: 1357~1360, 1368~1369.

이 행사를 위해 나무와 대나무로 건물이 급히 세워졌다. 화기애애한
분위기와는 전혀 거리가 멀었다. "의전은 물론이고 공손한 태도조차
보이지 않았다"고 영국의 《타임스》지는 보도했다. 124) 양측 대표는 서
로 눈도 마주치지 않았다. 남한사람은 아예 모습도 드러내지 않았다.
협정체결 12시간 후에 휴전의 효력이 발생하도록 되어 있었기 때문에
양측은 그때까지 교전을 계속했다. 공산군은 지상에서 전선을 맹공격
했고 유엔사령부는 공군폭격과 함대사격으로 북한에게 타격을 입혔
다. 125) 제임스 레스톤(James Reston)은 《뉴욕타임스》지에 "인류전쟁
역사상 그처럼 서로 신뢰하지 못하는 상황에서 휴전을 맺은 적은 없었
다"고 논평했다. 126)

종전은 한반도에서 전쟁을 벌였던 양측 간의 상황적·이데올로기적
차이가 얼마나 심각했는지를 단적으로 보여 주었다. 한국전쟁은 수세
기 동안 기술발전의 물결에 힘입어 주요 제국주의 국가들을 자신의 진
영에 귀속시키는 데 성공한 서방세계의 지도자들과 이제 민족주의의
발호로 기존의 권력구조를 무너뜨리기 위해 애쓰고 있는 과거 식민지
세계의 대표들 간의 충돌이었다. 또 현상유지나 진화적 변화를 추구하
는 자유주의적 자본주의 세계의 리더와 부패하고 착취적이며 욕심이
지나친 제도를 타도하려고 노력하는 전제적 사회주의 세력 간의 정면
대결이었다. 이들의 괴리가 얼마나 깊었는지는 양측이 기존의 군사적
균형에 동의한 후에도 정말로 전쟁이 끝나기까지 걸렸던 그 긴 시간이
설명해 준다.

마침내 전쟁이 끝날 수 있었던 것은 미국 측이 전쟁을 끝내지 못할
경우 이를 확대할 의지를 보인데다가 공산군 측의 지도자가 사망했기
때문이었다. 스탈린의 사망으로 휴전협상에서 가장 강경한 입장을 취

124) *Times*(London), 1953년 7월 28일자.
125) *USAKW*, 2: 488~491.
126) *NYT*, 1953년 7월 27일자.

했던 사람이 사라졌을 뿐만 아니라 공산세계의 긴장관계를 보다 안정된 국제분위기 속에서 보다 원만하게 해결할 수 있는 가능성이 높아졌다.

교전국들이 아무리 서로를 불신했다 하더라도 내부적·외부적 상황은 휴전이 지속될 거라는 희망을 주었다. 7월 27일 휴전협정 체결 이후에도 이승만은 통일에 대한 강경한 입장을 버리지 않았다. 그는 휴전협정 체결 전날 모든 카드를 다 꺼내 보였지만 미국은 종전이나 그 후에 전쟁을 재개하는 문제에 대한 입장을 전혀 바꾸지 않았다. 한편 중공군은 남한군에 대해 미국의 지원 없이는 진격을 할 수 없을 것임을 주지시켰다.

공산군 측의 경우, 김일성이 1년 전부터 평화를 원했다는 여러 증거가 있다. 적화통일의 야심은 버리지 않았지만 북한이 적군의 무작위 공중폭격으로 거의 초토화되자 그는 더 이상 공격재개를 고려하지 않았다. 그를 멈추게 한 요인은 또 있었다. 1950년 6월 북한이 공격을 감행하기 전의 38선과 달리 새로 생긴 국경선은 방어가 가능했다. 휴전선 너머엔 전투경험이 풍부하고 전력이 강화된 남한군이 버티고 있었을 뿐만 아니라 1949년과 달리 미군은 철수할 생각이 전혀 없었다. 게다가 휴전협정 후 덜레스 국무장관이 직접 서울로 날아와 남한정부와 상호방위조약을 체결하기까지 했다. 127)

소련과 중국 역시 적대행위 재개를 피할 이유가 충분히 있었다. 전체 인구의 약 10%가 전쟁으로 사망하거나 부상당했던 한민족이 주요 희생자였다면 소련과 중국 역시 더 이상 되풀이하고 싶지 않을 정도로 희생을 겪었다. 소련은 중국과 북한에 대한 군사와 경제 원조로 수억 달러를 낭비했으며 자신보다 경제적으로 3~4배나 규모가 큰 미국과 감당하기 어려울 정도의 군비경쟁을 해야 했다. 한국전쟁은 중국을 서방으로부터 더욱 고립시켰으나 중국의 국제적 위상과 자신이 강대국이

---

127) 상호방위조약에 대해선 7장 참조.

란 자부심은 더욱 높아졌다.

한편 마오의 입장에서 볼 때 이러한 상황전개는 씁쓸하면서도 달콤했다. 중공군은 한국에서 수십만 명의 인명을 잃었으며 소련의 원조에도 불구하고 미국의 막강한 화력을 이기지 못했다. 소련의 군사원조는 워낙 느리게 진행되었고 규모나 질적으로 제한적이었다. 또 중국은 타이완 문제를 유리하게 해결하지 못했다. 사실 타이완이 중국에 흡수되지 않고 자주권을 보장받을 수 있었던 것은 한국전쟁의 공(功)이 컸다. 결국 중국은 전쟁포로 문제에서 자존심에 상처를 입을 정도로 양보하고 말았다. 휴전협정 체결 직후 유엔 측에 섰던 국가들은 만약 공산군이 다시 적대행위를 시도할 경우 이어지는 전쟁은 한반도에 국한되지 않을 거라는 '보다 강경한 제재'성명을 발표했다. 북대서양조약기구 동맹국들은 이 성명을 별로 마음에 들어 하지 않았지만 미국이 이를 무시하고 강행함으로써 한반도에서 새로운 군사적 도발을 시도할 경우 공산군 측이 감당해야 할 위험이 훨씬 증가했다.

요약하자면 한국전쟁은 한반도를 잔인하게 갈라놓았고 매우 아픈 상처를 남겼지만 종전의 상황을 고려할 때 전쟁이 재발할 가능성은 거의 없었다. 냉전이 곧 사라지진 않았지만 한국에게 가장 비극적인 영향을 주었던 사건은 이제 과거사가 되었다고 믿을 만한 이유가 충분히 있었다.

제 3 부
광범위한 이슈

제 7 장
한국전쟁과 한미관계

　2차 세계대전 후 미국이 한국을 점령하면서 양국간 관계는 전혀 다른 차원으로 발전했다. 19세기 말 미국은 조선과 공식 외교관계를 수립했으나 한반도에 주둔한 일부 미국인들의 주장에도 불구하고 워싱턴은 점점 혼미해지는 조선의 국내 정치에서 어느 쪽도 편드는 일을 하지 않았다. 20세기 초 미국은 일본이 한국을 침략해 식민지로 만들었을 때 방관자적 자세를 취했다. 30년 후 미국 사업가와 선교사들이 대거 조선에 진출하고 다른 지역에서 세력을 확대하던 일본과 충돌로 치닫고 있었는데도 불구하고 여전히 한반도는 관심 밖에 있었다. 그러나 1945년 일본이 패망하면서 상황은 완전히 바뀌었다. 미국은 결국 동북아시아에서 주요 역할을 맡게 되었다.

　그러나 그 역할이라는 게 여전히 불확실했다. 점령지 일본에서의 입장은 상당히 구체적이었던 반면 1946년 이후 워싱턴은 만주의 내전에 직접 개입하지 않았으며, 주한미군을 감축했고, 1948년에는 군정을 끝내고 다음 해에는 남아 있던 모든 전투병력을 철수했다. 미국의 태도가 워낙 모호했기 때문에 북한의 김일성 주석은 결국 스탈린을 설득해 38선 이남을 상대로 재래식 공격을 감행하는 데 성공했다. 남침과 그 후 일어난 일련의 사태들은 한미관계를 현재의 모습으로 극적으로 반전시켰다. 양국간의 정치적・군사적・경제적 동맹은 십 년 이상 냉전을 이겨냈다.

이 장의 목적은 한국전쟁이 미국과 한국과의 양국관계에 미친 영향을 분석하는 것이다. 크게 군사・경제・정치 분야로 나누어 전쟁 전과 후의 관계를 살펴보고 그 영향을 가늠해 보고자 한다.

I

한국은 미국과의 관계를 종종 '혈맹'이라고 한다. 이 용어는 친구들끼리 칼로 상처를 내어 피를 서로 나눔으로써 우애를 약속한 수백 년 전의 중국소설에서 기인한 것 같다.[1] 누가 가장 먼저 이 용어를 사용했는지는 알 수 없지만 어쨌든 이는 한국전쟁을 거치면서 생겨났음이 분명하다. 약 3만 7천 명의 미군이 한국전쟁에서 목숨을 잃었으며 한국군의 피해는 이보다 수 배가 넘는다. 한국을 방문한 미 참전용사들은 본국에선 상상할 수 없을 정도로 대단한 존경을 받는다. 미국이 이제 거의 잊고 있는 사실(워싱턴의 한국전쟁기념관을 세운 것은 바로 교민 1세대였다)이 아직까지도 한국에서는 생생한 기억으로 살아 있다.

한미동맹은 아직까지도 두 가지 구체적 형태로 굳건하다. 약 3만 7천 명의 미군이 한국에 주둔하고 있으며 전국에 수많은 미군기지와 군사시설이 있다. 또 상호방위조약이 지금도 효력을 발휘하고 있다. 이러한 현상이 한국전쟁과 관련이 있다는 사실은 너무나 자명하다. 전쟁이 발발하기 1년 전 미군은 한반도를 떠났으며 500명이 채 안 되는 군

---

1) 자료를 제공해 준 조지아대 동료교수인 Tom Ganschow에게 감사한다.

사고문단만 남아 이제 막 창설된 남한군의 훈련을 도왔다. 이승만 정권은 "(미군) 철수를 연기하기 위해 온갖 노력을 다했다"고 무치오 미 대사는 철군 후 말했다.[2] 미군이 결국 한반도를 떠나자 이승만은 북대서양조약기구와 유사한 내용의 태평양조약기구를 창설하거나 '침략적 국가'에 대항하는 양자간 상호방위협정을 체결하거나 아니면 워싱턴이 한국을 수호해 주겠다고 공식적으로 약속해 달라고 했다.[3] 워싱턴은 그 모든 요청을 무시했다. 애치슨 국무장관은 1950년 1월 12일 전국언론협회의 유명한 연설에서 한국을 미국의 태평양 군사방위선에서 제외시켰다.[4] 약 4개월 후 톰 코널리(Tom Conally) 상원의원은 한 언론사와의 인터뷰에서 "우리가 원하든 원하지 않든 간에" 남한을 공산당에게 주어야 할 거라고 말했다. 애치슨은 이를 강하게 부인하지 않았다.[5]

애치슨과 트루먼은 다른 연설에서도 유럽에서 인도차이나에 이르기까지 공산세력의 침략을 당할 경우 미국이 지원할 것임을 약속하면서 한반도는 거의 언급하지 않았다.[6] 한반도의 군사적 균형이 북한에게 기울고 있다는 보고가 증가했지만 워싱턴의 어느 누구도 미군의 재파병이나 군사적 약속을 거론하지 않았다.[7]

1950년 6월 25일 북한이 남침을 감행하자 이승만, 스탈린, 김일성,

---

2) Muccio to W. Walton Butterworth(극동아시아 차관), August 27, 1949, RG59, NAII. 미군철수에 대한 남한의 저항에 대해선 *Reluctant*, 189~199.

3) Everett Drumright to Secretary of State Dean Acheson, June 13, 1949, RG59, NAII.

4) *DSB* 22(January 23, 1950) : 116.

5) 코널리에 대해서는 *U. S. News and World Report*, May 6, 1950, 4 ; 애치슨의 대답에 대해서는 *FRUS, 1950*, 7 : 67 n.

6) 무치오의 불평에 대해선 *FRUS, 1950*, 7 : 88~89.

7) *Road*, 164~170.

마오쩌둥을 포함해 거의 모두가 놀랄 정도로 미국은 신속하게 한반도에 군대를 파병했다. 북한이 보낸 무기와 병력의 도움을 받은 빨치산의 공격으로 남한이 위험에 빠졌다면 워싱턴은 그처럼 과단성 있게 행동하지 않았을 것이다. 이 경우 미국의 한 종속국이 와해되는 것은 부패하고 실기한 장제스 정권이 공산당에게 무너진 중국의 경우처럼 담담하게 받아들일 수 있었다. 그러나 북한군의 치밀한 재래식 공격과 소련이 이를 후원했을 거라는 추측은 미국 지도자들에게 이를 침략으로 규정할 빌미를 제공했다. 1930년대의 기억과 그 후 이어진 피비린내 나는 세계대전의 상흔이 여전히 남아 있는 가운데, 며칠간 면밀히 관찰한 후 소련 주변지역에서 다른 군사적 행동이 없을 거라는 판단이 서고 바로 한반도와 가까운 일본에 북한을 저지시킬 군사력을 보유한 상황에서 트루먼은 개입을 피할 수 없었다.[8]

그러나 공식적 군사동맹으로 향하는 길은 결코 순탄치 않았다. 미군이 한국에 발판을 유지할 수 있을 거라는 가정 속에서 이루어진 1950년 6월 말 미군의 개입은 상당기간 한국주둔을 불가피하게 만들었다. 중국이 1950년 가을 참전하지 않았다 하더라도 한국을 안정시키고 통일하는 과정은 수개월에서 어쩌면 수년이 걸렸을 것이다. 이 임무를 실행하는 데 있어 미군의 주둔은 필수적이었을 것이다. 남한과 북한에서 북한군 잔당을 섬멸해야만 했기 때문이다. 지난해 38선 이남의 산악지대에서 활동했던 빨치산을 소탕할 때 겪었던 어려움을 고려할 때 한반도 전체에 안정적 질서를 정착시키는 임무는 결코 쉽지 않았다. 특히 1945년 이후 남한으로 이주한 북의 지주계급은 소련 점령하에 실시되었던 토지재분배를 번복하려고 시도했지만 소요만 일으킬 뿐이었다.

마지막으로 관련된 문제는 진정으로 민족적인 정부를 어떻게 세우느냐였다. 이승만은 북한에서 국회의원 선거만 실시해 남한의 국회에

---

8) *Ibid.*, 185~190.

포함시키려 한 반면 미 국무성, 영국 외무부, 그리고 일부 전(前) 유엔 위원회 대표국은 과연 이승만이 한반도 전체를 통치할 수 있을지 확신하지 못했다. 이승만과 국회 간의 끊임없는 마찰과 우익청년단의 가혹한 활동에 대한 보도는 불신을 더욱 가중시켰다. 청년단은 10월 유엔군을 따라 북으로 진격하기까지 했다. 9) 이런 문제를 인정한다 하더라도 압록강과 두만강을 잇는 국경선이 분명했다면 미군은 십 년 안에 한반도를 떠나거나 전진배치나 구체적 약속 없이 단지 상징적 수준으로만 주둔했을 것이다. 양측이 심지어 오늘날까지도 군사적으로 대치하고 있고 북한이 무력 적화통일 주장을 포기하지 않는 가운데 영구화된 남북분단은 한미동맹과 장기점령의 요인이 되었다.

사실 미국은 1953년 휴전협정을 체결할 때 남한에 대한 공식적 맹세를 피하고 싶어했다. 전쟁이 너무나 장기화되고 희생이 컸기 때문에 미국인들은 점점 인내심을 잃어 갔다. 사실 1928년 이후 공화당 후보로서는 처음으로 대통령이 된 아이젠하워의 승리는 상당 부분 한국문제에 대한 일반 국민의 불만 때문에 가능했다. 10) 게다가 전쟁의 막대한 비용은 아이젠하워를 비롯한 많은 사람들에게 상당한 우려를 불러일으켰다. 이들은 대규모 해외지출로 결국 미국경제가 무너질 거라는 불안에 시달렸다. 이런 상황에서 덜레스 국무장관은 냉전시대의 새로운, 보다 유연한 전략을 발표했다. 미국은 앞으로 적의 손에 끌려 주변부에 휘말리지 않고 미국이 직접 개입할 시기와 지역을 선택하겠다고 분명히 밝혔다. 11)

---

9) *KW*, 108~111.

10) Robert A. Divine, *Foreign Policy and U. S. Presidential Elections*, Vol. 2 (New York: New Viewpoints, 1974), 50~70.

11) John Lewis Gaddis, *Strategies of Containment: A Critical Appraisal of Postwar American National Security Policy* (New York: Oxford University Press, 1982), 5장.

한국의 경우 두 가지 추가적인 걱정이 워싱턴의 발목을 붙잡았다. 먼저 양자간 조약이 유엔의 역할을 약화시켜 다른 유엔회원국이 자국의 군대를 철수시키지 않을까 하는 우려가 있었다. 12) 두 번째 더욱 중요한 불안은 변덕스러운 이승만에 이끌려 전쟁이 더 오래가지 않을까 하는 것이었다. 그가 통일을 전제로 하지 않은 휴전협정을 존중할지는 여전히 미지수였다.

마지막으로 미국이 가장 원치 않았던 것은 통일에 대한 이승만의 열망에 미군의 지원을 약속하는 협정이었다. 결국 미국은 휴전협정을 거부하겠다는 이승만의 협박에 밀려 한미상호방위조약에 합의했다.

1950년 여름부터 이승만은 남한주도의 통일이 전제되지 않는 한 어떤 형태의 종전에도 반대하겠다는 의사를 분명히 밝혔다. 휴전협상의 난항으로 이 문제는 파묻혀 있었지만 1953년 4월 회담재개의 움직임이 시작되면서 한미관계는 위기상황으로 치달았다. 4월 초 이승만은 국내에서 자신의 입장을 지지하는 세력을 동원해 반미운동을 벌였다. 4월 2일 남한국회는 만장일치로 통일 없는 휴전협정에 반대한다는 내용의 결의안을 통과시켰다. 13) 3일 후 미 8군사령관 맥스웰 테일러가 참석한 한 행사에서 이승만은 그 자리에 모인 남한군인들에게 한반도가 재통일될 때까지 계속 싸워야 한다고 강조했다. 14) 남한 외무부와 공보부는 통일을 요구하는 선전활동을 강화했으며 남한언론은 이를 재생산하고 지지논설까지 동원했다. 대규모 집회가 서울, 부산, 인천에서 시작되었다. 15)

---

12) *USAKW*, 2: 446.

13) Graham to the British Foreign Office, April 4, 1953, FO371/105484, PRO.

14) Headquarters, U. S. Far Eastern Command, Military History Section, "History of the Korean Conflict: Korean Armistice Negotiations"(1951 년 7월~1952년 5월), 미출판. Military Records Branch, NAⅡ, pt. 4, Vol. 1, 67~71.

미국은 이러한 공작활동에 별로 흔들리지 않았다. 군대징집을 기피하는 젊은이들이 많다는 것을 알고 있었기 때문이다. 16) 그럼에도 불구하고 엘리스 브릭스(Ellis Briggs) 미 주한대사는 워싱턴에 이승만의 "보편적 예측불허성"을 상기시켰다. 17) 브릭스 대사는 이승만의 "승리 아니면 죽음"이라는 태도에 일부 허풍이 있지만 그는 자존심이 강하고 열정적인 사람이기 때문에 무시해서는 안 된다고 경고했다. 4월 말 브릭스는 미 국무성에 상호안보조약의 제안이 이승만의 일탈을 막는 데 필수적일 것 같다고 보고했다. 18) 공산군과 대치하는 전선을 지키는 유엔군의 2/3가 남한군이었기 때문에 이승만의 경고를 결코 무시할 수 없었다.

덜레스는 이미 주미 한국대사에게 상호안보조약의 가능성을 시사한 바 있다. 그러나 미국이 어떤 경우에든 휴전선 이남의 영토방어 이상의 그 어떤 것도 약속하지 않겠다는 점을 강조했다. 그는 또 모든 당사자가 휴전 후 정치회담에서 통일을 논의할 기회를 갖게 될 때까지 안보조약을 연기하는 게 좋을 것 같다고 말했다. 19)

1953년 5월 휴전협상이 급물살을 타자 한미관계는 긴장이 더욱 고조되었다. 5월 25일 유엔사령관은 공산군 측에게 전쟁포로 이슈에 대한 최종제안을 전달했다. 이승만의 반응이 두려운 나머지 미국은 판문점 협상테이블에 앉을 때까지 이 제안의 내용을 남한 관료들에게 알리지 않았다. 이승만이 강하게 비난하자 결국 워싱턴은 상호안보조약을 제안하기로 했다. 6월 7일 이승만에게 보낸 편지에서 아이젠하워는 "휴전협정이 체결되고 양측이 수용한 후" 안보조약 협상을 곧바로 시

---

15) *Ibid.*, 70~74, 88~89; *FRUS, 1952~1954*, 15: 906.

16) 각주 14) 참고.

17) *FRUS, 1952~1954*, 15: 907.

18) *Ibid.*, 910~914, 917~919, 938~940, 947~950.

19) *Ibid.*, 897~900.

작하자고 말했다. 20)

이승만은 여전히 불만에 차 있었다. 팔십 평생 미국이 통일과 자주라는 한국의 지상과제를 진지하게 추구하는 모습을 보지 못했기 때문에 그는 미국을 믿지 못했다. 이제 통일과 자주는 그 어느 때보다 긴밀히 연관되어 있었다. 그는 김일성 정권을 소련과 중국의 위성국으로 인식했다. 그는 또 미국이 일본을 재건하고 재무장할 계획을 추진하고 있다고 믿었다. 통일된 한국은 과거의 식민지배국이었던 일본의 침략에 더욱 잘 저항할 수 있다고 믿었다. 심지어 미국이 일본을 강력하게 키워 아시아 공산주의에 대한 보루로 만들려는 계획을 저지할 수 있을지도 모른다고 생각했다. 21)

한편 남한 내에서 이승만은 오랫동안 중공군의 한반도 철수와 통일이 없이는 휴전에 반대한다는 공식입장을 완강히 지켜왔다. 최근에 그는 공산군과 인도의 군인 및 장교들이 38선 이남에서 중립국 송환위원회의 멤버로서 활동하는 것에 반대한다고 밝혔으며 또 반공주의자라고 밝힌 한국포로들이 그들로부터 심사를 받아서는 안 된다고 말했다. 1953년 6월 4일 공산군 측이 근본적으로 수용한 휴전협정에는 이 두 사항이 포함되었다. 이러한 문제에서 뒤로 물러나는 것은 이승만에겐 상당한 체면손상으로 그의 정치적 생명 자체를 위협할 수도 있는 일이었다. 22) 6월 18일 유엔사령부와 공산당이 모든 중대한 사안들에 대해 거의 합의에 이르자 이승만은 갑자기 거제도에 수용중이던 2만 5천 명이 넘는 한국인 포로를 석방했다. 23)

서울과 워싱턴에 있던 미국 관료들은 모두 머리끝까지 화가 났다.

---

20) *PPPUS, Dwight D. Eisenhower, 1953*, 377~380.

21) *FRUS, 1952~1954*, 15: 1368~1369.

22) *Ibid.*, 1159~1160; Briggs to Dulles, June 6 and 11, 1953, RG59, NA Ⅱ; *USAKW*, 2: 449.

23) *KW*, 332~339.

이승만이 유엔사령부로부터 남한군을 철수시키겠다는 위협을 실행에 옮겼다면 미국은 아마도 그를 강제로 하야시켰을 것이다. 미국이 버지니아 출신의 수완이 뛰어나고 성격이 온화한 로버트슨 차관보를 특사로 보내 협상을 시도하자 이승만은 결국 한발 물러섰다. 이승만은 그가 원하는 것을 아주 많이 얻지는 못했지만 상당한 양보를 받아 냈다. 미국은 중립국 감독위원회 소속의 공산국 혹은 인도 관료나 군인이 남한에서 활동하지 못하도록 하기 위해 공산군 측과 협상을 다시 시작하기로 했다. 또 상호방위조약을 향한 미국의 행보가 더욱 빨라졌다. 이승만은 미국에게 자신과 직접 협상하자고 함으로써 국내에서 상당한 지지를 얻었다. 아마도 가장 중요한 승리는 미국이 다시는 그를 무시하지 못할 거라는 확신이었다. 7월 27일 아이젠하워에게 보낸 편지에서 이승만은 감사를 표시하며 "강대국인 미국과 약소국인 한국의 관계가 상호 정직하고 양방향의 협력이 가능한 관계로 발전시킨 당신의 정치가다운 비전"에 찬사를 보냈다. 24)

  덜레스는 7월 27일 휴전협정이 체결되고 나서 바로 며칠 후 한국을 방문해 이승만과 상호방위조약 협상을 시작했다. 25) 미국은 다른 태평양 동맹국들과 맺은 기존의 조약과 비슷한 조건을 주장했다. 즉, 외부의 침략이 있을 경우 자동적으로 미국이 행동을 취한다는 북대서양조약기구와는 달리 "각 협정국의 헌법적 절차에 따른" 대응을 요구했다. 또 일반적 면책조항도 포함되었다. 즉, 1년 전에 통보할 경우 어느 쪽도 이 조약을 종결할 수 있다는 것이다. 이승만은 남한이 북한에 적대행위를 시작할 경우 미국지원을 암시하는 그 어떤 말도 할 수 없었다. 미 상원은 이 안보조약을 1954년 1월 회기가 재개되자마자 신속히 처리했다. 덜레스와 이승만이 서명한 공동성명에서 미국은 "자유롭고 독

---

24) *FRUS, 1952~1954*, 15: 1444.
25) 미국 측 기록에 대해선 *Ibid.*, 1466~1490.

248

립적인 통일한국"의 목표를 존중하며 주한미군의 지위를 다룰 협정을
체결하겠다고 다짐했다. 26) 한편 덜레스는 공산당에게 한반도를 남한
이 주도하는 중립적 비무장 국가로 만들자는 제안을 해보는 게 어떻겠
느냐며 이승만의 의중을 떠보았으나 이승만의 태도는 완강했다. 27)

한미관계는 여전히 불평등적이었다. 예를 들어 주한미군은 1950년
7월 12일 체결된 대전협정의 보호를 받고 있었다. 이 협정에 따르면
주한미군이 범죄행위를 저지를 경우 그 사법권은 모두 미국에 있었다.
덜레스는 곧 이 협정을 재검토해 보겠다고 약속했지만 미 국무부와 미
국회의 반대 때문에 1961년이 되어서야 비로소 포괄적 협상이 시작되
었다. 지루한 협상을 거친 끝에 1965년 결국 합의에 도달했다. 한편
한국인을 상대로 한 미군의 범죄는 종종 발생했는데 이들의 신병을 계
속 미 헌병이 독점하면서 양국관계는 자주 갈등에 휩싸였다. 28)

시간이 지나면서 수만 명의 주한미군은 미국문화를 남한에 파급시키
는 데 중요한 역할을 했다. 미군들에게 정보와 오락을 제공하기 위해
세워진 라디오와 TV 방송국은 한국인들이 영어뿐만 아니라 미국의 대
중문화를 접할 수 있는 주요 매체가 되었다. 수많은 미군기지와 미군
시설은 한국인들로부터 갖은 종류의 재화와 서비스를 공급받았다. 무
엇보다 상호간의 교류가 활발해지면서 수천 쌍의 미군남성과 한국여성
이 결혼했다. 이를 기회로 수십 년 동안 수많은 한국인들이 미국으로
이민갔다. 29)

한편 남한정부는 전쟁 전보다 미국에 훨씬 더 많은 영향력을 행사할

26) 조약내용과 공동성명에 대해서는 *DSB* 29(August 17, 1953): 203~204.
남한 측 초안에 대해서는 *FRUS, 1952~1954*, 15: 1359~1361.
27) *FRUS, 1952~1954*, 15: 1474~1475, 1481.
28) *U. S. -Korean*, 85~90.
29) Eui Hang Shin, "Effects of the Korean War on Social Structures of the Republic of Korea," *International Journal of Korean Studies* 5(spring/summer 2001): 145~147, 150~151.

수 있게 되었다. 클라크 유엔사령관은 1953년 6월 이승만의 포로석방 사건을 회상하며 이승만이 "심리적 무기"를 갖고 있었다고 말했다. "어쨌든 3년간의 전쟁을 치르면서 그 수많은 인명과 재산피해를 입은 후에 우리는 가족간의 내분 때문에 한국을 빨갱이 손에 넘겨줄 수는 없었다"고 그는 얘기했다. 30)

아이젠하워 역시 11월 국가안보리 비밀회의에서 비슷한 심정을 토로했다. 이승만이 북한을 공격할 경우 한반도로부터 미군을 철수시키겠다는 위협의 가능성에 대해 토론하던 중 아이젠하워는 "한국을 빠져나오는 것은 상상조차 할 수 없다"며, "만약 그럴 경우 3년간의 끔찍한 희생이 수포로 돌아가게 된다"고 불쑥 말했다. 31) 1949년 미군을 한국에 계속 주둔시키기 위해 "그 모든 노력을 다했지만" 결국 실패했던 남한정부는 이제 수만 명의 미군이 무기한으로 한국에 주둔하게 되었으며 군사방위조약까지 체결했다.

남한의 영향력은 물론 분명한 한계가 있었다. 미국은 이승만의 계속되는 요구에도 불구하고 통일을 이루기 위해 무력을 사용하는 것을 완강히 거부했다. 그러나 전략적 차원에서, 아직까지는 필수적이진 않지만 한국의 생존이 미국의 주요 국익으로 부상한 이상, 한반도 포기는 이제 생각조차 할 수 없었다. 한국의 지도자들은 이 사실을 이용해 군사문제뿐만 아니라 정치·경제 분야까지도 양보를 얻어냈다.

---

30) Clark, *From the Danube to the Yalu*, 272.
31) *FRUS, 1952~1954*, 15: 1597.

Ⅱ

이제 미국이 한국정치에 미친 영향을 한번 살펴보자. 1946년에 이미 워싱턴은 "자유롭게 표현된 한민족의 의지를 모두 대표하는 민주주의 정부"의 수립을 대(對) 한반도 3대 목표 중 하나로 정했다.32) 이 목표는 사라지지 않았지만 1948년 한반도가 두 개의 토착정부로 분단되면서 미국 정책결정자들은 당분간 이 목표를 38선 이남의 영토에만 한정시키기로 했다. 1950년 가을 더 광범위한 목표가 다시 나타났으나 중국의 개입으로 이상에 머무르고 말았다. 그렇다면 한국전쟁은 남한을 서방세계에서 인정할 수 있는 민주제도 국가로 발전시키려는 미국의 의지와 그 능력에 어떤 영향을 미쳤을까? 또 장기적으로 이 분야에서 미국의 정책방향은 양국관계에 어떤 영향을 주었을까?

한국전쟁이 발발하기 직전 남한의 민주화 전망은 불투명했다. 자유주의적 전통이 부족하고 독재적 성향이 강한 나이 든 대통령이 통치하는 가난하고 분단된 나라에서 민주주의는 종종 도저히 잡을 수 없는 뜬구름처럼 보였다. 미국은 이승만의 반민주적 성향을 눈치챘으나 1948년 남한 독립정부를 세우면서 이승만의 권력장악을 도저히 막을 수 없었다. 이승만은 보수적 한국민주당이 강력한 국회를 통해 나라를 통치할 수 있는 의회제도를 헌법으로 정하지 못하도록 저지하는 데 성공했다.

1948년 여름에 채택된 실제의 헌법은 이승만의 주장에 따라 대통령이 내각을 통제할 수 있도록 했다. 이론적으로 이승만은 정부관료와 경찰을 통해 정부를 지배할 수 있었다. 그러나 한국민주당은 다른 생각을 갖고 있었다. 이승만이 제1당인 한국민주당에게 고작 내각의 한

---

32) *U. S. -Korean*, 3.

자리만 내주자 행정부와 입법부는 서로 으르렁거리며 싸웠고 종종 폭
력사태로 이어지곤 했다. 이승만은 반대파 국회의원과 언론인들을 체
포했고 군과 경찰은 공공연하게 고문을 자행했다. 33) 이승만의 통치방
식과 내용이 너무나 마음에 들지 않았지만 미국은 한국에 경제·군사
원조를 계속했다. 1949년 9월 단 한 번도 이승만을 지지하지 않았던
무치오 주한 미국대사는 다음과 같이 적었다.

　　남한정부는 군과 경찰이 적군과 종종 교전을 벌이는 국경선으로부터
　　채 30마일도 안 되는 거리에 위치해 있다. 여러 지역에서 수많은 공
　　산당 게릴라 도당들이 인근 마을을 강탈하고 사람들을 죽인다. 평양
　　발 라디오는 남한정부의 모든 관료를 숙청하라며 매일 떠든다. 또
　　남한의 군과 경찰에게 공산주의자의 명령을 따라 남한의 지도자들에
　　게 총구를 겨누라고 호소한다. 따라서 개인적으로 남한 대통령에게
　　일부 극단적인 행동을 자제하라고 조언하는 게 매우 어렵다.

　무치오 대사는 " (남한사람들이) 서양에서 수세기에 걸쳐 정착된 민주
정부란 제도를 제대로 이해하지 못하기 때문에" 남한을 포기하자는 일
부 정치인의 주장을 일축했다. 34)
　그러나 1950년 4월 마침내 무치오의 지원에 힘입어 워싱턴은 이승
만 정부에 직접적 영향을 행사할 수 있었다. 지난 겨울 남한군의 대대
적 공비소탕 작전으로 빨치산의 활동은 소강상태에 있었다. 경제상황
은 어느 정도 향상되었다. 풍작에다가 석탄, 전력, 일부 완성재의 생

---

33) Donald Stone Macdonald, "Korea and the Ballot: The International
　　Dimension in Korean Political Development as seen in Elections" (박사
　　학위논문, George Washington University, 1978), 225~254, 260~262;
　　Kim, *Divided Korea*, 116~132.
34) Muccio to Niles Bond (국무부 북동아시아 부국장), September 12,
　　1949, RG59, NAⅡ.

252

산이 상당히 증가했다. 그러나 미국 관료들은 새로운 추세에 대해 점점 우려하기 시작했다. 물가는 여전히 심각했다. 미국이 계속해서 한국정부의 결단력 있는 조치를 요구했지만 남한총리는 3월 한국에 있는 미 경제협력처에게 보낸 편지에서 그 중요성을 무시했다. 한편 이승만은 헌법에서 5월에 열도록 명시된 국회의원 선거를 11월로 연기할 필요가 있다고 말했다. 국회에 4월에 시작되는 회계연도 예산안을 통과시킬 시간을 주어야 한다는 명분이었다. 35)

애치슨 국무장관은 이승만에게 상당한 유감을 표명하며 이러한 문제를 당장 시정하지 않을 경우 미국의 경제·군사 원조를 재검토하겠다고 위협했다. 애치슨은 이승만에게 미국의 원조는 "대한민국 내 민주제도의 존립과 발전을 전제로 한 것"이며 "헌법과 법에 따르는 자유로운 국민선거는 이러한 민주적 제도의 토대"라고 날카롭게 지적했다. 자신의 입장을 더욱 강조하기 위해 애치슨은 상의를 핑계로 무치오를 본국으로 소환하였다. 36)

애치슨의 전략은 즉각 효과가 나타났다. 이승만은 곧 애치슨의 경고문을 국회에 돌렸다. 국회는 4월 말 새해 균형예산안을 통과시켰고 이를 위한 조세와 가격조치를 승인했다. 이승만은 국회의원 선거를 5월 말로 정했다. 37) 선거운동과 투표는 유엔 한국위원회와 미국고문단의 감독하에 이루어졌다. 지역구당 열 명이 넘는 후보가 등록했으며 이중 2/3 이상이 무소속 후보였다. 나머지 정당에서 공천받은 사람 중 약 절반 정도만이 친(親)정부단체 소속이었다. 그러나 친(親)정부정당만도 4개나 되었기 때문에 한 지역구에서 같은 정당의 후보가 맞대결하는 웃지 못할 광경도 벌어졌다. 투표율은 높았다. 선거결과는 보편적으로 대중의 의지가 공정하게 표현된 것으로 여겨졌다. 210명의

---

35) *FRUS*, *1950*, 7: 35~40.

36) *Ibid.*, 43~44.

37) Drumright to Acheson, April 28, 1950, in *ibid.*, 52~58.

현직의원 중 31명만이 재선되었다. 무소속 의원이 126명으로 다수를 차지했다. 친이승만 단체 중 가장 규모가 큰 한국국민당은 154명의 후보 중 겨우 24명만 당선되었다. 선거결과는 이승만의 완패였다. 그의 패배는 여기서 그치지 않았다. 그가 총리후보로 처음 지명한 무소속의 오하영 의원이 새로 구성된 국회에서 단 46표의 찬성을 얻는 데 그쳐 국회인준을 받지 못한 것이다. 38)

　1960년 부정선거로 국민의 불만이 크게 표출되자 미국은 이승만에게 하야를 권유했다. 그러나 그전까지 한국의 민주주의를 고양하기 위해 미국이 개입한 분명한 사례는 찾기 어렵다. 당시 미국의 개입은 남한 내에서 한국의 존립을 지켜주겠다는 미국의 약속에 대해 의심이 팽배하던 때에 이루어졌다. 39) 그러한 불확실성과 미국의 영향력 사이의 관계를 엿볼 수 있는 대목이다. 1952년 선거위기와 비교해 보면 그 관계는 더욱 분명해진다.

　남한의 헌법은 국회가 대통령을 선출하도록 되어 있었다. 1952년 임기가 끝나는 이승만은 자신의 재선이 국회를 통해서는 불가능하다는 걸 알고 있었다. 문제는 국민투표로 대통령을 선출하도록 헌법을 수정하려면 국회의 2/3 이상의 동의가 필요하다는 것이었다. 헌법과정을 존중할 경우 대통령으로서 그의 인생은 끝날 운명이었다. 이러한 전망은 1952년 1월 더욱 확실해졌다. 국회가 그의 헌법수정 요청을 압도적으로 거부한 것이다. 이승만은 바로 입법부를 상대로 동원과 협박을 시작했다. 40)

---

38) 선거과정과 결과에 대해선 Macdonald, "Korea and the Ballot," 265～286. 1950년 당시 외교관으로서 한국에 주둔했던 Macdonald는 선거과정을 지켜보았다.

39) 1960년 미국의 역할에 대해선 Macdonald, "Korea and the Ballot," 481～482; Kim, *Divided Korea*, 163.

40) 1952년 위기에 대해서는 Kim, *Divided Korea*, 328～338; W. D. Reeve, *The Republic of Korea: A Political and Economic Study* (London: Oxford

254

이승만의 싸움은 5월 25일 오전에 마지막 단계에 접어들었다. 당시 임시수도였던 부산과 그 주변지역에 계엄령이 선포되었다. 그후 이틀 동안 수십 명의 국회의원이 체포되었고 다른 많은 국회의원들은 이를 피해 잠적했다. 28일 국회는 정족수를 간신히 채워 계엄령의 폐지를 요구했다. 헌법에 따라 대통령은 국회의 결의를 따라야 했지만 헌법의 '문장'보다는 '정신'을 수호한다는 명분을 내세우며 이승만은 이를 거부했다. 그는 언론감시를 강화하고 국회를 해산시키겠다고 위협했다. 이승만 산하의 청년단 및 기타 단체들은 입법부를 비난하는 대규모 시위를 주도했다. 공보처는 국회의원들 사이에서 "광범위한 공산당 커넥션"이 발견되었다고 발표했다. [41]

이 위기는 미국에 가장 불리한 시점에 찾아왔다. 주한대사 임기가 거의 끝난 무치오는 협의를 위해 그냥 미국으로 떠나버렸다. 한편 클라크 장군은 5월 12일에 유엔사령관에 부임해 업무파악도 다 끝나지 않은 상태였다. 휴전협상은 전쟁포로 문제로 답보상태에 머물러 있었고 거제도 수용소에서 공산군 포로들이 폭동을 일으켜 전선에 있던 일부 유엔군을 수용소로 배치해야 했다. [42] 미국에서 트루먼 대통령의 지지도는 사상 최저로 곤두박질쳤다. 그는 파업을 막기 위해 제철소를 압류했고 행정부 내 부정부패로 타격을 입었다. 또 정부 내 위험인물들을 너무 안이하게 다룬다는 비난이 이어졌고 한국문제는 교착상태에

University Press, 1963), 43~45; John Kie-chiang Oh, *Korea: Democracy on Trial* (Ithaca, N. Y.: Cornell University Press, 1968), 39~43; Edward C. Keefer, "The Truman Administration and the South Korean Political Crisis of 1952: Democracy's Failure?", *Pacific Historical Review*, 60 (May 1991): 152~156.

41) Oh, *Democracy on Trial*, 43.

42) Robert O'Neill, *Australia in the Korea War 1950~1953*, Vol. 1, *Strategy and Diplomacy* (Canberra: Australian Government Printing Service, 1981), 294~296.

빠졌다. 43) 워싱턴, 도쿄, 부산 등에 있던 미 정책결정자들은 권력을
유지하기 위한 이승만의 어처구니없고 위험한 도박에 대해 강경한 입
장을 취할 수 있는 처지가 아니었다.

미국이 이승만을 강력히 저지할 수 있는 가능성은 5월 말 완전히 사
라지고 말았다. 앨런 라이트너(Allan Lightner) 임시 주한 미대사와 클
라크, 반 플리트 장군 사이에 의견이 엇갈리기 시작했다. 처음부터 라
이트너는 이승만을 강제로 대통령직에서 끌어내리는 한이 있더라도 그
에게 맞서야 한다고 생각했다. 그의 확신이 더욱 굳어지는 사건이 생
겼다. 이종찬 육군참모총장이 어느 날 저녁 대사관에 들러 미국이 허
락한다면 이승만과 내무부장관, 비상계엄령사령관을 가택연금시키겠
다고 제안한 것이다. 구속된 국회의원을 석방시켜 국회에 대통령을 선
출할 기회를 주고 이렇게 해서 새 대통령이 취임하면 군은 정치에서
손을 떼겠다고 했다. 라이트너는 후에 미국의 직접적 개입 없이도 '무
혈혁명'이 가능할 거라는 확신이 있었다고 회고했다. 44)

라이트너는 이 계획에 깊은 관심을 보였지만 클라크와 반 플리트는
반대했다. 무엇보다 이승만을 대신할 분명한 인물이 없었다. 초대 주
미대사로 후에 총리가 된 장면(張勉)이 아마도 미국에겐 최선의 대안
이었을 것이다. 그러나 그는 지지도가 낮았고 강력한 카리스마가 부족
했다. 신익희 제헌국회의장과 이범석 조선민족청년단장은 강력한 조
직적 지지기반과 카리스마가 있었지만 여러 다른 이유로 무치오의 표
현을 빌리자면 "우리의 견해로 볼 때 상당히 미숙아(crummy)" 같았
다. 45) 조병옥 전 내무부장관 역시 마찬가지였다.

---

43) Robert J. Donovan, *The Presidency of Harry S. Truman, 1949~1953*,
   Vol. 2, *Tumultuous Years*(New York: Norton, 1982), 365~391;
   Truman, 5장.

44) E. Allan Lightner Oral History, October 26, 1973, by Richard D.
   McKinzie, transcript on file at the HSTL, 114.

또 이승만 제거가 계획대로 순조롭게 진행될 수 있을지도 확실하지
않았다. 그는 경찰과 각 지역의 청년단체들로부터 상당한 지지를 받고
있었다. 이승만 정권을 확실히 깨끗하고 신속하게 타도하지 못할 경우
이미 유엔 전쟁물자가 들어오는 주요 항구도시인 부산에서 일어났던
소요가 농촌지역과 심지어 전선까지 확대될 가능성이 높았다. 남한군
이 대부분의 전선에서 북한군과 중공군을 상대하는 상황에서 이와 같
은 위기사태로 발전할 경우 비(非) 남한군, 즉 미군이 전선뿐만 아니라
후방의 안전까지도 책임져야만 했다.[46]

이처럼 내부적으로 의견이 분분한 가운데 워싱턴은 트루먼이 이승
만에게 최근의 상황에 대한 충격을 표현하고 무치오 대사를 통해 "나
의 견해를 자세히 설명할 때까지 무모한 행동을 취하지 말라"고 종용
하는 내용의 편지를 보내기로 하는 데 합의했다.[47] 이 메시지는 국회
해산이라는 극단적 사태를 막는 데 성공했으나 이승만은 라이트너에게
"미국정부는 내정간섭을 하지 말라"고 경고했다. "미국이 상관할 일이
아니며 만약 양국간의 우호적 관계가 손상을 입는다면 슬플" 거라고
했다. 한국 국민은 "외세의 간섭에 놀라 분노에 떨고 있다"며 미국의
압력이 계속될 경우 "미국인은 미국에 있는 나의 친구들을 통해 (우리
의) 진정한 뜻을 알게 될 거라고 확신한다"고 말했다.[48] 1950년 봄 미
국의 압력에 무릎을 꿇고 헌법이 요구하는 대로 마지못해 국회의원 선
거를 받아들였던 모습과는 너무나 대조적이었다.

6월 유엔사령부는 이승만을 반대하는 쿠데타에 대비해 비상계획을

45) *FRUS, 1952~1954*, 15: 50.
46) 대사관과 군부의 의견차이에 대해서는 *Ibid.*, 117~120; *FRUS, 1952~1954*, 15: 254~256, 264, 574~577. 이승만의 한국 내 조직적 지지기반에 대해서는 Kim, *Divided Korea*, 136. 1952년 선거위기에 대해선 Macdonald, "Korea and the Ballot," 328~365.
47) Macdonald, "Korea and the Ballot," 285~286.
48) *Ibid.*, 290.

마련했지만 그 계획안은 실현되지 않았다. 7월 초 미 대사관은 이승만의 정적들에게 미국이 쿠데타를 지지하지 않을 거라는 암시를 주었다. 그러자 대다수의 겁 많은 국회의원들이 대통령 직선제를 요구하는 법안에 찬성표를 던졌다. 49) 한 영국외교관은 본국에 이승만이 "유엔을 갖고 놀고 있다"고 보고했다. 50) 8월 초 이승만은 국민투표에서 압도적 승리를 거두었다. 51)

이러한 위기 속에서 미국은 어떤 정책을 취해야 할지 갈팡질팡했다. 지금 돌이켜 보아도 무엇이 최선이었을지 확실하지 않다. 합리적이고 많은 정보를 알고 있던 일부 전문가들은 '국민의 뜻'을 대표하는 것은 국회가 아니라 자신이라고 한 이승만의 주장이 옳았다고 결론내렸다. 52) 한편 신속하고 확실하게 이승만을 제거하고 단시일 내에 유능한 지도자가 그를 대신할 수 있었을는지는 알 수 없었다. 남한군대의 부추김으로 미국의 개입이 성공했다 하더라도 과연 남한의 정치자유화가 지속 가능했을지도 미지수이다. 기껏해야 우리는 1952년에서 1961년까지 남한의 정치·경제 발전이 아마도 쿠데타가 일어나 성공했을 경우 더 나쁘지는 않았을 거라고 말할 수 있을 뿐이다. 아마도 쿠데타 지지까지는 아니더라도 미국이 좀더 압력을 가했더라면 이승만이 타협을 받아들여 국회에 조금이나마 권한을 넘겨주었을지도 모른다. 53) 그러나 1950년과 달리 이승만은 이제 자신의 정치생명이 위협받는 상황에

---

49) Lightner oral history, 120~121; John J. Muccio oral history, October 26, 1973, by Richard D. McKinzie, transcript on file at the HSTL, 33.

50) Alec Adams(영국외교관) to the Foreign Office, July 10, 1952, FO371/99551, PRO.

51) Macdonald, "Korea and the Ballot," 343~350.

52) *Ibid.*, 349. 맥도널드는 이를 믿었다. 라이트너조차 "이승만이 무지한 대중을 포함해 상당한 인기를 누리고 있다"고 인정했다. 그러나 지식인들은 "변화된 정부를 환영할 것"이라고 믿었다. *FRUS, 1952~1954*, 15: 255.

53) Keefer, "Democracy's Failure?", 167~168.

처해 있었고 국회는 이미 등을 돌려 사사건건 그의 정책에 반대했다. 유엔사령부가 소수의 정예부대를 보내 국회를 보호했다면 한반도의 군사적 균형을 위협하는 혼란을 초래하지 않으면서 입법부와 행정부가 권력공유에 합의했을 거라는 주장은 당사자간의 신뢰가 상당히 회복되었어야만 가능하다.[54]

한국전쟁을 치르면서 미국은 이승만에게 강력한 압력을 가할 생각이 약해진 게 분명하다. 1950년 봄 이승만에게 긍정적인 경제적·정치적 조치를 취하도록 강요하는 미국의 요구에 별로 영향을 미치지 못했던 미군은 2년 후 미국이 강력한 태도를 취하지 못하도록 하는 데 결정적 역할을 했다. 미국은 한국의 민주적 발전을 위해 로비를 계속했지만 이 목적의 우선순위는 안보에 밀리고 말았다. 이승만과 그의 후임자들은 이 사실을 잘 알고 있었다.

다만 1960년과 1987년에만 예외적으로 미국은 남한의 정치위기 속에서 민주주의를 수호하기 위해 결단력 있는 개입을 시도했다. 두 경우 모두 현직 대통령에 대한 국민의 반감이 워낙 커져서 민주화 운동이 안보의 지속에 중요한 요소가 되었기 때문이었다. 1950~1953년 동안 미군이 한국전쟁에서 피를 흘리고 그 후 한반도에 미군 상당수가 주둔하게 되면서 남한 지도자들은 워싱턴에 대해 '심리적 부담'을 느꼈으며, 이는 오직 38선 이남에서 고집스럽고 반항적인 사람만이 극복할 수 있는 것이었다.[55]

---

54) 크리퍼의 주장에 대해 1953년 여름 이승만과 미국의 대립기간 동안 클라크는 이승만에게 미묘한 압력을 행사해 휴전을 방해하지 않도록 설득했던 것 같다(*KW*, 336~337). 그러나 1952년 이승만이 하야하지 않았다면 한국정치가 그토록 발전했을지는 미지수이다.

55) 1960년 사건에 대해선 Oh, *Democracy on Trial*, 60~71; 1987년 사건에 대해선 William Stueck, "Democratization in Korea: The United States Roles in 1980 and 1987," *International Journal of Korean Studies* 2 (fall/winter 1998): 1~26. 한국전쟁이 한국 정치문화에서도 독재적 경향을 강

다시 말해 장기적으로 한반도의 민주화를 고양시키려고 했던 미국의
지속적 노력과 이와 관련된 정책들을 무시해서는 안 된다. 미국은 뒤
에 숨어서 남한지도자들에게 로비하고 선거운동과 선거과정을 주시하
고 유엔위원회와 외신기자들이 그랬듯이 격려를 아끼지 않았다.56)

미 문화원(US Information Service)을 통해 미국은 남한에서 민주적
사상과 제도를 육성하기 위한 목적의 다양한 프로젝트를 개발했다. 한
국인들에게 미국의 정치문화와 그 장점을 설명하기 위해 미국 관료들
과 교육자들이 한국교육자들을 만나고 미 문화원 직원은 한국학생들과
관심 있는 성인들을 만났다. 또 언론 프로그램을 통해 간접적 교류가
이루어졌다. 이러한 활동은 장기적 노력이었다. 1959년 '국가평가보고
서'는 다음과 같이 적고 있다.

민주주의는 한국의 전통에 낯선 철학이다. 서양세계가 민주주의를
발전시키면서 겪어야 했던 그 기나긴 투쟁과 강한 확신이 한국에겐
없었다. 한국은 서양의 이미지를 본떠 하루아침에 탄생했다. 이처럼
급진적 과도기에는 더 나은 삶과 좋은 정부에 대한 기대감이 부풀게
된다. 이를 경험하지 못한 한국인은 민주주의를 실제로 경험하거나
충분히 이해하지도 못한 상태에서 그 실패를 민주주의에게 돌리고
결국 민주주의를 거부할지도 모른다. 미 문화원의 목적은 이러한 이
해를 증진시키고 한국인들이 민주적 제도를 발전시키고 강화하도록
지원함으로써 앞과 같은 위험한 상황을 사전에 차단하는 데 있다.57)

화시켰다는 점을 짚고 넘어가야 한다. Kongdan Oh, "The Korea War and
South Korean Politics," in *War and Democracy*, ed. David McCann and
Barry S. Strauss(Armonk, N. Y.: M. E. Sharpe, 2001), 184~186.
56) 1948년~1960년까지의 선거를 요약한 내용은 *U. S. -Korean*, 61~70.
57) USIS Seoul to USIA Washington, January 25, 1960, RG306, Des-
patches 1954~1965, Box 2, NAⅡ.

260

그 다음 해의 보고서는 1960년 봄 4 · 19 혁명과 1961년 5 · 16 군사 정변 사이에 작성된 것으로 4 · 19 혁명에 대한 미국의 적극적 대응을 설명하면서 "미 문화원이 마치 붕대와 수술도구를 의사에게 전해주는 응급실 간호사가 된 것 같다"며 다음과 같은 결론을 내렸다.

> 문제는 한국이 이 변화의 시기를 잘 이겨낼 수 있도록 적절한 기능을 할 수 있는 민주제도를 만들 수 있는가 이다. 시간만 지나면 시민들 은 직감적이고 반자동적인 반응을 보일 것이다. 이는 민주적 과정의 효과적 현실적용에 필수적이다. 한편 미 문화원 한국지부는 계속해 서 이러한 시간을 얻는 데 자원을 투입할 것이다. 58)

시간은 곧 지나가 버렸다. 군사정변이 시작되었을 때 미국은 장면 정부의 약한 리더십, 심각한 경제문제, 통일에서 인플레이션에 이르 기까지 온갖 현안에 대한 시위로 촉발된 사회불안으로 일반 국민의 불 만증가 등에 직면해 있었다. 59) 군의 정권탈취를 반대하는 국민적 합 의는 없었다. 즉각적 안보위협이 없는 상황에서 미국은 대부분 조용히 박정희에게 민간정부를 다시 세우고 자유선거를 실시하도록 압력을 넣 었다. 60) 1960년대 중반에 이룩한 부분적 성공은 그리 오래가지 못했 다. 1971년 아슬아슬하게 재선에 성공한 박정희는 이듬해 전국에 계 엄령을 선포하고 유신헌법을 강제 통과시켜 사실상 독재적 권력을 손 에 쥐었다. 미국이 아시아 동맹국들은 점차 자국의 안보를 책임져야 할 거라고 선언하면서 베트남으로부터 대부분의 병력을 철수하고 주한 미군을 1/3이나 감축하자 박정희는 외부적 위협을 핑계로 유신독재를

---

58) USIS Seoul to USIA Washington, January 30, 1961, *ibid*.

59) 이승만이 하야하고 박정희가 군사정변을 일으키기까지에 대해서는 Oh, *Democracy on Trial*, 82~93.

60) 박정희의 군사정변에서 1963년 민간정부의 회복과 대통령, 국회의원 선거 까지 미국의 대한정책에 대해서는 *U. S. -Korean*, 208~226.

정당화했다. 베트남전에 발목을 잡힌 닉슨 행정부는 현실정치를 표방
하면서 박정희에게 공식적 항의를 하지 않았고 비밀리에 남한의 내부
문제에 개입할 의사가 없음을 확실히 전달했다. 61)

　1980년대에도 미국은 계속 한국의 안정에 초점을 두었다. 1979년
10월 박정희가 암살당하고 민주개혁에 대한 국민의 희망이 고조되자
미국은 이를 실현하기 위해 뒤에서 음모를 꾸몄다. 그러나 1980년 봄
에서 여름 사이 새로운 군 지도자인 전두환이 정권을 잡았다. 미국은
그저 뒤에 서서 이를 받아들였다. 62) 카터 행정부는 아마도 미국역사상
인권보호에 가장 많은 노력을 했지만 세계 다른 곳에서 각종 위기사건
이 터지고 미국 내에서 선거운동이 지나치게 과열되자 결국 전임자들
처럼 안보에서 가장 위험이 적은 대안을 선택하고 말았다. 1981년 카
터의 뒤를 이어 대통령이 된 로널드 레이건은 전두환 정부를 공식인정
하고 아시아 정상 중 가장 먼저 백악관에 초청했다. 1987년 한국의 중
산층이 민주개혁을 외치는 운동권 학생들을 따라 도심집회에 참여하자
미국은 그제야 막후에서 변화를 강요했다. 그러하지 않았다면 광범위
한 시민소요가 일어나 북한의 안보위협이 악화되었을 것이다. 63)

　민주주의는 지탱되었지만 반미감정은 확산되었다. 1980년 전두환의

---

61) 박정희의 행동을 설명하는 국내상황은 John Kie-chiang Oh, *Korean Politics: The Quest for Democratization and Economic Development* (Ithaca, N. Y.: Cornell University Press, 1999), 58~69; 한미관계에 대해서는 Don Oberdorfer, *The Two Koreas: A Contemporary History* (Reading, Mass.: Addison-Wesley, 1997), 37~41.
62) William H. Gleysteen Jr., *Massive Entanglement, Minimum Influence: Carter and Korea in Crisis* (Washington D. C.: Brookings Institution Press, 1999); John A. Wickham Jr., *Korea on the Brink: A Memoir of Political Intrigue and Military Crisis* (Washington D. C.: Brassey's, 2000); James V. Young, "Memoirs of a Korea Specialist," 미출판.
63) 저자의 "Democratization in Korea."

정권장악 이후 많은 한국인들은 미국이 이상만 떠들어댈 뿐 그 실현을 위해 조금도 노력하지 않는 위선자라고 매도했다. 강대국인 미국이 남한에 군대를 주둔시키고 있는데다가 과거에 한국의 내정에 간섭한 사례가 있었기 때문에 적절하게 개입할 수도 있다는 인식이 바탕에 깔려 있었다. 또 적화통일을 막기 위해 미국이 치러야 했던 희생과 한국 전쟁에 대한 기억이 희미해진 가운데 미군의 계속적 주둔은 많은 불편을 초래하고 한국인의 자존심을 상하게 했기 때문에 적대감은 계속 쌓여 갔다. 64)

한국전쟁을 통해 안보문제는 한미관계의 중심축이 되었고 주한미군의 규모가 증가했다. 대부분의 한국인은 미군주둔을 절실히 원하면서도 상당히 민족주의적인 태도를 보였다. 1960년대 중반에서 1980년대 후반에 이르기까지 경제발전과 더불어 남한의 위상이 높아지면서 미국과의 종속적 관계가 계속되는 현실에 많은 한국인들이 불쾌감을 느끼게 되었다. 다행히 한국인들의 주도로 민주주의는 뿌리내리게 되었다. 그러나 한국전쟁 때문에 지연된 민주화로 이르는 그 고통스런 과정은 한미관계에 ― 항상 긍정적이지만은 않았던 ― 지속적 영향을 미쳤다.

Ⅲ

한국의 민주화와 마찬가지로 한국전쟁은 한국의 경제개혁에 대한 미국의 열망을 없애진 못했다. 그러나 개혁을 추진하도록 이승만을 설득하는 영향력은 한정되었다. 앞에서 전쟁이 발발하기 직전 미국이 경제원조를 채찍으로 이용해 이승만으로부터 남한의 경제정책에 대한 양보를 얻어내려고 했다는 사실을 지적한 바 있다. 65) 아이러니하게도 미

---

64) 한국의 반미감정에 대한 분석은 Oh, *Korean Politics*, 87~89.

국무성에는 이승만을 싫어하는 사람이 많았고 이승만 역시 미 외교관들을 신뢰하지 않았지만 미국의 한국원조는 미 국무성이 주도했다. 경제협력처가 경제원조를 관리했으며 일부 군인을 제외하고 국방성은 한반도에 거의 관심을 보이지 않았다. 미 의회 역시 마찬가지였다. 미 의회는 1949년 6월, 1억 5천만 달러의 남한 경제원조 법안을 신속히 처리해 달라는 백악관과 국무성의 요청을 무시했다. 심지어 1950년 1월에는 행정부가 궁지에 몰린 타이완 국민당 정부에 대한 지원을 수정할 생각이 없다고 버티자 하원은 근소한 표 차이로 한국원조 법안을 부결시켰다. 애치슨은 곧 남한과 타이완을 포함한 포괄적 원조안을 마련해 2월 양원의 승인을 얻어냈다. 그러나 한국에 할당된 지원액은 행정부의 요청에 훨씬 미치지 못했으며 상당히 낮게 책정된 예산에 대해서조차 반대가 심했다. 66) 한국전쟁이 발발하기 전에 이승만은 미국의 제한적 원조조차 당연한 것으로 여길 수밖에 없었으며 그나마 워싱턴에서 남한을 옹호하는 곳은 국무성뿐이었다.

북한의 도발에 맞선 미국의 대응은 이 모든 상황을 180도 바꾸어 놓았다. 미군의 파병으로 미국 군대지도자들의 한국에 대한 관심과 영향력이 갑자기 높아졌다. 도널드 맥도널드는 "주한 미대사의 지시를 받아 한국군사고문단을 이끌던 여단장이 별 다섯 개인 유엔사령관으로부터 명령을 받는 수십 명의 장군들로 교체되었다"고 적었다. 67) 미 대사관은 곧 경제관계의 통제권한을 대부분 유엔사령부에게 넘겨주었다. 경제원조를 수행하기 위한 정책공조는 더욱 복잡해졌다. 미국이 남한정부에게 강요했던 원칙은 거의 모두 사라졌다. 한국 관료들은 원조배급과정에 관련된 미국과 유엔기관 사이의 알력을 이기적으로 이용했

---

65) *Ibid.*, 315~316.
66) Soon Sung Cho, *Korea in World Politics*, 1940~1950(Los Angeles: University of California Press, 1967), 241~243.
67) *U. S. -Korean*, 249.

다. 68) 한국은 또 고지식한 미군 관료들에게 굴레를 씌웠다. 미국은 한국이 미군에게 한국 돈으로 미리 지급한 월급에 대한 채무를 모두 변제해 주거나 무기한 연장해 주기를 바랐다. 한국의 추산에 따르면 1951년 봄 당시 그 액수가 2,100만 달러에 이르렀으며 이는 물가상승의 주범이었다. 69)

복잡한 경제문제에 거의 문외한이었던 이승만은 긴축재정을 써서 물가를 억제해야 한다는 미국의 조언을 무시했다. 유엔사령부가 미군에게 지급된 선불금만 갚으면 모든 문제가 해결될 거라고 주장했다. 70) 1952년 정치위기로 미 경제원조가 중단될 가능성이 높아지자 이승만은 한 유엔외교관에게 "한국인은 한 그릇의 죽을 얻기 위해서라면 장자(長子)의 명분을 팔 준비가 되어 있다"고 경고했다. 71) 1950년 봄 이후 그동안 보여왔던 미국을 대하는 태도와 너무나 다른 모습이었다.

경제원조는 끊기지 않았다. 휴전협정 체결 후 한국을 방문한 덜레스 국무장관은 의회의 승인을 받을 경우 향후 3~4년간 10억 달러를 지원하겠다고 약속했다. 72) 이 중 1/5은 휴전협정으로 절약된 군사지출에서 승인되었다. 미국의 한반도 안보에 대한 분명한 약속에 전쟁으로 막대한 재산파괴와 심각한 피난민 문제가 겹쳐지면서 미 의회는 훨씬 관대한 분위기로 바뀌었다. 3년 후 덜레스가 한국을 방문하기 전까지 약속한 원조 중 9억 달러 이상이 집행되었다. 73) 1950년대 말에 연간

68) *Ibid.*, 250.
69) *Ibid.*, 82~85, 265~266. 남한은 1951년 9월까지 미국으로부터 일부분도 환불받지 못했다. 대체적 합의가 1953년 2월에 이루어졌으나 이 이슈는 이승만의 남은 대통령 임기 동안 내내 논쟁의 대상으로 남았다.
70) *Ibid.*, 262.
71) James Plimsoll(유엔 한국통일복구 위원회 호주대표) to Department of External Affairs, Canberra, June 6, 1952, O'Neill, *Australia in the Korean War*, 1: 305에서 인용.
72) *DSB* 29(August 17, 1953): 203.

원조액이 2억 달러 밑으로 떨어졌지만 그래도 1950년과 비교할 때 상당한 수준이었다.[74)

안타깝게도 이승만이 권좌에 있을 동안 양국 경제관계는 1950년 봄에 형성된 희망적 추세를 이어나가지 못했다. 한반도를 통일할 수 있는 새로운 군사공격의 야심을 저지당한 이승만은 미국을 용서하지 못했다. 또 영구분단을 인정하는 장기경제계획을 거부했다. 1954년 2월 한 미 대사관 보고서는 이승만 리더십의 약점을 지적했다. 경제지식이 부족하고 책임을 위임할 줄 모르며 다른 사람의 능력이나 성격을 제대로 판단하지 못하고 무엇보다 개인적 충성심을 중요시한다고 비판했다. 또 미국이 절대로 한국을 공산주의자들에게 내주지 않을 거라는 믿음을 갖고 있다고 보고했다.[75)

1956년 한국 재무부는 5개년 계획을 세웠지만 맥도널드가 말한 대로 미 관료들은 이를 "종합적 전략이라기보다는 (지속적으로 거액의 미국원조를 얻어내려는) 쇼핑리스트"에 불과하다며 무시해버렸다.[76) 미국은 남한을 설득해 일부 경제문제에서 자신의 조언을 따르도록 했지만 이승만은 미국정책의 핵심인 일본과의 경제협력은 완강히 거부했다.[77) 전쟁 전과 마찬가지로 남한은 생존을 미국에 의지했다. 그러나

---

73) "Briefing Summary for the Secretary of State, Mr John Foster Dulles: Economic Aid to the Republic of Korea," n. d., Box 2, Bureau of Far Eastern Affairs, Misc Subj Files, 1956, Lot 58D3, RG59, NAⅡ.

74) "President's Far Eastern Trip June 1960: United States Economic Aid to the Republic of Korea," June 10, 1960, Ann Whitman File, Papers of Dwight D. Eisenhower, Eisenhower Library, Abilene, Kans.

75) U. S. -Korean, 255~256.

76) Ibid., 270~271.

77) Jong Won Lee, "The Impact of the Korean War on the Korean Economy," International Journal of Korean Studies 5 (spring/summer 2001): 108~110.

이에 대한 미국의 확고한 약속은 미국의 협상력을 약화시키는 결과를 낳았다.

미국은 1970년대 중반까지 원조를 계속했다. 한국은 박정희가 시작한 경제개혁과 일본과의 국교정상화, 한국군 2개 사단의 베트남전 파병약속 등에 힘입어 상당한 경제발전을 이룩했다. 1980년대 후반에 박정희의 수출중심 성장전략을 발판으로 남한사회가 부유해지고 외국과의 무역불균형에 대한 미국의 우려가 점차 커지면서 한미 간 경제문제는 미국산 재화와 자본에 대한 한국시장의 개방으로 옮겨졌다. 이변화는 한국전쟁 이후 한국과 미국의 경제적 지위가 얼마나 많이 바뀌었는지를 증명한다. 또 상대적 지위가 높아지면서 미국에 대한 한국의 '심리적 부담'도 경감되었다.

한국전쟁으로 주한미군은 대폭 강화되었고 더 이상 전쟁 전 수준으로 되돌릴 수는 없게 되었다. 그러나 자존심이 강하고 민족주의적인 한국인은 인종적·문화적 우월감을 가진 참을성이 부족한 미군과 종종 충돌하곤 했다.[78]

이승만이 사태를 더 악화시켰다. 그의 옹고집은 남한국민들 사이에서조차 심각한 문제를 야기하곤 했다. 임기가 끝나기 전까지 한반도를 통일하겠다고 굳게 마음먹은 이승만은 계속해서 미국에게 자신의 목적을 최우선으로 고려해 달라고 압력을 넣었다. 미국이 세계전쟁으로 번질지도 모르는 가능성 때문에 그의 요청을 거부했지만 그는 물러서지 않고 심지어 마지못해 휴전을 받아들인 후에도 (그는 휴전협정에 서명하지 않았다) 그 요구를 계속했다. 미국이 절대로 한국을 버리지 않을 거란 확신이 그 어느 때보다 강했던 그는 무력통일을 공공연하게 주장하고 다녔다. 심지어 한국언론이 미국을 비판하는 것을 허용했으며 때

---

78) 1950년 여름 한국 내 미국의 인종주의에 대한 맹렬한 비판은 *Origins*, 2: 690~720.

그림 20. 중공군의 공격을 피해 남으로 향하는 피난민 행렬. 한국전쟁 당시 약 5
백만 명의 난민이 발생했다. 이 중 대부분이 북한에서 남한으로 도망오
거나 남한 내에서도 남쪽지방으로 피했다. 1951년 1월.

그림 21. 전쟁포로 수용소로 사용된 거제도의 한 고아원. 유엔 한국민간지원 사
령부는 미국으로부터 자금을 지원받아 남한에 수많은 피난민 수용소를
세웠다.

그림 22. 입양한 아들 '찰리'의 손을 잡고 있는 미 공군의 로버트 닐. 이 소년은 1952년 한강변에서 강보에 싸여 잠들어 있었다. 닐과 3개월 동안 미 공군막사에서 산 후 서울 근교의 한 고아원에 보내졌다.

그림 23. 1953년 말기에, 미국 제 3 보병사단은 포천 고아원의 이러한 아이들을
위한 새로운 초등학교 건물 짓기를 지원했다. 그 낡은 학교는 전쟁 동안
파괴되었다.

로는 이를 조장하기도 했다. 그리고 군사·정치·경제 문제에서 미국
의 조언을 종종 무시하곤 했다.[79] 아이러니하게도 효율적이고 일관된
경제계획제도 수립을 거부함으로써 오히려 대미의존도는 더욱 심화되
었다.

　그러나 긍정적 측면이 훨씬 컸다. 대부분의 한국인들은 피를 흘리고
막대한 돈을 퍼부어 가며 공산주의로부터 자신의 고국을 지켜준 미국
인들에게 고마움을 느꼈다. 때로는 불쾌했지만 어쨌든 주한미군의 존
재는 침략적인 북한과 탐욕스러운 일본으로부터 한국을 지키는 데 필
요한 보호막으로 받아들여졌다. 가끔 고압적이고 무신경한 행동을 하

그림 24. 한 미 공군이 텍사스주 포츠워스 주민들이 기부한 물품을 콜롬비아 고아
　　　　원의 아이들에게 보여 주고 있는 모습.

79) *FRUS, 1955~1957*(Vol. 23)과 *1958~1960*(Vol. 18)에 있는 자료는 이러
　　한 점을 자세히 설명하고 있다.

긴 했지만 한국인을 대하는 태도에서 미국인들은 일본인보다 훨씬 나
았다. 일반적으로 다른 어떤 외국인보다 훨씬 한국인을 존중했다. 80)

명령보다는 협상을 선호하는 정치문화에 익숙한 미국인들, 특히 민
간인들은 종종 유연성을 발휘해 한국파트너와 상호 호혜적인 타협안을
이끌어 내곤 했다. 군 관료의 경우 주한미군의 새로운 중요성을 인식
하고는 학교와 공공건물의 재건축을 도와주고 고아원을 후원하는 등
다양한 커뮤니티 프로그램을 추진했다. 이러한 노력은 미군의 이미지
제고에 상당한 도움이 되었다.

게다가 이승만의 반항은 한계가 있었다. 비록 자주 미국의 인내심을
시험하곤 했지만 그는 한국이 군사적으로나 경제적으로 미국이 필요하
다는 것을 잘 알고 있었다. 또 시간이 지나면서 미국의 적대적 언론이
대(對) 한국 약속에 대한 대중과 의회의 지지를 무너뜨릴 수 있다는 것
도 알았다. 예를 들어 주한미군에 대한 한국과 미국정부의 권한을 정
의하는 한미주둔군지위협정(SOFA) 협정에 대해 이승만은 대개 온건
한 태도를 보였다. 미국에서 이 문제가 정치적으로 매우 민감하다는
것을 분명히 알고 있었기 때문이다. 한반도 통일과 정치자유화 같은
이슈에서조차 그는 워싱턴을 적극적으로 설득하지 않았다. 통일의 경
우 그동안 천명한 무력사용이라는 입장에서 한발도 물러나지 않았으나
실제로 이에 의존한 적은 없다.

한국전쟁이 과거의 뒤안길로 사라지면서 미국에게 북한을 공격하자
는 이승만의 요구 역시 잠잠해졌다. 국내정치에서 여전히 선거와 입법
절차에 간섭했지만 상당한 언론의 자유를 허용하고 야당의 승리를 막
지 않았다. 한국에 있던 외국인, 특히 미국의 언론인들은 그를 자제시
키는 역할을 했던 것 같다. 81) 그는 장기적으로 결국 민주주의 사상을

---

80) 이 기간 동안 한국과 관련된 미국과 영국의 기록을 비교하면서 놀란 점은
    미국이 영국에 비해 너무나도 조급하고 우월의식을 가졌다는 사실이다.

81) 국내정치에서 미국이 이승만에게 미친 영향력에 대한 비교적 긍정적인 분

전파할 수밖에 없는 대규모의 미국 문화프로그램을 허용했다. 한편 미국인들은 이승만을 다루는 게 너무 힘들다고 불평했지만, 단호한 태도를 꾸준히 지키고 공개적 충돌을 회피한다면 가장 극단적인 입장은 막을 수 있다는 것을 깨닫게 되었다.[82]

한국전쟁 후 형성된 한미관계는 모든 면에서 완벽한 건 아니었다. 하지만 전쟁 전 관계도 마찬가지였다. 생존을 미국에 의존했던 것도 변하지 않았다. 그러나 한국전쟁은 한반도에서 미국의 이해와 주둔을 여러 배나 증가시켰다. 흥미롭게도 이는 한국의 협상력을 강화시켰다. 이승만은 이를 100% 활용했다. 하지만 국익보다는 개인의 이익을 위한 경우가 많았다. 미국은 그럼에도 불구하고 1960년 이승만의 하야에 기여했고 또 이에 적응할 수 있을 정도로 충분히 유연한 태도를 가지고 있었다.

'혈맹'은 1953년 이후 한반도에서 일어났던 많은 폭풍과 국제정치의 변화를 이겨냈다. 이는 공통된 이해관계의 지속과 새로운 상황을 수용하는 양국의 적응력 덕분에 가능했다. 또 전쟁의 경험으로 생겨난, 그렇지 않다면 적어도 이로 인해 상당히 깊어진 감정적 끈도 한몫을 했다. 그러나 여러 세대가 지나고 북한의 위협이 줄어들면서 연대감이 약해지자 미국과 한국은 계속해서 양국관계를 재정의해야 하는 도전에 직면했다.

한국이 민주화와 경제발전에 거의 성공한 지금, 미래의 주요 도전은 아마도 전통적 방어가 더욱 힘들어지고 한국의 자존심이 상처받는 상황에서 주한미군을 계속 유지해야 할지 아니면 철수시켜야 할지의 문제일 것이다. 2000년 말 SOFA 개정협상이 성공적으로 마무리되면서

석은 Walter S. Dowling(주한미국대사) to Walter Robertson, January 23, 1959, *FRUS, 1958~1960*, 18: 534~540 참조.

82) Dulles's telegram 206 to the U. S. embassy in Korea of September 29, 1953, RG84, NAⅡ.

미국이 새로운 현실 앞에 시기적절한 조정을 계속할 거라는 희망을 갖게 되었다. 한편 서울, 부산, 대구 등 주요 대도시에 위치한 미군기지가 계속 유지될지는 의심스럽다.[83]

어쨌든 동북아시아의 중심에 있는 한반도의 지정학적 위치는 한국전쟁 이후에도 변하지 않았다. 이 지역의 안정이 세계평화에 미치는 영향은 훨씬 증가했다. 19세기 말처럼 한국을 차지하기 위해 중국과 일본이 아무런 제약도 받지 않고 경쟁을 벌일 수 있는 위험을 생각하면 일정한 형태의 한미동맹 지속은 상당히 중요할 것이다.

---

83) 새로운 SOFA 협정에 대해서는 *Korea Times*, 2000년 12월 19일자와 30일자, *Los Angeles Times*, 2000년 12월 29일자 참조. 기지이전에서 가장 중대한 문제는 물론 비용이었다. 즉, 누가 비용을 지불할 것인가 이다. 주요 도시에 위치해 있는 미군기지만이 문제가 아니었다. 예를 들어 서울에서 남서쪽으로 50마일 정도 떨어진 미 공군기지 근처의 마을사람들이 손해배상 소송을 제기했다. 이들의 불만은 전투기 소음이었다(*Environmental News Service*, May 15, 2001). 그러나 남한인구의 20%가 밀집된 서울 한복판에 위치한 용산기지가 가장 광범위한 불만을 초래할 수밖에 없는 상황이다.

제8장

한국전쟁
미국외교에 대한 도전

　1951년 봄 트루먼이 맥아더 장군을 해임하자 워싱턴의 정치인들과
많은 국민들이 분노와 비난을 퍼부었다. 당시 외교관으로 후에 역사학
자가 된 조지 케넌(George F. Kennan)은 시카고대학의 찰스 월그린
(Charles R. Wallgreen) 재단에서 강의했다. 1949년 초부터 미국의 외
교정책 방향에 실망해 국무성을 잠시 떠났던 그는 정책결정과정에 불
만이 많았다. 강연중 그는 다음과 같이 말했다.

　　민주주의는 불행하게도 몸집은 이 강의실만큼이나 크고 두뇌는 바늘
　　크기만 한 선사시대 괴물과 닮았다. 태고의 진흙 속에 편안히 누워
　　주변환경에 전혀 신경쓰지 않고 좀처럼 화를 내지 않는다. 그의 신
　　경을 거슬리게 하려면 꼬리를 잡고 흔들어야만 한다. 일단 화가 나
　　면 누구도 말릴 수 없으며 적을 죽일 뿐만 아니라 자신이 살고 있는
　　서식지마저 파괴한다. 1)

----

1) George F. Kennan, *American Diplomacy, 1900~1950* (Chicago: Uni-

이 은유적 표현은 외교정책의 훌륭한 특징인 세심함과 균형을 민주주의가 제대로 다루지 못하며, 특히 이 둘의 조화에 서투르다는 그의 생각을 반영하고 있다.

이러한 걱정을 하는 사람은 케넌 혼자만이 아니었다. 1년 전 NSC-68 보고서를 작성한 사람들은 케넌과 달리 소련의 위협에 대한 군사적 측면을 강조하면서도 민주국가가 전제주의 국가와의 경쟁에서 승리할 수 있을지 의심스럽다고 말했다. 이 보고서는 "자유로운 사회는 사람들이 쉽게 지나침에 빠지기 때문에 취약하다"고 적고 있다.

> 지나치게 마음을 열고, 순진하게도 사악한 계획이 고귀한 목적을 실천할 거라고 믿는다. 또 지나치게 신념이 편견으로 발전하고, 지나치게 관용이 음모의 면죄부로 타락하고, 보다 온건한 방안이 훨씬 적절하고 효과적일 때에도 지나치게 억압에 의존하는 경향이 있다.

NSC 역시 민주주의 동맹국간의 관계에서 나타날 수 있는 약점을 지적했다. 한편 "강압과 항복이 아닌 설득과 합의를 토대로" 한 관계가 "보편적 힘의 원천"이지만 "우리들 사이의 의견불일치가 약점이 될 수도 있다"고 했다. 예를 들어 현재상황에서 '자유세계'의 능력은 '소련'을 앞서지만 "크렘린의 계획에 대항하는 데 있어 사실상 전혀 힘을 결집하고 헌신하지 않고 있다"고 비판했다. "자유세계에서 가장 선진화되고 동질적인 지역, 즉 서유럽조차 단결심, 자신감, 공통의 목적이 부족하다"며 개탄했다. "우리의 선천적 성급함과 우리와 많이 다른 사람들에게 너무 많은 것을 기대하는 경향"은 단결을 고무하기보다는 반대의견을 자극할 위험이 있다고 경고했다.[2]

---

versity of Chicago Press, 1951), 59.

2) Ernest R. May, ed. *American Cold War Strategy: Interpreting NSC 68* (New York: Bedford Books, 1993), 43~44. 이 책에는 NSC-68 전문

케넌과 NSC-68의 분석은 한국전쟁을 이해하는 데 상당히 유용하다. 한국의 격동적 상황에 대한 미국의 불충분한 관심은 한국전쟁의 발발에 상당한 영향을 미쳤다. 스탈린이 북한의 공격을 승인한 이유가 미국이 한반도에서 군대를 철수하고 그러한 침략을 격퇴시키기 위해 개입할 생각이 없다는 암시를 주었기 때문이라는 것을 우리는 잘 알고 있다.[3] 이러한 상황은 트루먼 대통령과 미 의회가 평상시 군에 대해 인색한 태도를 취한 결과였다.[4] 한편 전쟁이 시작되자 여론과 의회의 압력은 미 지상군이 중국의 개입위협을 무시하고 38선 이북으로 진격하는 위험한 결정을 가능하게 했다. 또 중국이 정말로 개입한 뒤에도 맥아더가 만주국경까지 진격을 계속하게 만들었다.

중국이 1950년 11월 말 대규모 반격을 시도하고 1951년 초 유엔군을 한반도에서 몰아내기 위해 남한까지 진격했을 때 미국 내 분위기는 지역적으로나 무기 면에서 전쟁을 제한하려는 트루먼의 노력을 어렵게 만들었다.[5] 국내요인은 소련의 선제공격이나 서방세계의 동맹에 분열을 초래할 수도 있는 독일의 재무장에 대해 신중한 접근을 어렵게 만들었다.[6] 선사시대의 괴물이 잠에서 깨어 적뿐만 아니라 자신과 동료들이 살고 있는 서식지까지도 파괴할지 모르는 위험한 행동을 하고 있었다.

아시아에서의 확전이나 서독의 즉각적 재무장에서 미국은 결국 모험보다는 신중함을 선택했다. 이 기간 동안 유력신문들을 읽어보면 사실상 언제라도 미국의 정치와 동맹이 대혼란에 빠질 수도 있었다는 느낌이 들 것이다. 그러나 이는 우려에 그쳤다. 미국과 북대서양조약기구 동맹국들은 한국전쟁을 계기로 무기를 증강하고 군사적으로나 경제적

이 포함되어 있다.
3) 3장 참조.
4) *Road*, 3, 5장.
5) *KW*, 2~4장.
6) *Present*, 437~440, 488~493.

으로 더욱 통합되고 훨씬 안정되고 부유해졌다. 케넌과 NSC-68의 두려움에도 불구하고 1950년대 초반 서방의 동맹국들은 소비에트 블록과의 대결에서 세심함과 균형을 발휘했다. 불행하게도 한국전쟁으로 막대한 인명과 재산피해가 발생했고 한반도는 분단되었다. 그러나 보다 광범위한 관점에서 보면 이 전쟁은 1930년대와 달리 미국과 서유럽의 정치제도가 전체주의의 도전에 맞서 피비린내 나는 세계대전을 피하고 계속된 냉전에서 서방이 유리한 고지를 점할 수 있게 한 전환점이었다. 이는 근본적으로 민주제도의 성격을 거의 변화시키지 않았다.

이 장에서는 한국전쟁 발발 직전 서방의 상황을 분석하고 서방동맹들 사이에 세심함과 균형이 지배적이었던 두 시기, 즉 1950년 6월 말에서 9월 중순까지, 그리고 1950년 11월 말에서 1951년 6월까지를 고찰하고자 한다. 이 시기에 미국은 과도한 행동을 상당히 많이 보였으나 그렇다고 나중에 시의적절한 수정을 하지 못할 정도는 아니었다.

분석을 위해 존 루이스 개디스가 말한 민주주의의 정치적 문화, 특히 "다수의 이해집단이 여러 면에서 상호작용하도록 허용하는"특징과 "하나의 제도 안에 존재하는 수많은 경쟁적 이해관계 속에서" 균형을 이루는 경향을 참고로 했다.[7] 이런 면에서 볼 때 미국과 동맹국은 소비에트 블록보다 훨씬 효과적으로 기능했다. 소연방에 관한 최근에 발표된 자료들을 토대로 이를 증명해 보고자 한다.

한편 민주제도는 항상 선의를 위해서만 작동하진 않았다. 미국의 부주의함은 전쟁의 발발에 중요한 역할을 했으며 전쟁중에도 종종 국내와 해외에서 균형을 잃어 심지어 1960년대 중반 베트남전 참전이라는 비극적 개입을 하기에 이르렀다. 여기서는 한국전쟁이라는 도전에 미국의 정치문화가 얼마나 적응을 잘 했는지를 평가하고, 이 시기와 15년 후 미국이 걷게 된 치명적 방향의 관계를 밝히고자 한다.

---

7) Gaddis, *We Now Know*, 201.

I

한국전쟁 발발 직전 서방의 동맹은 케넌이 말한 진흙에서 뒹구는 선사시대 괴물이기보다는 막 결성되어 첫 시합에 참가한 프로축구팀에 더욱 가까웠다. 선수들은 자신이 무엇을 해야 할지 대강 알고 있었고 또 자신의 역할을 잘 하지 못할 경우 초래될 결과를 두려워했다. 그러나 이들은 서툴렀고 개인적 이해가 서로 달랐다. 게다가 대충 하는 척만 해도 그렇게 큰 처벌을 받지 않았다.

1949년 여름 소연방이 핵무기 실험에 성공하고 1950년 봄 유럽대륙에서 상당한 재래식 전력우위를 확보하자 미 정부 내에서 군사균형에 대한 우려가 급격히 확산되었다. 그전까지 임계철선 전략만으로도 소련의 서유럽 공격을 막을 수 있었다. 소연방군이 서유럽을 침공할 경우 미국 본토를 손끝 하나 다치지 않게 하면서 원자폭탄으로 대응하면 된다고 안심하고 있었다. 역사학자인 마크 트라크텐베르그(Marc Trachtenberg)는 "승리는 단지 시간문제"일 거라며 이 사실을 알고 있는 소련은 처음부터 도발을 상상도 하지 않을 거라고 했다.[8]

그러나 미국의 핵무기 독점이 막을 내리자 상황은 180도 달라졌다. 소련이 미국의 전쟁수행 능력에 상당한 피해를 입힐 경우 유럽에 대규모 병력을 파병하고 강력한 군대를 유지해야만 하는 필요성이 급격히 증가할 게 분명했다. NSC-68 보고서는 1954년이면 소련이 미국에 100개의 핵폭탄을 발사할 수 있는 능력을 갖출 거라고 내다보았다. 그럴 경우 소련이 서유럽은 물론이고 미 본토를 공격할 위험은 상당히 높아지고 소련은 세계를 겁줄 것이다. 물론 미국이 핵무기와 재래식

---

8) Marc Trachtenberg, *A Constructed Peace*: *The Making of the European Settlement*, *1945~1963*(Princeton, N. J. : Princeton University Press, 1999), 96.

전력을 증강하지 않는다면 말이다. [9]

그러나 미국 내 정치문제는 국방예산의 대규모 증가를 방해했다. 어니스트 메이(Ernest R. May)는 애치슨 국무장관과 대통령 자문인 폴 니체가 치밀하게 "행정부 내에서 국방예산의 대폭 증가를 위해 지지세력을 구축했다는 사실을 안 트루먼은 아마도 자신이 덫에 걸려들었으며 자신이 할 수 있는 일이 거의 없다는 것을 깨달았을" 거라고 추측했다. 메이는 1급 기밀문서인 NSC-68 보고서의 주장이 일부 언론에 흘러나왔다는 데 주목했다. 트루먼은 NSC-68의 조언을 바로 거부할 경우 그 사실이 알려진 뒤, 특히 언론과 의회의 우익세력이 자신을 공격하는 데 사용될 수도 있다고 생각했을 것이다. [10] 그러나 트루먼은 1950년 6월 25일 이전에도 이러한 방안을 고려하고 있었다는 것을 전혀 내색하지 않았다. 사실 그는 공식석상에서 국방예산을 1950년 초 의회에게 요청했던 130억 달러 수준에 묶어 두겠다는 의향을 밝히곤 했다. [11] 1950년 6월 19일 예산국은 백악관에 국방예산을 기껏해야 10~50억 달러 정도 높게 책정한 보고서를 제출했다. [12]

정치적 이유로 국방비 증가요구가 의회에서 난관에 부딪힐 거라고 트루먼은 굳게 믿고 있었다. 국회의원 선거가 11월로 예정되어 있었고 1948년 예상을 뒤엎고 대선과 국회의원 선거에서 패배해 깊은 상처를 입은 공화당은 이번엔 반드시 승리하겠다고 단단히 결심했다. 민주당을 공격할 것으로 예상되는 분야 중 하나가 연방정부의 적자였다. 6월 30일로 끝나는 회계연도에 적자가 20억 달러를 초과하고 그 이듬해에

9) May, *American Cold War Strategy*, 52~56.
10) *Ibid.*, 14.
11) *PPPUS, Harry S. Truman, 1950*, 286, 477.
12) Hogan, *Cross of Iron*, 304. 호건은 "한국전쟁은 미 행정부의 국방예산에 막힌 물꼬를 터 주었다"고 결론내렸다. 이와 유사한 주장은 Paul G. Pierpaoli Jr., *Truman*(27) 참조.

는 두 배 이상 늘어날 것으로 전망되었다. 트루먼은 재정에서 그 자신
도 보수적이었기 때문에 적자를 줄이기 위해 노력했다. 그러나 동시에
국내 정책프로그램을 위한 새로운 예산이 국회에서 통과되길 희망했
다.13) 5월 말 애치슨은 런던에서 열린 북대서양조약기구 회의에서 서
유럽이 자기방어를 위해 더 많은 외부지원이 필요하다는 요청을 받았
다. 이 제안이 언론에 새어나가 《뉴욕타임스》지에 보도되고 말았다.
"트루먼 행정부의 핵심관료들은" 그러한 원조를 위한 재정이 오직 "거
대여당"에서만 통과될 수 있다고 믿고 있다고 신문은 보도했다.14) 미
의회에서 진행되는 상황을 볼 때 국회의원들이 세수를 늘리지 않고 국
내 프로그램을 위한 예산을 줄이고 국방비를 아주 조금 올리는 내용의
새 법안을 내놓을 공산이 컸다.15) 11월 국회의원 선거 때까지, 그리
고 선거결과에 따라, 새로운 주요 국방프로그램은 가능성이 거의 없어
보였다.

영국과 프랑스가 미국이 주도하지도 않는데 스스로 자국의 국방예
산을 증가시킬 가능성은 더욱 낮았다. 이들은 이미 GDP 대비 국방비
비중이 미국보다 높았다. 미국경제가 훨씬 부유했는데도 말이다.16)
지난 2년 동안의 진전에도 불구하고 영국이나 프랑스 경제 모두 2차
세계대전의 상흔에서 완전히 회복되지 못했다.17) 영국은 지난해 가을

13) 트루먼의 국내정책에 대해서는 Alonzo Hamby, *Beyond the New Deal*: *Harry S. Truman and American Liberalism* (New York: Columbia University Press, 1973), 15장.

14) *NYT*, 1950년 5월 28일자.

15) Friedberg, *In the Shadow of the Garrison State*, 112~114; Hogan, *Cross of Iron*, 134~135.

16) 프랑스는 GNP의 약 6.5%를, 영국은 7.2%를 국방비로 지출했다. 미국의 국방예산은 겨우 5.4%에 불과했다. *NATO Facts and Figures* (Brussels: NATO Information Service, 1971), 256.

17) *NYT*, 1950년 5월 21일자. 1950년 봄 서유럽의 경제상황에 대해서는

282

파운드화 평가절하로 어느 정도 혜택을 받았다. 그러나 노동당 정부는 치솟는 의료보험 비용을 관리하느라 온통 재정문제에만 관심이 있었다. 영국경제는 국방비를 늘릴 재정적 여유가 거의 없었다.[18] 한편 프랑스에선 '평화캠페인'과 전쟁협박을 동시에 포함한 소련의 교묘한 선전선동 활동에 휘말려 중립주의 분위기가 형성되고 있었다.[19] 연립 정부가 복지제도에 대한 의견차이로 분열된 상황에서 프랑스가 군비증강을 주도하기는 어려웠다.[20]

영국, 프랑스 등 동맹국들의 제한된 자원을 고려할 때 서독의 재무장은 매력적으로 보였을 거라고 생각될지 모른다. 그러나 대체적으로 실제상황은 오히려 반대였다. 소련의 침략에 대한 두려움은 과거 독일 침공에 대한 기억을 완전히 없애지 못했다. 특히 프랑스는 더욱 그러했다. 서독경제가 다른 서유럽 국가들과 함께 회복되었다는 사실은 불안감을 더욱 가중시켰다. 유럽대륙에 주둔하는 영-미 군대가 증가하고 장기체류를 보장했다면 무장한 독일에 대한 우려는 줄어들었을 것이다. 그러나 1950년 봄, 당시 상황은 이와 거리가 멀었다.[21] 다행히

Richard P. Stebbins, *The United States in World Affairs*, 1950 (New York: Harper and Brothers, 1951), 134~135.

18) Kenneth O. Morgan, *Labour in Power, 1945~1951* (Oxford: Oxford University Press, 1984), 409~415.

19) 이 기간 동안 소련이 외교정책 수단으로 선전선동을 활용한 방법에 대해서는 Marshall D. Schulman, *Stalin's Foreign Policy Reappraised* (Cambridge, Mass.: Harvard University Press, 1963), 4~5장.

20) 1949년 말에서 1950년 초 프랑스의 정치·경제 상황과 외교문제에 대해서는 Irwin M. Wall, *The United States and the Making of Postwar France, 1945~1954* (New York: Cambridge University Press, 1987), 172~194; Jean-Pierre Rioux, *The Fourth Republic, 1944~1958* (New York: Cambridge University Press, 1987), 10~11장.

21) Timothy P. Ireland, *Creating the Entangling Alliance* (Westport, Conn.: Greenwood Press, 1981), 5장. 이전 해, 미 상원에서 NATO 협정인준을

5월 프랑스 외무장관 로버트 슈망이 프랑스와 독일의 석탄과 철강자원을 초국가적 관리하에 통합시키자고 제안했다. 이 계획안이 실행되면 재무장된 독일의 독자적 전쟁수행 능력을 상당히 저지할 수 있었다.[22) 슈망의 제안은 유럽대륙에서 광범위한 지지를 받았지만 실현되기에는 장애물이 너무 많았다.

한편 북대서양조약기구는 상당한 진전이 있었다. 북대서양위원회(NAC)는 1949년 9월 첫 회동을 갖고 국방, 군사, 상임위원회와 5개의 지역별 계획그룹을 하부조직으로 설립했다. 2개월 후 국방재무경제위원회와 군사생산 및 공급이사회가 설립되었다. 1950년 4월 국방위원회는 북대서양 지역의 공동방위에 대한 전략적 개념에 합의하고 전쟁물자의 생산과 공급을 위한 프로그램을 개발하고 4개년 국방계획을 수립하기로 했다. 북대서양조약기구 조직이 본격적 활동을 시작하자 5월 회담에서 북대서양위원회는 분쟁위원회를 설립했다. 런던에 본부를 둔 이 상시기구는 회원국간의 의견조정과 위원회 명령의 실천이 주요 목적이었다.[23)

한국전쟁이 발발하기 직전 서방동맹은 이제 막 동면에서 깨어나고

위한 청문회에서 애치슨은 미국이 "이들 국가의 저항능력을 지지하기 위해 영원히 상당수의 군대를 파병할 계획이 있느냐"는 질문을 받았다. 애치슨은 "분명히 없다"고 대답했다. Phil Williams, *The Senate and U. S. Troops in Europe* (New York: St. Martin's Press, 1985), 23 인용.

22) 슈망의 제안에 대해서는 John Gillingham, *Coal, Steel, and the Rebirth of Europe, 1945~1955* (New York: Cambridge University Press, 1991), 148~177; Alan Bullock, *Ernest Bevin, Foreign Secretary* (New York: Norton, 1983), 768~790; Michael J. Hogan, *The Marshall Plan: America, Britain and the Reconstruction of Western Europe, 1947~1952* (New York: Cambridge University Press, 1987), 364~372. 이 제안에 대한 슈망 자신의 회고는 Jean Monnet, *Memoirs* (Garden City, N. Y.: Doubleday, 1978), 12~13장; *Present*, 42장.

23) *NATO Facts and Figures*, 27~78.

284

그림 25. 1950년 10월 군대소집령 포스터.

있었다. 그럼에도 불구하고 큰 충격이 없는 상태에서 — 정기축구 시
즌이 시작되었다는 게 이를 증명한다 — 각 국가와 정치단체들은 북대
서양조약기구에 새로운 자원을 약속하기엔 응집력이 부족했다.

미국 내 응집력의 부족은 결국 한반도에서 적을 억지하려는 노력에
치명타를 가했다. 애치슨 국무장관은 미국이 1945년 한반도 남부지역
을 점령하고 유엔을 통해 반공산주의적 정권을 수립했기 때문에 소련
의 후원을 받는 북한정권으로부터 남한을 지키는 데 상당한 이해가 걸
려 있다고 믿었다. 그러나 제3장에서 지적했듯이 효과적 정책을 지속
하기 위한 국내 지지기반이 취약했다. 다른 지역의 전략적 우선순위가
북한의 도발을 막지 못한 실패원인 중 하나라면 미 의회 내에서, 그리
고 국무부와 국방부의 의견분열도 한몫을 했다.

1950년 6월 북한의 침략을 계기로 소련이 적어도 대리인을 통해 목
적을 달성하고자 군사력에 의존할 준비가 되어 있다는 견해가 서방지
도자들과 미국 내 여론을 지배하기 시작했다. 그렇다 하더라도 '경쟁
적 이해관계'는 동맹체제에 여전히 남아 있었다. 연대감을 조성하고
유지하려면 종종 무너질 위험에 빠지곤 했던 균형을 지속적으로 조정
해야 했다.

Ⅱ

북한의 공격은 소련의 의도와 능력에 대한 두려움이 미국과 유럽의
엘리트 계층에서 확산되던 시점에 일어났기 때문에 결정적 영향을 미
쳤다. 또 서방동맹국들은 유럽의 상황이 한국과 비슷하다고 보았다.
유럽과 마찬가지로 한국에서도 미국은 적군이 우방보다 우월한 군사력
을 확보하도록 수수방관하고 있었다. 소련의 지원과 선동에 힘입어 북
한이 도발을 감행했다는 사실은 소련이 자신의 우위를 이용해 서쪽의

영국해협까지 군대를 진격시키거나 아니면 6만 명의 동독 '국가경찰'을
동원해 서베를린이나 심지어 서독까지 공격하거나, 혹은 유고슬라비
아를 공격할 의향이 있음을 시사했다. 미국이 남침에 강력히 대응하자
서유럽 국가들은 안도의 한숨을 내쉬었다. 미국이 우방을 지키기 위해
무력을 사용할 의지가 있음이 증명되었기 때문이다. 그러나 7월 미 지
상군이 어이없이 격퇴당하자 유럽은 다시 공포에 휩싸였다. 이는 결국
전 세계적 집단안보 노력을 자극하는 결과를 가져왔다. 24)

여기에는 미국이 앞장을 섰다. 7월 24일 트루먼은 미군을 61만 5천
명 증원하기 위해 의회에 1951년 회계연도 국방예산을 105억 달러 추
가해 달라고 요청했다. 8월 4일 추가로 16억 달러를 요청했다. 의회는
두 달도 채 안 되어 모든 추경예산을 통과시켰다. 별도로 해외군사원
조 명목으로 요청했던 40억 달러도 승인되었다. 이 중 80% 이상이 북
대서양조약기구에 할당되었다. 25) 유럽은 미국만큼 군비를 증강시킬
여력은 없었지만 8월 말 아이슬란드와 포르투갈을 제외하고 모든 국가
가 상당한 규모의 전력증대 계획안을 발표했다. 26)

일부 미국의 공식적·잠재적 동맹국들은 미국의 한국지원요청을 받
아들였다. 애치슨은 7월 말 캐나다 외무장관 레스터 피어슨(Lester B.

24) *NYT*, 1950년 7월 2일자; *Present*, 436; Konrad Adenauer, *Memoirs
    1945~1953*, translated by Priscilla Johnson MacMillan(New York:
    Harper and Row, 1967), 271~274; Alexander Werth, *France, 1940~
    1955*(New York: Henry Holt, 1956), 470~473; David Bruce(주프랑스
    미국대사) to Acheson, July 14, 1950, Box 4299, RG59, NAⅡ.
25) Doris M. Condit, *History of the Office of the Secretary of Defense*,
    Vol. 2, *The Test of War, 1950~1953*(Washington, D. C.: Government
    Printing Office, 1988), 224~227; Stebbins, *United States in World
    Affairs, 1950*, 253.
26) Stebbins, *United States in World Affairs, 1950*, 262~263; *NYT*, 1950
    년 8월 20, 31일자, 9월 3, 6일자.

Pearson)에게 "미국이 혼자서 한국을 감당해야 한다면 국내여론은 앞으로 더 큰 전쟁이 발발할 경우 고립주의를 선택해 동맹국들을 버릴지도 모른다"고 경고했다. 27) 동맹국이 한국전쟁에 지원을 제공한다면 이는 미국여론을 돌리는 데 중요한 계기가 될 거라고 했다. 미 국방성이 워낙 일을 서투르게 하고 미 국민은 동맹국들의 형식적 유엔기여에 불만을 터뜨렸지만 여름이 끝나기 전에 영국, 호주, 필리핀이 소규모 전투부대를 한국에 파병했고 호주, 벨기에, 캐나다, 에티오피아, 프랑스, 그리스, 룩셈부르크, 네덜란드, 뉴질랜드, 태국, 터키 등이 파병을 약속했다. 28) 미국은 그 당시까지 유엔군(한국군을 제외하고)의 대다수를 차지하고 있었다. 그러나 이젠 혼자가 아니었다.

미국은 반공산주의 연합을 구축하고 강화하기 위해 상당히 노력을 했지만, 한편으론 불균형적이고 동맹세력 내에 분열을 초래할 위험이 있는 행동을 취하기도 했다. 7월 말 제7함대를 보내 중국 국민당 정부 최후의 보루인 타이완을 중국 본토의 공산당 정권으로부터 보호하기로 한 트루먼의 결정이 그랬다. 대아시아 정책에서 국내여론의 합의를 이끌어 내고 한국 군사작전이 임박한 상황에서 남쪽을 강화하고 공산주의의 추가적 도발을 저지하는 것이 목적이었지만 어쨌든 이 조치는 영국을 포함해 서유럽 국가의 반발을 샀다. 한국전쟁이 확대되고 중국 공산당이 더욱 소외당하는 결과가 예상되었기 때문이다. 29)

그러다가 8월 초 대규모의 미군병력이 한국에 투입되면서 워싱턴의 정책결정자들은 전세가 유엔에게 유리해지자 38선 이북으로의 진격을 고려하기 시작했다. 제4장에서 지적했듯이 8월 말 소련이나 중국이

---

27) Lester B. Pearson, "Discussions with Mr. Acheson and Officials in Washington Saturday and Sunday, July 29th and 30th, 1950," Vol. 15, Pearson Papers, Public Archives of Canada, Ottawa.

28) *KW*, 56~58, 71~75.

29) *Road*, 196~198.

개입할 경우 북진은 강행하지 않기로 합의했다. 30) 그럼에도 불구하고 국회의원 선거가 11월로 다가오면서 여름이 끝날 무렵 공화당이 민주당의 실수투성이의 소심한 대동아시아 정책을 전면 공격하며 본격적 선거유세에 돌입했다. 명망 높은 공화당 상원의원들이 애치슨 국무장관에게 대부분의 책임을 돌리며 사임을 요구했다. 이런 분위기 속에서 트루먼과 애치슨은 전투상황이 바뀐 후 한국에서 38선 이북으로의 진격을 자제하기 어려운 상황이었다. 31)

결국 소련의 유럽침공에 대한 두려움은 서독 재무장의 필요성에 대한 트루먼 행정부의 공감을 이끌어 냈다. 북대서양조약기구가 독일의 도움 없이 소비에트 블록의 지상군을 상대할 수 없었기 때문에 미 합참본부는 유럽동맹국들에게 서독의 재무장을 수용해야만 유럽주둔 미군을 4~6개 사단 정도 늘리겠다고 협박했다. 군부의 입장은 매우 단호했다. 유럽이 당연한 몫을 부담하겠다는 보장이 없는 한 유럽에 새로운 군사적 약속을 해서는 안 된다는 게 지배적 국내여론이었기 때문이다. 그러나 이러한 협상조건은 결국 고삐가 풀린 독일에 대한 두려움이 여전히 크고 전 나치정권을 재무장하려고 시도할 경우 불행한 결과가 초래될 거라는 소련의 위협을 무시할 수 없는 유럽으로선 받아들이기 어려웠다. 32)

이 모든 추세는 1950년 가을에 통합되었다. 그해 말 서방세계의 동맹이 무너지고 세계전쟁이 초래될지도 모르는 최악의 상황으로 치닫고 있었다. 미군이 38선을 넘어 만주와 국경을 이루는 압록강까지 진격하자 중국은 유엔군을 한반도에서 몰아내겠다고 위협하며 대대적 반격을

---

30) 타이완과 38선 문제에 대해선 *Road*, 6장.

31) 미 공화당 선거에 대해선 Ronald J. Caridi, *The Korean War and American Politics: The Republican Party as a Case Study* (Philadelphia: University of Pennsylvania Press, 1968), 58~64.

32) Trachtenberg, *Constructed Peace*, 107~110.

감행했다. 도쿄에 있던 맥아더 장군과 11월 선거에서 승리한 공화당의
압력으로 미국 내 여론은 중국까지 전쟁을 확대하고 심지어 원자폭탄
까지 사용하자는 쪽으로 기울었다. 이는 결국 소련의 참전을 유도할
게 분명했다. 한국에서 발생한 일련의 사건으로 서방의 군사력이 생각
보다 취약하다는 인식이 확산되고 미국에 대한 신뢰를 잃은데다 소련
이 선제공격을 시사하자 독일 재무장에 대한 유럽의 반대는 더욱 거세
졌다. 그동안 재무장을 강력히 지지했던 콘라드 아데나워(Konrad
Adenauer) 서독 수상은 갑자기 불안감을 표현했다. 국내여론의 심한
반대에 부딪히고 소련의 반응이 두려운데다 서독정부의 자주적 특권을
더욱 확대하고 싶은 욕심에 아데나워는 속도를 늦추자고 제안했다. 33)
비록 트루먼 행정부의 계획을 좌절시킬 정도는 아니었으나 유럽에 미
군의 추가파병을 반대하는 목소리가 의회에서 힘을 얻었다. 또 허버트
후버(Herbert Hoover)와 조셉 케네디(Joseph Kennedy)와 같은 저명
인사도 반대편에 섰다. 34)

그러나 1947년 중반 이후 미국은 유럽과 한국 문제에서 다자적 접
근방식을 추구했다. 유럽은 마샬플랜과 북대서양조약기구를 통해, 한
국은 유엔에 의존했다. 위기가 고조되자 미국 지도자들은 반사적으로
다자간 국제기구에서 해법을 찾으려고 했다. 12월 미국은 북대서양조
약기구 사령부를 신설하고 아이젠하워 장군을 초대사령관에 임명했
다. 비록 미군의 전쟁수행 방식에 대해 많은 불만이 제기되었지만 어
쨌든 한국문제는 유엔을 통해 해결하려고 했다. 영국의 반대에 워싱턴
은 이미 적기를 만주기지까지 추격하겠다는 맥아더의 요청을 거부한
상태였다. 동맹국들과 인도를 중심으로 한 중립국들은 이제 유엔에서
힘을 모아 상황이 호전되어 워싱턴의 정책 우선순위가 재조정되기를

33) *Ibid.*, 112~113.
34) *KW*, 146.

희망하며 한국전쟁의 확대를 지연하기 위해 애썼다. 35)

　지연전술은 효과가 있었다. 1951년 2월 초가 되어서야 미국은 광범위한 지지를 얻어 베이징을 비난하고 중공군에 대한 추가적 대응을 마련할 수 있었다. 이미 이때 유엔군은 한반도에서 퇴각을 멈추고 제한적이지만 일부전선을 회복했다. 중국을 비난하는 유엔총회 결의안은 적국에 대한 새로운 군사·정치·경제적 조치를 실행하기 위한 일정을 구체화하지 못한 상태였다. 한편 트루먼 행정부는 초기 독일 재무장 입장에서 한발 물러서는 대신 의회의 '뜨거운 논쟁'에도 불구하고 유럽에 미군을 추가 파병하는 계획을 서두르고 있었다.

　아마도 공산정권의 지도자들은 서방국가들간에, 또 국내에서 계속된 논쟁을 보고 상당한 안도감을 느꼈을 것이다. 스탈린과 마오가 1951년 4월 맥아더의 해임 이후 워싱턴에서 벌어진 서로 물고 뜯는 당파싸움이나 언론과 의회에서 대서양 너머 북대서양조약기구 동맹들 사이에 서로 주고받은 공방에 대한 기사를 보고 어떤 생각을 했을지 상상해 보라. 한국의 전쟁상황은 1951년 1월 중순 이후 공산군에게 유리하지 않았으나 자본주의 국가들이 결국 충돌할 거라는 맑스-레닌주의 사상에 파묻힌 공산권 지도자들은 계속 버티면서 외교카드를 적절히 꺼내 쓴다면 자신들이 승리할 수 있을 거라고 확신했다. 36)

---

35) 이 해석에 대해선 *KW*, 4장.

36) 자본주의 진영의 모순에 대한 소련의 믿음은 Odd Arne Westad, "Secrets of the Second World: The Russian Archives and the Reinterpretation of Cold War History," *Diplomatic History* 21 (spring 1997): 265; Vladislav Zubok, "Stalin's Plans and the Russian Archives," *Diplomatic History* 21 (spring 1997), 301; Kathryn Weathersby, "Deceiving the Deceivers: Moscow, Beijing, Pyongyang, and the Allegations of Bacteriological Weapons Use in Korea," *Bulletin of the Cold War International History Project* 11 (winter 1998): 179; Vojtech Mastny, *The Cold War and Soviet Insecurity: The Stalin Years* (New York: Oxford

사실 서방세계의 국내적·국가간 논쟁은 소리만 요란했을 뿐이다. 맥아더의 해임은 서유럽에서 예외적으로 긍정적 반응을 불러일으켰다. 또 미 상원이 유럽에 4개 사단을 추가로 파병하자는 트루먼의 계획을 승인하는 결의안을 통과한 이후에 일어난 일이었다. 유럽대륙을 지키는 미군이 증가하고 서유럽 국가들이 국방예산을 늘리고 그리스와 터키가 북대서양조약기구 가입을 추진하는 가운데 냉전의 주 무대인 유럽에서 반소련 세력의 군사적 동맹이 위용을 갖추기 시작했다.[37)]

경제통합 분야에서도 중요한 진전이 있었다. 서방의 재무장을 촉발시킨 한국전쟁은 전략적 물자, 특히 금속에 대한 수요를 상당히 자극했다. 금속은 민간분야의 소비자용 내구재 생산에도 필요했다. 공급이 부족해지자 물가가 상승해 서유럽의 경제회복을 위협했다. 또 희소자원을 얻기 위한 경쟁에서 미국의 상대적 우위에 대한 불만이 커졌다. 1951년 초 미국과 영국, 프랑스는 국제물자회의(International Materials Conference)를 열어 주요 상품의 분배를 합리화하는 방법을 찾기로 했다. 이 회의는 오직 권고안만을 제안할 수 있었지만 미 정부가 자진해서 고무, 주석, 양모와 같은 몇몇 물품의 구매를 자제하자 3월부터 물가가 급속도로 안정되기 시작했다. 그러나 다른 물품의 가격은 천천히 움직였다. 4월 말 영국 노동당은 미 행정부 공격에 원자재 문제를 포함시켰다. 그러나 미 전쟁물자동원국장인 찰스 윌슨(Charles E. Wilson)이 봄에 유럽을 방문하면서 불만은 상당히 진정되었다. 대부분의 분석가들은 알루미늄, 구리, 철강의 가격상승을 억제하는 통

University Press, 1996) ; KW.

37) 균형적 해석에 대해선 Richard P. Stebbins et al. , The United States in World Affairs, 1951 (New York: Harper and Row, 1952), 222~225; 후에 나온 매우 뛰어난 분석으로 Thomas Alan Schwartz, America's Germany: John J. McCloy and the Federal Republic of Germany (Cambridge, Mass. : Harvard University Press, 1991), 7장 참고.

제물자계획(*Controlled Materials Plan*)의 실행으로 7월 1일 이후 상황이 매우 호전되었다고 평가했다.[38] 서독과 점령국들이 유럽석탄철강연합(European Coal and Steel Community)의 기본 틀에 대해 합의에 도달하여 원자재 문제가 곧 해결될 거라는 기대가 더욱 확산되었다.

미국은 소비에트 블록 이외의 국가들과 개별적으로 적극적 협상을 벌여 일본과의 관대한 평화조약에 대해 동맹국들로부터 비록 마지못하긴 해도 광범위한 동의를 얻어냈다. 또 한국전쟁이 끝날 때까지 타이완 문제에 대한 논의를 연기하기로 합의했다. 한편 일본, 호주, 뉴질랜드, 필리핀과 군사동맹 협상이 진행되고 있었다. 이는 태평양 지역에서 반공산주의 안보체제 구축을 약속했다.[39]

1951년 늦은 봄에 이미 한국에서 최악의 상황은 지나갔으나 서방의 연합전선 구축을 향한 노력은 가속도가 붙었다. 서방의 민주국가들이 이 결과를 얻기 위해 항상 효과적으로 행동한 것은 아니었다. 또 동맹국간 관계의 긴장과 분쟁이 완전히 사라질 기미도 없었다. 하지만 국제적 상황은 이들에게 유리하게 작용했으며 그 후로도 대부분 그 방향으로 진행되었다. 이제 우리는 다음의 질문을 던질 차례다. 민주주의의 정치문화가 이 결과에 긍정적으로 작용했는가? 아니면 단순히 우연이거나 부차적인 것일까? 한국전쟁 당시 서방의 외교와 소비에트 블록을 비교해 보면 일부 해답을 얻을 수 있을 것이다.

---

38) Stebbins, *The United States in World Affairs*, 1951, 222~225; *NYT*, 1951년 5월 9, 13일자, 6월 9, 17일자, 7월 9일자.
39) *KW*, 200~201.

III

한국전쟁이 끝날 무렵 소연방은 서방세계보다 불안한 상태였다. 1953년 6월 체코슬로바키아에선 갑작스런 화폐개혁으로 상당수의 국민들이 그동안 저축한 예금을 하루아침에 날리게 되자 시위와 폭동이 일어났다. 체코슬로바키아 당국은 시위를 진압했지만 소요를 유발했던 경제상황은 여전히 해결되지 않았다. 같은 달 동베를린에서도 데모가 발생했다. 얼마 후 동독 전국에 걸쳐 250개의 도시와 마을이 시위에 가담했다. 역시 당국은 신속히 질서를 회복했지만 오직 과감하고 광범위한 개혁만이 문제의 근원을 뿌리뽑을 수 있었다. 헝가리와 폴란드의 경우 폭동은 일어나지 않았지만 불만이 언제 터질지 모르는 상황이었다. 다른 국가와 마찬가지로 불만의 주요 원인인 경제문제는 1940년대 후반에 시작되었으나 한국전쟁을 계기로 재무장이 본격화되면서 상황은 극도로 악화되었다.[40] 그 결과 미국과 서유럽의 부유한 경제와 정치적 안정은 더욱 대비되었다.

한편 중소동맹은 한국전쟁 이후 강화되었다. 1953년 초 소련은 1950년에 시작되었으나 한국전쟁으로 중단되었던 중국의 여러 프로젝트에 자금을 다시 지원하기 시작했다. 3월 스탈린이 사망하고 난 직후

---

40) 동독의 소요에 대해선 "This is Not a Politburo, but a Madhouse: The Post-Stalin Succession Struggle, Soviet Deutschlandpolitik and the SED: New Evidence from Russian, German, and Hungarian Archives," introduced and annotated by Chritian F. Osterman, *Bulletin of the Cold War International History Project* 10(March 1998): 61~110; Arnulf Baring, *Uprising in East Germany: June 17, 1953*(Ithaca, N. Y.: Cornell University Press, 1972). 헝가리에 미친 영향과 다른 동유럽 국가의 소요에 대해서는 Imre Nagy, *On Communism*(New York: Praeger, 1957), xii, 38~39, 66~74.

모스크바는 지원금을 더 늘려 수십 개의 새로운 중국 개발 프로젝트를 돕겠다고 약속했다. 41) 모스크바와 베이징에서 나오는 성명은 양국간의 동맹전선에 전혀 균열이 없음을 시사했다.

그러나 7년 후 공개적 분열이 나타나기 시작했다. 그 균열의 근원은 우리가 알고 있듯이 꽤 먼 과거로 거슬러 올라간다. 한국전쟁이 직접 불씨를 제공한 것은 아니지만 그러한 분위기 조성에 일조한 것은 분명하다. 마오는 북한의 남한공격 이전에 타이완을 정복해 중국의 통일을 완수하고 싶었을 것이다. 이러한 이해관계에도 불구하고 1950년 5월 중순 마오가 북한의 침략계획에 동의했는지, 그리고 아무리 스탈린의 허가를 받았다 하더라도 김일성의 제안을 정말로 거절할 수 없었는지는 확실하지 않다. 42) 한국전쟁이 발발했을 때 미국은 곧바로 타이완을 보호하기 위한 조치를 취했다.

한국의 경우 스탈린은 마오에게 중국의 직접개입이 필요할 경우 소련공군이 중공군을 지원하겠다는 인상을 주었다. 그러나 1950년 10월 막상 중국이 개입할 시점이 되자 스탈린은 처음에 그 제안을 취소하고는 마오에게 개입을 종용했다. 그러다가 결국 소련공군이 지원사격을 해 주었지만 만주국경 지대와 가까운 지역만 보호해 주었다. 스탈린은 상당한 전쟁물자 지원을 제공했지만 너무 느리게 전달되고 질이 형편없었다. 그리고 모든 게 유상지원이었다. 중국이 한반도에서 감당했던 위험과 희생을 고려할 때 스탈린의 지원은 결코 만족할 만한 수준이 아니었다. 소련과의 관계에서 마오는 단 한 번도 동등한 대접을 받지 못

---

41) Shu Guang Zhang, "Sino-Soviet Economic Cooperation," in *Brothers in Arms: The Rise and Fall of the Sino-Soviet Alliance 1945~1964*, ed. Odd Arne Westad(Stanford, Calif.: Stanford University Press, 1999), 197, 201.

42) *CRKW*, 88~90, 106~113; Chen Jian and Yang Kuisong, "Chinese Politics and the Collapse of the Sino-Soviet Alliance," in Westad, *Brothers in Arms*, 250~251.

했다고 느꼈으며 이 사실에 매우 분개했다.

이러한 불평등 관계는 여러 부분에서 분명히 드러났다. 일례로 1950년 후반 이후 중국에 주둔하는 소련인 고문의 수가 대폭 증가했다. 중국은 고문을 필요로 했지만 스탈린은 그들에게 치외법권을 포함해 특별대우를 요구했다. 43) 마오는 그의 요구를 수용했지만 한국전쟁 중에 중국에 거주하는 소련민간인들의 활동을 상당히 제한했다. 44)

문제는 소비에트 블록 내부의 문제가 얼마나 전체주의적 정치문화에서 기인했는가이다. 동유럽의 불안은 경제문제에서 발생했음이 분명하다. 소련의 중국지원은 소연방의 한정된 현대무기 생산능력과 서부지역에 군사력을 증강해야 하는 상충적 필요로 제한되었다. 한국전쟁 후 서방세계의 동맹이 더욱 안정되고 부유해질 수 있었던 것은 각 국가의 경제가 근본적으로 건실해졌기 때문이라고 주장할지도 모른다. 1950년 당시 서유럽과 일본은 아직 2차 세계대전으로부터 완전히 회복되지 못했지만 세계대전 덕분에 국력이 강해진 미국으로부터 원조를 받았다. 반면 소연방은 2차 세계대전이 발발할 당시 상대적으로 낙후된 상태였으며 세계전쟁으로 경제가 완전히 파괴되었다. 모스크바는 워싱턴과 비교해 동맹국들을 지원할 능력이 상당히 제한적이었다.

이러한 사실은 상당히 중요하나 몇 가지 핵심적인 점을 간과했다. 먼저 스탈린이 동유럽 국가의 정부들을 철저히 통제한 것은 경제적 이유보다는 정치적 이유가 컸다. 전통적으로 동유럽 국가들은 동쪽에 있는 소련보다는 서유럽과 더 많은 무역을 했으나 1948년부터 스탈린은 인위적으로 그 방향을 동쪽으로 돌렸다. 그는 또 전후 동유럽국가의 통합노력을 무산시켰다. 45) 1949년 상호경제원조위원회(Council for

43) Zhang, "Sino-Soviet Economic Cooperation," 199.

44) 이 사건에 대해서는 Lionel Lamb(베이징 주재 영국영사), "Record of Conversation with Indian Ambassador, Sardor Panikkar, on 4 July 1951," FO371/92201, PRO.

296

Mutual Economic Assistance)의 창설이 소비에트 블록의 광범위한 경제통합을 향한 노력이라고 평가하는 사람이 있을지도 모르겠다. 그러나 사실 이는 스탈린이 살아 있는 동안 거의 아무런 기능을 하지 않았다. 정치적 통제의 수단으로 스탈린은 다자간 제도보다는 양자간 관계를 선호했다. 46)

일반적으로 인정하듯이 미국은 종종 우방에게 무역관계를 워싱턴에서 인식하는 정치적·전략적 현실에 맞출 것을 요구했다. 그러나 미국의 압력은 대개 다자적이며 종종 협력적 분위기에서 이루어졌다. 각국의 국내경제에 미칠 영향에 대해 충분한 이해가 이루어졌다. 예를 들어 한국전쟁이 발발하기 직전 미국은 캐나다와 유럽동맹국들과 함께 공산국가에 수출을 규제하기 위한 국제기구를 설립하고 감시와 의사결정 그룹을 조직해 매 분기마다 파리에서 회담을 갖기로 했다. 1950년 12월 미국이 중국무역의 완전봉쇄를 결정했을 때처럼 모든 회원국이 항상 미국을 따르지는 않았지만 극단적으로 행동한 적은 한 번도 없었다. 1952년 미국의 압력으로 결국 다른 서방국가들은 중국봉쇄를 수용했다. 한국전쟁이 끝난 후 분위기가 느슨해지자 1957년 미국의 변함 없는 완전봉쇄정책에도 불구하고 일부 동맹국들은 제한적이지만 중국과 무역을 확대하기 시작했다. 동맹국간의 협상이 항상 원만히 진행된 것은 아니었다. 의견충돌이 자주 언론에 공개되었다. 47) 그러나 정

45) Zbigniew M. Fallenbuchl, "Eastern European Integration: COMECON," in U. S. Congress, Joint Economic Committee, *Reorientation and Commercial Relations of the Economies of Eastern Europe* (Washington, D. C.: Government Printing Office, 1974), 79~81.

46) Thomas W. Simons Jr., *Eastern Europe in the Postwar World* (New York: St. Martin's Press, 1991), 107.

47) Yuko Yasuhara, "Japan, Communist China and Export Controls in Asia, 1948~1952," *Diplomatic History* 10 (winter 1986): 75~89; Rosemary Foot, *The Practice of Power: U. S. Relations with China since*

치지도자들이 국민의 번영을 항상 고려해야만 하는 민주적 제도에 익숙한 미국은 동맹국들의 우려에 타고난 섬세함을 보였다.

일본이 아마도 전형적 사례일 것이다. 한국전쟁으로 일본경제는 부흥기를 맞았다. 지프차에서 철조망, 옷감, 식량에 이르기까지 각종 물품에 대한 수요가 폭증한 덕분이었다. 그러나 그동안 일본의 최대시장은 중국이었지만, 미국이 중국과 적대관계에 놓이면서 더 이상 최근에 전쟁에서 진 섬나라가 기댈 언덕은 사라지고 말았다. 일본의 장기적 경제전망은 유럽, 특히 영국이 동남아시아에서 일본의 시장개척을 반대했기 때문에 더욱 불투명했다. 1952년에 여러 차례의 양자간, 다자간 협상을 통해 워싱턴은 단호하게 일본을 서방세계 경제에 통합시켜 중국과의 교역을 단절하도록 하고 미국의 시장을 개방하고 영국에게 일본의 동남아 진출을 허용하도록 설득함으로써 일본의 장기적 경제발전을 위한 토대를 마련해 주었다.[48] 1953년 동유럽 국가의 소요를 촉발시켰던 극도의 긴축을 스탈린이 요구했던 이유는 서방세계의 위협과 소비에트 블록 경제의 상대적 취약성에 있었다.

그러나 긴축과 재무장의 움직임은 한국전쟁이 발발하고 서방이 군사력을 증강하기 이전에 이미 시작되었다.[49] 더구나 스탈린은 한국전쟁을 끝내고 국제긴장을 줄이거나 아예 적의 재무장을 차단할 수 있는

1949(Oxford: Clarendon Press, 1995), 3장.

48) 각주 47) 참조; Roger Dingman, "The Dagger and the Gift: The Impact of the Korean War on Japan," in *A Revolutionary War: Korea and the Transformation of the Postwar World*, ed. William J. Williams (Chicago: Imprint Publications, 1993), 208~212; Sayuri Shimizu, *Creating People of Plenty: The United States and Japan's Economic Alternatives, 1950~1960*(Kent, Ohio: Kent State University Press, 2001), 1~3장.

49) David Holloway, *Stalin and the Bomb*(New Haven, Conn.: Yale University Press, 1994).

기회가 수없이 많았다. 실제로 한국전쟁이 시작되기 전과 스탈린이 사망한 직후—아마도 스탈린이 권좌에 있던 마지막 해에도—일부 소련지도부 내에서는 강경한 외교정책보다는 온건한 노선이 오히려 서방세계를 분열시키고 약화시키는 데 더 적합하다는 주장이 제기되었다. 50) 그러나 계속되는 서방의 단결과 군사력 증강 앞에서 스탈린은 1952년 10월 자신의 마지막 유언이 되고 만 성명에서 자본주의 진영내에서 전쟁이 불가피하다고 주장했다. 51)

스탈린의 사망 후 소련의 정책이 급격히 바뀌었다는 사실은 한국전쟁중에 가장 극명하게 드러났던 동서 간의 균형이 권위주의적 정치문화보다 민주주의의 적응력이 우월함을 반영한 것인지, 혹은 단지 한 인간이 만들어 낸 특정 제도의 문제를 반영한 것인지 질문하게 만든다. 스탈린의 후임자들이 실패한 것은 전제정권의 내재적 결점보다는 그가 창조한 제도를 개혁하는 게 너무 어려웠기 때문이라고 주장할 수도 있다. 52) 일리가 있지만 소연방의 경우 권위주의와 보편적 이데올로기는 이미 스탈린 이전부터 존재했으며 이 둘의 결합이 문제를 발생시켰고 비록 한 개인에 의해 악화되기는 했지만 그의 병적 일탈보다훨씬 심각했다. 개디스는 이에 대해 "권위주의적 낭만주의"라며 소련이 이데올로기에 근거해 외부상황을 잘못 인식함으로써 도가 지나쳐

---

50) 한국전쟁 전 소련전략에 대한 내부적 논의에 대해서는 Ronald Lee Leteney, "Foreign Policy Factionalism under Stalin, 1949~1950"(박사학위논문, Johns Hopkins University, 1971). 내부적 논의에 대한 최근의 보다 간단한 설명은 S. J. Ball, *The Cold War: An International History* (London: Arnold, 1998), 2장.

51) J. Stalin, *Economic Problems of Socialism in the USSR* (Moscow: Foreign Languages Publishing House, 1952), 37~39.

52) 스탈린의 사후 동맹국인 중국에 대한 소련의 전술을 전제주의적 문화의 팽창으로 해석할 수 있는 흥미로운 사례에 대해선 Weathersby, "Deceiving the Deceivers," 178~180.

실패하고 말았다고 분석했다. 53)

　한국전쟁이 미·소 양측이 지나치게 확대한 좋은 사례를 제공하기 때문에 이를 제도적 차원에서 설명할 수 있을지 궁금하게 여기는 사람이 있을 것이다. 나는 앞에서 미국이 38선 이북으로 진격하고 중국이 개입한 후에도 국경인 압록강 아래서 멈추지 않았던 것은 적어도 트루먼 행정부가 받았던 국내 정치적 압력으로 일부 설명할 수 있다고 지적했다. 한편 중국 역시 38선을 넘어 남한 한복판까지 진격했다. 이 경우 비록 마오가 한국에서 전쟁을 지속하는 것이 국내적으로 긍정적 효과가 있다고 느꼈을지 모르지만 어쨌든 국내의 정치적 압력 때문에 그런 결정을 내렸다고는 보기 어렵다. 54) 마오는 참전을 결정할 때 전쟁터에 나가 있던 현지사령관에게선 지지를, 공산당 정치국 동료들로부터는 반대를 받았다. 차이가 있다면 마오는 마음을 바꾸기까지 수개월이 걸렸고 그동안 여러 번 값비싼 희생을 치러야 했던 반면 트루먼은 중국의 개입범위가 확대되자 현지사령관의 조언을 따라 정책방향을 바로 바꾸었다. 트루먼은 맥아더의 "군사적 낭만주의"를 규제하고 결국 그를 해임했다. 마오는 군중이 근대기술을 이길 수 있다고 강조하는 이데올로기에 따라 상당기간 자신이 만든 군사적 낭만주의를 고집했다. 55) 트루먼은 민주주의 동맹국들의 압력을 받아 확전을 억제한 반면 마오는 권위주의 정권들로부터 전면적 승리를 계속 추구하라는 압력을 받았다.

　이 차이를 설명하려면 혁명적 이데올로기가 만들어 낸 위대함에 대한 환상을 이해해야 한다. 공산권 지도자들은 같은 이데올로기를 표방하면서 종종 같은 상황에서 서로 다른 처방을 내놓곤 했다. 개인적 차이점 이외에도 민주정부와 독재정부의 서로 다른 권위와 정보흐름 패

---

53) Gaddis, *We Now Know*, 289~291.

54) *CRKW*.

55) *MMR*.

턴도 중요하다. 모스크바, 베이징, 평양에서 권위의 패턴은 워싱턴과
다른 서방세계의 정부보다 훨씬 중앙집권적이었으며 기존의 정책을 반
대할 경우 지불해야 할 대가가 너무나 컸다. 그 결과 공산국가간, 또
국내에서조차 정보의 흐름은 훨씬 제한되었다. 트루먼과 그의 수석보
좌진은 제도 안에서 아래로부터, 그리고 외국동맹국들로부터 수평적
으로 엄청난 양의 정보와 의견을 계속해서 받았다. 또 제한된 권위와
유연한 태도 덕분에 자주 현실을 점검할 수 있었다. 반대로 공산권 지
도자들은 자신이 서 있는 자리에서 한 치도 움직이지 않고 목적을 달
성할 수 있는 수단이 부족한데도 기존의 입장을 끝까지 고수했다.56)

  단기적으로 한국전쟁이 강대국간에 확실한 승자나 패자도 없이 끝
났기 때문에 그 비용은 감당할 만했다. 그러나 장기적으로 이러한 경
향은 더욱 악화되어 소련이 냉전시대에 미국과 대결하는 데 상당히 불
리하게 작용했다. 이러한 경향을 탄생시킨 결정은 부분적으로 소련정
권의 독재적이고 이데올로기적인 성격에서 기인했다고 해도 과언이 아
닐 것이다.

56) 소련의 일부문서 공개로 사람들이 보복이 두려워 스탈린에게 얼마나 많은
    나쁜 소식을 전하지 않았는지에 대해 논란이 일고 있다. 그러나 확실한 것
    은 정보의 흐름과 내부 토론은 극도로 제한되어 있었다. 이 문제에 대해
    반대시각은 Ball, *Cold War*, 2장과 전체주의적 모델을 따른 Robert C.
    Tucker, "The Cold War in Stalin's Time: What the New Sources
    Reveal," *Diplomatic History* 21(spring 1997): 273~281; Jonathan
    Haslam, "Russian Archival Revelations and Our Understanding of the
    Cold War," *Diplomatic History* 21(spring 1997): 217~228. 스탈린이 개
    인적으로는 일부 반대의견을 허용했다고 주장함.

IV

　미국의 민주주의를 치하하며 끝을 맺는 것은 적절해 보이지 않는다. 한국전쟁중 미국에서 일어난 일들 중 많은 사건들이 자유와 관용이라는 이상에서 상당히 거리가 멀었고 당면한 위협에 대한 불균형적 대응이었기 때문이다. 가장 어처구니없는 일은 매카시즘의 재등장이었다. 1950년 6월에도 완전히 사라진 것은 아니었지만 한국전쟁 발발 후 이는 급격히 인기를 얻었다.

　한국전쟁이 발발하기 바로 며칠 전 조지 케넌은 저널리스트인 윌리엄 헨리 챔벌린(William Henry Chamberlin)에게 보낸 편지에서 감정적 어조로 지난 10년간 미국의 대(對)중국정책에 관여한 수많은 외교정책전문가들의 애국심을 의심하는 정치인과 언론인을 집단으로 공격했다. 조셉 매카시 상원의원은 지난 2월 신빙성 있는 증거도 거의 없이 미 국무성에서 수십 명, 혹은 수백 명의 공산주의자가 간첩활동을 하고 있다는 주장으로 언론의 전국적 주목을 받았다. 그의 주장은 언론과 미 의회에서 상당한 비난을 받았지만 많은 보수논평가와 공화당 지도부는 이를 심각하게 받아들이고 심지어 이를 선전하려고 했다. 케넌은 편지에서 다음과 같이 적었다.

　　우리 앞에 벌어지고 있는 일들은 정부의 전복에 대한 공격이 아니라 미 국민 전체의 정치적 자기확신에 대한 공격이다. … 당신은 중요한 정책이 단지 몇몇 공산주의자가 귀가 얇은 사람에게 몇 마디 속삭이는 것으로 결정될 정도로 이 정부의 정책형성 과정이 그토록 생각 없이 아무렇게 진행되고 있다고 진심으로 믿는가? 이와 같은 환상 속에서 우리의 현재상황을 설명하는 것은 일종의 정치적 강령술에 불과하다.

302

케넌은 다음과 같은 경고로 편지를 끝맺었다.

> 지난 몇 달, 몇 주간 우리가 지켜본 태도와 방법들은 미국식 전체주
> 의를 부추기는 불씨라 할 수 있다. 국제적 전체주의의 침투위험이
> 이를 막기 위해 국가적 전체주의를 허용해야 할 정도로 그렇게 심각
> 한가? 내가 보기에 이 모든 것이 그쪽으로 흘러가는 것 같다.[57]

상황은 곧 더욱 나빠졌다. 북한의 공격으로 사람들은 더욱 감정적이
되었으며 유언비어가 더욱 기승을 부렸다. 9월 국회의원 선거가 겨우
두 달 남은 상황에서 미 의회는 트루먼의 거부권에도 불구하고 매캐런
법(McCarren Act, 국내치안유지법과 이민국적법)을 통과시켰다. 이 법
안에 따르면 공산당과 관련단체의 회원들은 법무부에 등록해야만 하고
국가 위급상황시 억류되며 정부기관과 방위산업체에서 일할 수 없으며
여권도 발급받지 못했다. 반대표를 던질 경우 자신의 경력에 오점이
남을까봐 두려워 많은 진보적 민주당 의원들도 이 법안을 지지했
다.[58] 그 다음 해 4월 중국의 한국전 개입이 미국 내 두려움을 더욱
가중시키자 트루먼 대통령은 결국 압력에 굴복해 연방정부 공무원의
해고기준을 "불충이 있다는 믿을 만한 합리적 근거"에서 "충성에 대한
이유 있는 의심"으로 바꾸는 내용의 행정명령을 내리기에 이르렀다.[59]
1947년 사법부의 감독을 받지 않는 공무원 충성 프로그램(Employee
Loyalty Program)이 도입되어 과거에 좌파적 견해를 말한 적이 있거나
공산주의자와 어울리거나 동조했던 연방정부 직원들을 더욱 위협했

57) Kennan to Chamberlin, June 21, 1950, Kennan Papers, Seeley Mudd
    Library, Princeton University, Princeton, N. J.
58) Robert Griffith, *The Politics of Fear: Joseph R. McCarthy and the Senate*
    (Lexington: University of Kentucky Press, 1970), 118~122.
59) Robert J. Donovan, Tumultuous Years: The Presidency of Harry S.
    Truman, 1949~1953(New York: Norton, 1982), 306~307.

다. 1951년 6월 미 대법원 역시 전국적 반공운동에 동참했다. 1940년
에 제정된 정부전복을 가르치거나 간접적으로라도 주도하거나 이를 행
하는 단체에 가입하는 것을 불법으로 규정한 스미스법(Smith Act)에
따라 미국 공산당에게 유죄판결을 내린 것이다.[60] 이는 연방정부를
넘어서 전국적으로 확대된 매카시즘의 대표적 사례로 연예계, 산업계,
공립학교, 대학 등에서 위험인물로 보이는 사람들이 거의 인권을 무시
당한 채 축출되었다.

한국전쟁으로 더 살벌해진 미국 내 분위기는 수천 명의 사람에게서
일자리를 빼앗는 것 이상의 피해를 야기했다. 정당한 정치적 토론으로
여겨졌던 주제조차 금기시 되었다.[61] 무엇보다 이러한 부작용은 전반
적으로 부정적인 대아시아 정책을 탄생시키는 데 일조했다. 1950년 6
월 이전에 동아시아는 미국에 별로 중요하지 않았기 때문에 예산과 관
심 모두 제한적이었다. 1950년 2월 중국과 소련이 군사동맹을 맺자
이 지역에 대한 우려가 증가했고 5월에 미국은 인도차이나에서 공산군
과 싸우던 프랑스군을 지원하기 시작했다. 타이완의 국민당 정권에 새
로운 원조를 제공하지 않기로 한 1월의 결정을 재고해야 한다는 목소
리가 높아졌다. 미 국무성은 일본과의 평화조약을 체결하기 위한 노력
을 더욱 강화했다. 물론 공산국가는 이 조약에서 제외되었다. 공화당
은 민주당 소속의 트루먼 대통령이 그동안 펼친 대아시아 외교정책을
맹렬히 공격하면서 정책결정자들에게 새로운 방향을 모색하라고 압박
했다. 북한이 남침하자 미국 내 분위기는 한국뿐만 아니라 아시아의

60) Ellen Shrecker, *The Age of McCarthyism: A Brief History with
Documents*(New York: Bedford Books, 1994), 45.
61) 이 사건이 국내 이슈에 미친 영향에 대해선 Ellen Shrecker, "McCarthy-
ism and the Korean War," in *War and Democracy: A Comparative Study
of the Korean War and the Peloponnesian War*, ed. David McCann and
Barry S. Strauss(Armonk, N. Y.: M. E. Sharpe, 2001), 191~215.

다른 지역에서도 공산주의의 또 다른 도발을 막기 위해 대통령이 과감
히 행동해야 한다는 쪽으로 더욱 기울었다.

사실 한국전쟁 이전까지만 해도 미국은 아시아에서 매우 신중한 입
장을 취했다. 중화인민공화국이 화해할 수 없는 적은 아닐 거라는 전
제하에 타이완을 태평양 방어선에서 제외시킨 것이다. 62) 사실 지나친
세력확대에 대한 두려움이 한국에서 공산군의 명백한 군사행동을 저지
하지 못했던 실패에 막대한 원인을 제공했다.

이러한 상황은 6월 25일 이후 급변했다. 미국은 한국전쟁에 개입했
고 타이완을 보호하겠다고 약속했으며 인도차이나에서 프랑스군에 대
한 지원을 늘렸다. 그해 가을 중공군이 개입하면서 과거로 돌아갈 가
능성은 더욱 멀어졌다. 미국은 한국과 타이완을 비롯해 동아시아의 여
러 국가들과 국방조약을 체결했으며 다자간 남동아시아 조약기구
(Southeast Asia Treaty Organization)를 결성했다. 1953년 집권을 시작
한 공화당의 아이젠하워 행정부가 한국전쟁과 같이 국지전을 피하기
위해 전략을 세우고 1954년 인도차이나에서 군사개입의 유혹을 뿌리치
려고 애썼지만 결국 남부베트남의 고딘디엠(Ngo Dinh Diem) 정권을
지원하기로 결정함으로써 미래에 발생할지도 모를 아시아에서의 전쟁
에 휘말릴 위험이 높아졌다. 아이러니하게도 1965년 정계에서 은퇴한
아이젠하워는 린든 존슨 대통령의 베트남전 확대결정을 지지했고 오히
려 그 속도가 너무 느리다며 불평했다. 63) 중국에 대한 반감과 두려움,
그리고 한국에서의 경험 때문에 대부분의 미국 지도자들은 1950년대

62) 한국전쟁 발발 전 미국 정책에서의 타이완 문제에 대해서는 Robert Accinelli,
    Crisis and Commitment: *United States Policy toward Taiwan*, *1950~
    1955*(Chapel Hill: University of North Carolina Press, 1996), 1장.

63) David Anderson, *Trapped by Success*: *The Eisenhower Administration
    and Vietnam*, *1953~1961*(New York: Columbia University Press,
    1991), 205.

말 중소동맹이 흔들리기 시작한 후에도 남동아시아에서 중국의 세력확장을 저지하겠다는 결심을 버리지 않았다.

한국전쟁은 민주당이 중국 본토에서 공산당의 승리를 허용했다는 공화당의 공격에 기름을 부었다. 또 미 국무성 중국전문가들에 대한 마녀사냥을 부추기고 1952년 대선과 국회의원 선거에서 민주당에게 패배를 안겨 주었다. 1960년대 민주당 행정부는 아시아 국가가 소련의 위성국가로 함락될 경우 치러야 할 국내의 정치적 비용을 항상 염두에 두고 있었다. 요즘 많은 학자들이 케네디 대통령이 암살당하지 않고 계속 정권을 이어갔다면 아마도 베트남전을 확대시켰던 그의 후임자인 존슨 대통령과는 전혀 다른 결과가 나왔을 거라고 보는 것 같다. 그러나 1961~1963년 남부베트남에서 미군의 개입확대는 베트남이 공산화될 경우 겪게 될 국내의 정치적 충격에 대한 존슨 대통령의 두려움에서 일부 기인했다는 점은 별로 의심의 여지가 없다.[64] 1964~1965년 존슨 대통령의 정책 역시 마찬가지라 할 수 있다.[65] 후자의 경우 철수나 혹은 신속하게 대대적으로 확전할 경우 초래될 수 있는 부정적 결과에 대한 두려움은 중도를 선택하게 했다. 이는 오랫동안 군사적 승리의 가능성을 훼손하고 국내여론의 지지를 심각히 손상시켰다.

아이러니하게도 1950년대 초부터 미국사회는 상당한 변화를 겪었다. 대공황과 세계대전이라는 고통스런 시대를 겪지 않고 부모세대가 꿈조차 꿀 수 없었던 부와 교육의 기회 속에 자란 젊은 세대가 사회의 주요 계층으로 등장한 것이다. 이들은 그 어느 때보다 심각한 핵전쟁

---

64) John W. Newman, *JFK and Vietnam* (New York: Warner Books, 1992).

65) 존슨의 1964~1965년 결정에서 1949~1953년 동안의 기억이 중요한 역할을 했다는 주장에 대해선 Brian VanDeMark, *Into the Quagmire: Lyndon Johnson and the Escalation of the Vietnam War* (New York: Oxford University Press, 1991); David Halberstam, *The Best and the Brightest* (New York: Random House, 1972).

의 위험 속에 살아야 했다. 이러한 특권과 잠재적 악몽의 결합은 국가
지도자들의 전쟁결정을 좀처럼 아무 비판 없이 수긍하려고 하지 않는
세대를 낳았다. 꼬치꼬치 캐묻는 언론과 더 이상 매카시즘을 두려워하
지 않는 학자들의 격려에 힘입어 젊은이들은 미국의 베트남전 개입에
정면도전했다. 역사학자인 알론조 함비(Alonzo Hamby)는 이러한 현
상에 대해 다음과 같이 적었다.

> 한국전쟁에 대한 반대는 단지 행정부의 실수와 이기지 못할 정책이라
> 고 여겨지는 결정에 화가 난 정치적 우파가 주도했던 반면 베트남전
> 에 대한 반대는 그 무게중심에 미국 외교정책이 도덕적으로 타락했다
> 며 이에 분개한 정치적 좌파가 앞장섰다. 한국전쟁을 반대한 시위참
> 가자들은 성조기를 흔들었던 반면 베트남전 반대데모에 참가한 사람
> 들은 종종 성조기를 불태웠다. 한국전에 대한 반대는 애국심과 도덕
> 적 행동이 특징인 라이프 스타일에 근거했으나 베트남의 경우는 전통
> 적 도덕심에 반기를 든 반문화적 혁명과 불가분의 관계에 있었다. 66)

과거의 기억들도 미국이 이미 베트남전에 깊게 개입했을 때에 미국
지도자들이 국내상황의 심각한 변화의 중요성을 제대로 깨닫는 데 방
해가 되었다.

국제상황에 대한 판단 역시 마찬가지였다. 1960년대 중반까지 미국
지도자들은 한국을 그저 성공한 국지전으로 평가하고 규모나 범위 모
두 제한된 군사력의 사용을 통해 미국의 목적이 달성되었다고 믿었다.
이러한 인식은 그들에게 다른 곳에서도 비슷한 성공을 거둘 수 있을
거라는 안이한 기대를 심어 주었다. 유엔풍콩(Yuen Foong Khong)은
미국 정부관료들이 1965년 베트남전 확대를 결정하면서 주로 한국을

---

66) Hamby comment in Francis H. Heller, ed., *The Korean War*: *A 25-
   Year Perspective*(Lawrence: Regents Press of Kansas, 1977), 170.

참조로 했을 거라고 지적한 바 있다. 그들은 북부베트남에서 군사행동을 억제하면서도 승리가 가능하다고 믿었다. 또 남한처럼 남부베트남의 정치제도가 안정될 거라고 믿었다. 모든 사람들이 이 유추에 동의하진 않았지만 어쨌든 미 정부 내부와 외부에서 일었던 뜨거운 논쟁이 현명함의 승리를 보장하진 못했다. 67)

한국전쟁중에 늘어나고 전쟁이 끝난 후에도 지금까지 이어져 온 짐은 우리에게 민주적 과정을 통해, 심지어 민주적 과정 때문에 많은 것이 잘못될 수 있다는 사실을 상기시킨다. 그러나 한국전쟁중에 미국의 제도가 섬세함과 균형이 대개는 지배적일 수 있었던 기본 틀을 제공했다는 사실을 간과해서는 안 된다. 서방의 재무장은 소련이 북한의 공격과 같은 군사행동을 감행하거나 지지하지 못하도록 억제할 수 있을 정도로 30년간 충분한 규모로 이루어지지 않았다. 지금에 와서 재무장이 지나쳐 보일지 모르지만 1953년 미 국방성의 예산증가 요청에 대한 반대는 무척 심했다. 국방성은 그해에 해외군사원조를 제외하고서도 730억 달러의 예산을 요청했다. 그러나 눈덩이처럼 불어나는 연방적자와 다른 경제적 문제에 대한 우려로 결국 국방예산은 472억 달러로 결정되었다. 그 전해와 비교할 때 상당히 축소된 규모였다. 한국전쟁이 종결된 후 1954년 국방예산은 국방성의 계속되는 불평에도 불구하고 400억 달러 밑으로 줄어들었다. 68) 이는 여전히 한국전쟁 이전과 비교해 3배나 많은 규모였지만 일부 논평가가 비판하며 두려워했던 이른바 군사국가(garrison state) 수준에는 훨씬 미치지 못했다. 1953년 이후 국방예산의 증가를 억제한 인물은 바로 전쟁영웅인 아이젠하워 대통령이었다. 그는 한국전쟁에 대한 대중의 불만 덕분에 백악관에 입

67) Yuen Foong Khong, *Analogies at War: Korea, Munich, Dien Bien Phu, and the Vietnam Decisions of 1965* (Princeton, N. J.: Princeton University Press, 1992), 5장.

68) Kolodziej, *Uncommon Defense and Congress*, 152~79.

308

성할 수 있었다. 미국제도는 경제를 해치지 않으면서 효과적이고 유지
가능한 방어태세를 탄생시켰다. 세금이 더 오르고 많은 젊은이들이 군
대에 징집되었지만 개인의 자유는 장기적으로 볼 때 근본적으로 침해
당하지 않았다.

한국전쟁은 대통령과 행정부의 권한을 더욱 강화시켰다. 어쩌면 바
람직하지 못한 수준까지 강해졌는지도 모르겠다. 1950년 여름 트루먼
은 한국에 미군을 파병하면서 이를 '치안활동'(policy action)이라고 규
정했다. 군 최고사령관으로서 자신의 권한으로도 충분히 이를 지휘할
수 있다고 말했다. 의회는 이 군사행동에 대해 공식적으로 승인해 달
라는 요청을 받지 못했다. 비록 이는 얼마 후 어떤 면에서 보든지 간
에 대규모 전쟁으로 발전했는데도 말이다. 한국전쟁이 '제왕적 대통령'
을 탄생시키진 않았지만 미국 대통령의 권한을 절정에 이르게 한 것은
사실이다.

그렇다 하더라도 대통령의 권한에는 한계가 있었다. 트루먼은 1952
년 4월 전쟁수행능력을 훼손시킬지도 모르는 파업을 막기 위해 제철소
를 압류하면서 한국에 군대를 파병했을 때처럼 똑같은 권한을 주장했
다. 그러나 이번엔 제철회사들이 반기를 들었다. 6월 미 최고법원은
그들의 손을 들어주었다.[69] 임금통제·가격통제와 같은 국가안보를
목적으로 경제를 중앙에서 관리하려는 트루먼의 다른 노력들이 제철소
압류와 같이 법적 대응으로까지 가진 않았으나 의회와 재계로부터 비
판이 이어져 결국 온건한 쪽으로 방향이 바뀌었다.[70] 견제와 균형이
라는 미국의 제도는 권한의 집중을 막는 효과적 장치임이 다시 한 번
증명되었다.

문화적·정치적 표현의 자유에서도 한국전쟁 당시 미국은 '전체주의

---

69) Donovan, *Tumultuous Years*, 382~391.
70) *Truman*, 79~80, 187, 201~203.

적' 적과 상당히 다른 행동을 보였다. 좌파에 대한 공격에도 불구하고 공산당 신문인 《뉴욕 데일리 워커》(New York Daily Worker)는 폐간되지 않았다. 1952년 한국전쟁이 여전히 진행되고 있을 때 스톤(I. F. Stone)은 정부의 견해와 상당히 상충하는 시각으로 한국전쟁의 원인과 초기상황을 설명하는 내용의 글을 출간했다. 71) 문화가 점점 정치화되고 있었지만 여전히 픽션과 사회사상 저서가 계속해서 쏟아져 나왔다. 샐린저(J. D. Salinger)와 랄프 엘리슨(Ralph Ellison)의 기념비적 소설과 사회과학분야에서 에릭 에릭슨(Erik Erikson), 데이비드 리즈만(David Riesman)의 개척자적 저서들이 이때 발표되었다. 72) 할리우드는 국내정치 분위기에 편승해 반공과 한국전쟁을 주제로 한 영화를 수십 편 제작했으나 미국 대중들로부터 큰 인기를 끌지 못했다. 73) 문화역사학자인 스테판 휘필드(Stephen J. Whitfield)는 한국전쟁 당시 국내여론의 억압은 미국이 "매력적이고 공정한 사회로 보일 수 있는" 능력을 훼손했다고 지적했다. 그러나 한편 1950년대 미국문화가 독자적 사고를 허용했으며 이는 미국이 "전체주의와 다르게 상대적으로 자유로운 사회"였음을 보여준다고 주장했다. 또 그 당시 상대적으로 "체제

---

71) I. F. Stone, *The Hidden History of the Korean War*(New York: Monthly Review Press, 1952).

72) J. D. Salinger, *The Catcher in the Rye*(Boston: Little, Brown, 1951); Erik Erikson, *Childhood and Society*(New York: Norton, 1950); David Riesman, *The Lonely Crowd*(New Haven, Conn.: Yale University Press, 1950); Ralph Ellison, *The Invisible Man*(New York: Random House, 1952).

73) James T. Patterson, *Grand Expectations: The United States, 1945~1974*(New York: Oxford University Press, 1996), 236~239; Whitfield, *Culture of the Cold War*, 12~13; Lary May, "Reluctant Crusaders: Korean War Films and the Lost Audience," in *Remembering the "Forgotten War,"* ed. Philip West and Suh Ji-moon (Armonk, N. Y.: M. E. Sharpe, 2001), 110~136.

순응적이던 대중문화"가 10년 후 광범위한 시위가 전국적으로 확산되는 상황으로 변모했다는 점도 강조했다. 74)

과거의 부주의로 또 다른 위기가 불거지고 또 우리의 균형감각이 엄청난 도전을 받고 있는 상황에서 개별적으로나 집단적으로 한국전쟁 당시 미숙했던 국내정책과 외교정책의 사례들이 개디스가 지적한 사실을 부정하지 않는다는 점을 상기할 필요가 있다. 마음과 행동의 민주적 습관은 독재주의 제도와 맞설 때 분명히 드러난다는 것이다. 힘을 합쳐 외국과의 동맹을 유지시키고 능력과 목적 사이에서 균형을 잃지 않고 혹은 불균형이 발생했을 때 이를 수정하는 과정에서 미국의 민주주의는 소련의 독재주의보다 훨씬 우월했다. 국내에서 종종 상충되는 자유와 질서라는 가치 사이에서 공중곡예를 하며 미국인들과 미국의 제도는 위험하게 후자 쪽으로 기운 적도 있었지만 결국 해외에서 독재주의 정권과 싸우기 위해 국내에서 '전체주의'를 선택하고 싶은 유혹을 이겨냈다. 그 과정은 혼란스러웠고 때로는 미래에 희생이 큰 경향이 일부 나타나기도 했다. 여기서 우리는 윈스턴 처칠의 말을 상기할 필요가 있다. "민주주의는 그동안 시도되었던 그 모든 다른 체제를 제외한다면 최악의 정부형태이다."75)

---

74) Whitfield, *Culture of the Cold War*, 11~12; Whitefield, "Korea, the Cold War, and American Democracy," in *War and Democracy*, 228.

75) Lewis D. Ergin and Jonathan P. Siegel, *The Macmillan Dictionary of Political Quotations* (New York: Macmillan, 1993), 109.

■ 주석에 나오는 약어(*Abbreviations*)

America's　Michael C. Sandusky. *America's Parallel*. Alexandria, Va: Old Dominion Press, 1983.

CRKW　Chen Jian. *China's Road to the Korean War*. New York: Columbia University Press, 1995.

CWIHPB　*Cold War International History Project Bulletin*. Washington, D. C. : Woodrow Wilson International Center for Scholars, 1993~.

DSB　U. S. Department of State. *Department of State Bulletin*.

FRUS　U. S. Department of State. *Foreign Relations of the United States*. Washington, D. C. : Government Printing Office, 1955~1985.

HJCS　James F. Schnabel and Robert J. Watson. *The History of the Joint Chiefs of Staff*. 4 Vols. Wilmington, Del: Michael Glazier, 1979.

HST　Harry S. Truman Papers, HSTL

HSTL　Harry S. Truman Library, Independence, Missouri

HUSAFIK　"History of United States Armed Forces in Korea." 3 Vols. 미출판 사본으로 한국 용산 미군기지 Historical Office에 보관.

"Korean"　Evgenity P. Bajanov and Natalia Bajanov, "The Korean Conflict, 1950~1953: The Most Mysterious War of the 20th Century — Based on Secret Soviet Archives." Presidential Archives of the former Soviet Union의 미출판 영어번역 사본 참고. 이 사본을 보내준 한국 서울 육군사관학교 온창일 교수에게 감사드린다.

KW　William Stueck. *The Korean War: An Independent History*. Princeton, N. J. : Princeton University Press, 1995.

LC　Library of Congress, Manuscript Division, James Madison Building, Washington D. C.

Mao's China　Chen Jian. *Mao's China and the Cold War*. Chapel Hill:

University of North Carolina Press, 2001.

MMR   Shu Guang Zhang. *Mao's Military Romanticism: China and the Korean War, 1950~1953.* Lawrence: University Press of Kansas, 1995.

MSFE   U. S. Congress, Senate. Armed Services and Foreign Relations Committees. Military Situation in the Far East 82d Cong, 1st sess, 1951.

MZM   Jianguo Yilai Mao Zedong Wengao. *Mao Zedong's Manuscripts since the Founding of the PRC.* Vols. 1~3. Beijing: Central Document Publishing House, 1987.

NA II   National Archives II, College Park, Maryland.

NWF   Charles Turner Joy. *Negotiating While Fighting: The Diary of Admiral C. Turner Joy at the Korean Armistice Conference.* Edited and with an introduction by Allan E. Goodman. Stanford, Calif: Hoover Institution Press, 1978.

NYT   *New York Times.*

Origins   Bruce Cumings. *The Origins of the Korean War.* 2 Vols. Princeton, N. J.: Princeton University Press, 1981, 1990.

PPPUS   U. S. Presidents. *Public Papers of the Presidents of the United States.* Washington, D. C.: Government Printing Office, 1965~.

Present   Dean G. Acheson. *Present at the Creation: My Years in the State Department.* New York: Norton, 1969.

PRO   Public Records Office. Kew, England.

"Red"   Xiaoming Zhang. "Red Wings over the Yalu River: China, the Soviet Union, and the Air War in Korea, 1950~1953." 미출간된 논문으로 참고를 허락해준 저자에게 감사드린다.

Reluctant   James Irving Matray. *The Reluctant Crusade: American Foreign Policy in Korea, 1941~1950.* Honolulu: University of Hawaii Press, 1984.

RG   Record Group (NAII).

Rhee   Robert T. Oliver. *Syngman Rhee and American Involvement in Korea, 1942~1960: A Personal Narrative.* Seoul: Panmun Book Co., 1978.

Road   William Stueck. *The Road to Confrontation: American Policy toward China and Korea, 1947~1950.* Chapel Hill: University of North Carolina Press, 1981.

SDR   Records of the Department of State Relating to Internal Affairs of Korea, 1940~1944. Microfilm edition, 3 rolls. Washington, Del: Scholarly Resources, 1986.

Socialism   Eric Van Ree. *Socialism in One Zone: Stalin's Policy in Korea, 1945~1947.* Oxford: Berg, 1989.

Truman   Paul G. Pierpaoli Jr. *Truman and Korea: The Political Culture of the Early Cold War.* Columbia University of Missouri Press, 1999.

Uncertain   Sergei Goncharov, John W. Lewis, and Xue Litai. *Uncertain Partners: Stalin, Mao and the Korean War.* Stanford, Calif: Stanford University Press, 1993.

USAKW   U. S. Department of the Army. *United States Army in the Korean War.* 4 Vols. Washington, D. C. : Government Printing Office, 1961~1972.

U. S. -Korean Donald S. Macdonald. *U. S. -Korean Relations from Liberation to Self-Reliance: The Twenty-Year Record.* Boulder, Colo: Westview Press, 1992.

찾아보기

ㄱ ~ ㄷ

개디스, 존 루이스(Gaddis,
  John Lewis) ································ 278
개성 ··· 191
거제수용소 ·································· 216
경제원조 ····································· 112
국제적십자위원회 ······················ 208
군사분계선 ·································· 194
김구 ··· 35
김규식 ································· 56, 68
김일성 ··········· 44, 52, 99, 181, 234
남동아시아조약기구(Southeast
  Asia Treaty Organization) ·········· 304
남일 ··· 193
닉슨 행정부 ································ 261
대한민국 임시정부 ························· 34

덜레스, 존 포스터(Dulles,
  John Foster) ····························· 243

ㄹ ~ ㅁ

라우, 베네갈(Rau, Benegal) ········· 169
라이트너, 앨런(Lightner, Allan)
  ·· 255
랭든, 윌리엄(Langdon, William) ···· 84
레이건, 로널드(Reagan, Ronald)
  ·· 261
루스벨트, 프랭클린(Roosevelt,
  Franklin D.) ························· 33, 36
리, 트리그브(Lie, Trygve) ············ 91
리지웨이, 매튜(Ridgway, Matthew B.)
  ······························· 167, 173, 190
린뱌오〔林彪〕 ······························· 142

316

림, 벤(Limb, Ben C.) ················· 62

마샬, 조지(Marshall, George C.)
··· 76, 151, 190

마샬플랜 ······································· 289

마오쩌둥〔毛澤東〕 ········ 105, 140, 145

말리크, 야곱(Malik, Jacob) ········· 163

매카시, 조셉(McCarthy, Joseph R.)
··· 132, 301

매캐런법(McCarren Act) ·············· 302

맥아더, 더글라스(MacArthur,
Douglas) ···················· 92, 119, 123
131, 150, 171

메논, 크리쉬나(Menon,
V. K. Krishna) ······················· 222

모스크바 삼상회의 협정 ············· 51

몰로토프, V. M.(Molotov, V. M.)
··· 38

무치오, 존(Muccio, John J.)
··· 185, 251

미 문화원(US Information Service)
··· 259

미소공동위원회 ····························· 29

ㅂ ~ ㅅ

박정희 ······························ 260, 266

반 리, 에릭(van Ree, Erik) ········· 12

반 플리트, 제임스(Van Fleet, James)
··· 205

반미감정 ····································· 261

반탁운동 ······························ 51, 84

베빈, 어네스트(Bevin, Ernest) ····· 133

북대서양조약기구 ················ 171, 283

북조선공산당 ······························· 44

브릭스, 엘리스(Briggs, Ellis) ······· 245

비무장지대 ··························· 153, 194

비신스키, 안드레이(Vishinsky,
Andrei) ······························· 177

빨치산 ··· 97

수정주의 ······························ 12, 17

슈티코프, 테렌티(Shytkov, Terentii)
··· 54, 100

스미스법(Smith Act) ····················· 303

스탈린, 조셉(Stalin, Joseph)
··· 37, 99, 226

스틸웰, 조셉(Stilwell, Joseph) ······· 55

신탁통치 ····································· 27

신탁통치안 ································· 34

ㅇ

아데나워, 콘라드(Adenauer, Konrad)
··· 289

아이젠하워, 드와이트(Eisenhower,
Dwight D.) ··············· 78, 179, 222

알몬드, 네드(Almond, Ned) ········· 123

애치슨, 딘(Acheson, Dean)
························· 75, 103, 153, 168
187, 241, 252

애틀리, 클레먼트(Attlee, Clement)
··· 165

앨리슨, 존(Allison, John) ··········· 127

얄타회담 ····································· 36

여운형 ··· 45

오스틴, 워렌(Austin, Warren)
.... 130, 170
워커, 월튼(Walker, Walton) 123
원자폭탄 148
위드마이어, 앨버트(Wedemeyer,
Albert C.) 85
유럽석탄철강연합(European Coal and
Steel Community) 292
유신헌법 260
유엔안보리 91
유엔총회 65, 166
이승만 35, 44, 47, 61
69, 82, 246
인천상륙작전 120, 131
일반명령 제1호(General Order
Number One) 26
일본 200
일본 평화조약 179
임, 루이스(Yim, Louise) 62

ㅈ ~ ㅌ

저우언라이〔周恩來〕 141, 142
전두환 261
전쟁포로 208
정전 3인단 166, 169
제네바 협정 208
조만식 49, 96
조선인민공화국 43, 95
조이, 터너(Joy, C. Turner) 193
중국인민지원군(Chinese People's
Volunteers, CPV) 122, 143

중립국 본국송환위원회의 227
중소동맹 293
중앙인민위원회 52
카터 행정부 261
커밍스, 브루스(Cummings, Bruce)
.... 11, 97
케넌, 조지(Kennan, George F.)
.... 182, 275, 301
클라크, 마크(Clark, Mark W.) 221
타이완 105, 132
테헤란회담 36
트루먼 독트린 65, 81
트루먼, 해리(Truman, Harry S.)
.... 40, 63, 165, 214

ㅍ ~ ㅎ

파니카르, K. M.(Panikkar, K. M.)
.... 122, 136
판문점 203, 220, 232
펑더훼이〔彭德懷〕 143, 181
평양-원산선 149, 158, 181
평화조약 200
포츠담 정상회담 38
하지, 존(Hodge, John R.) 45
한국경제원조 법안 80
한국국민당 51, 253
한국민주당 46, 250
한미상호방위조약 244
한미주둔군지위협정(SOFA) 271
혈맹 240, 272
호치민〔胡志明〕 108

휴전협상 ·· 182
힐드링, 존(Hilldring, John H.) ······· 71

기 타

38선 ··· 26
4 · 19 민주혁명 ···························· 260

5 · 16 군사정변 ······························ 260
6월 27일 유엔안보리 결의안 ········ 134
NSC-48 보고서 ······························ 103
NSC-68 보고서 ···················· 129, 276
NSC-81 보고서 ··· 121, 131, 135, 152

자유기업원 시리즈

2005. 1

• 자유주의시리즈

01 규제와 재산권
김일중 저

02 자본주의 정신과 반자본주의 심리
미제스/김진혁 역

03 경쟁과 기업가정신
커즈너/이성순 역

04 사회주의와 자본주의
호페/이선환 역

05 자유주의
미제스/이지순 역

06 제도·제도변화·경제적 성과
노스/이병기 역

07 윤리와 경제진보
뷰캐넌/이필우 역

08 헌법적 질서의 경제학과 윤리학
뷰캐넌/공병호·조창훈 역

09 시장경제란 무엇인가
공병호 저

10 진화냐 창조냐
민경국 저

11 시장의 도덕
액튼/이종욱·유주현 역

12 경제행위와 제도
에거트슨/장현준 역

13 치명적 자만
하이에크/신중섭 역

14 시장경제와 그 적들
공병호 저

15 한국경제의 성장과 제도변화
전용덕·김영용·정기화 저

16 경제적 자유와 간섭주의 미제스
미제스/윤용준 역

17 시장경제의 법과 질서
민경국 저

18 자유헌정론 I
하이에크/김균 역

19 자유헌정론 II
하이에크/김균 역

20 도덕감성
윌슨/안재욱·이은영 역

21 법·입법 그리고 자유 II
하이에크/민경국 역

22 법
바스티아/김정호 역

23 법·입법 그리고 자유 III
하이에크/서병훈 역

24 경쟁과 독점
에티고 가즈노리/공병호 역

25 경제학적 사고방식
폴 하이네/주만수·한홍렬 역

26 애덤스미스의 지혜
벤자민·로지/박순성 역

27 개인주의와 경제질서
하이에크/박상수 역

28 기업가
공병호 저

29 철학, 누가 그것을 필요로 하는가
아인 랜드/이종욱·유주현 역

30 자본주의의 이상
아인 랜드/강기춘 역

31 선택받은 자들의 비전
소웰/노홍성 역

32 자유를 위한 계획
미제스/안재욱·이은영 역

33 한국 민주정치와 삼권분립
박효종 저

34 시장경제와 민주주의
공병호 저

35 경제학의 교훈
해즐릿/강기춘 역

36 자유시장경제를 위한 바른 길
바로/김동헌 역

37 집합행동과 자치제도
오스트럼/윤흥근 역

38 포퍼의 열린 사회와 그 적들
신중섭 저

39 노예의 길
하이에크 김영청 역

40 회사법의 경제학적 구조
이스터브룩·피셸 이문지 역

41 서구세계의 성장
노스·토마스 이상호 역

42 행동규칙과 자생적 시장질서
임일섭 저

43 감각적 질서
하이에크/민경국 역

44 자유와 법
레오니/정순훈 역

45 루드비히 폰 미제스
버틀러/김이석 역

46 근본자원 2-상
사이먼/조영일 역

47 근본자원 2-하
사이먼/조영일 역

48 국민경제학의 기본원리
칼 맹거/민경국·이상헌·김이석 역

49 애덤스미스의 법학강의-상
미크·라파엘·스테인/서진수 역

50 애덤스미스의 법학강의-하
미크·라파엘·스테인/서진수 역

51 법경제학-상
Richard A. Posner/정기화 역

52 법경제학-하
Richard A. Posner/정기화 역

53 통화제도론
Lawrence H. White/김한응 역

54 과학연구의 경제법칙
Terence Kealey/조영일 역

55 선택할 자유
밀튼·로즈·프리드만/
민병균·서재명·한홍순 역

56* 민주주의는 실패한 신인가
한스헤르만 호페/박효종 역

57* 도시와 국가의 부
제인 제이콥스/서은경 역

• 국제문제시리즈

01 강대국 국제정치의 비극
존 J. 미어셰이머 이춘근 역

02 남북경제통합론
박상봉 저

03 9·11의 충격과 미국의 거대전략:
미국의 안보경험과 대응
존 L. 개디스 강규형 역

04 김일성시대의 중소와 남북한
호페 이선환 역

05 한국전쟁과 미국 외교정책
윌리엄 스툭 서은경 역

*01~55까지의 도서주문은 '자유기업원'으로, 56 이후의 책과 국제문제시리즈는 '나남출판'으로 하시기 바랍니다.

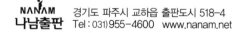